LGPD E E-COMMERCE

www.editorasaraiva.com.br/direito
Visite nossa página

Tarcisio Teixeira

LGPD E E-COMMERCE

2ª edição
2021

saraiva jur

saraiva EDUCAÇÃO | saraiva jur

Av. Paulista, 901, Edifício CYK, 3º andar
Bela Vista – SP – CEP 01310-100

SAC sac.sets@saraivaeducacao.com.br

Direção executiva	Flávia Alves Bravin
Direção editorial	Renata Pascual Müller
Gerência de projetos e produção editorial	Fernando Penteado
Planejamento	Josiane de Araujo Rodrigues
Novos projetos	Sérgio Lopes de Carvalho
	Dalila Costa de Oliveira
Gerência editorial	Isabella Sánchez de Souza
Edição	Daniel Pavani Naveira
Produção editorial	Daniele Debora de Souza (coord.)
	Luciana Cordeiro Shirakawa
Arte e digital	Mônica Landi (coord.)
	Camilla Felix Cianelli Chaves
	Claudirene de Moura Santos Silva
	Deborah Mattos
	Guilherme H. M. Salvador
	Tiago Dela Rosa
Projetos e serviços editoriais	Daniela Maria Chaves Carvalho
	Kelli Priscila Pinto
	Marília Cordeiro
	Nicoly Wasconcelos Razuk
Diagramação e revisão	Padovan Serviços Gráficos e Editoriais
Capa	Deborah Mattos
Produção gráfica	Marli Rampim
	Sergio Luiz Pereira Lopes
Impressão e acabamento	Gráfica Eskenazi

DADOS INTERNACIONAIS DE CATALOGAÇÃO NA PUBLICAÇÃO (CIP)
VAGNER RODOLFO DA SILVA - CRB-8/9410

T266l   Teixeira, Tarcisio

LGPD e E-commerce / Tarcisio Teixeira. - 2. ed. - São Paulo: Saraiva Educação, 2021.
296 p.

ISBN 978-65-5559-814-8

1. Direito. 2. Direito Empresarial. 3. Direito Digital. 4. E-commerce. 5. LGPD. I. Título.

	CDD 346.07
2021-1384	CDU 347.7

Índices para catálogo sistemático:

1. Direito Empresarial   346.07
2. Direito Empresarial   347.7

Data de fechamento da edição: 5-4-2021

Dúvidas? Acesse www.editorasaraiva.com.br/direito

Nenhuma parte desta publicação poderá ser reproduzida por qualquer meio ou forma sem a prévia autorização da Saraiva Educação. A violação dos direitos autorais é crime estabelecido na Lei n. 9.610/98 e punido pelo art. 184 do Código Penal.

| CL | 607122 | CAE | 772880 |

Agradecimentos

A Deus:

Por me permitir ter momentos *off-line* para poder refletir sobre problemas *on-line*. Isso, pois, apesar de parecer uma contradição, não é, na medida em que a concentração é facilmente dispersada pelas ferramentas tecnológicas (mas confesso que tem sido cada vez mais difícil essa batalha).

Porque somente o Inexplicável poderia explicar o que não tem explicação, pois, olhando pra trás, não sei dizer como finalizei o doutoramento e continuei minha vida acadêmica-profissional, tendo em vista as circunstâncias que permearam minha vida durante a última década.

Por permitir ao homem a descoberta do café como estimulante; ingrediente fundamental para a concretização desta obra.

Por me ensinar que, na vida, de fato "de um limão se pode fazer uma limonada".

Por me colocar no caminho do Prof. Haroldo Malheiros Duclerc Verçosa, que acreditou no meu trabalho e me abriu portas cada vez mais importantes na direção do mundo acadêmico.

Por me conceder o sacramento do matrimônio com uma pessoa tão especial (e que, entre inúmeros outros aspectos, me deu uma cafeteira).

Por me dar um filho mais novo que, pela sua condição excepcional, me auxiliou a perceber que a vida *off-line* tem mais sentido do que a *on-line*, que a vida pessoal e familiar não pode ser prejudicada pela vida profissional e acadêmica.

Por ter pais que não se cansam de orar, bem como pelo apoio logístico.

Por me permitir o contato com Leonardo Matos, Danilo Bittar, Hélio Araújo de Lima, Flademir Cândido da Silva, Valkíria A. Lopes Ferraro, Bárbara Berbelli de Lima, Andre Biusse Ghion, Julieine Ferraz Nascimento, Isabella Castro Ketelhuth, Marcel Leonardi, Laura Fragomeni, Leandro Taques Ferreira, Talita Neuhaus, Hugo Crivilim Agudo e Luciana Collete pelas suas contribuições jurídicas e extra-jurídicas.

Aos leitores que gentilmente puderem nos informar acerca de eventuais imperfeições nesta obra por meio do canal: tarcisio@privacidadegarantida.com.br.

Relação de obras e artigos publicados pelo autor

LIVROS PUBLICADOS (INDIVIDUALMENTE):

1. TEIXEIRA, Tarcisio. *Direito empresarial sistematizado*: doutrina, jurisprudência e prática. 9. ed. São Paulo: Saraiva, 2021.
2. TEIXEIRA, Tarcisio. *Direito digital e processo eletrônico*. 5. ed. São Paulo: Saraiva, 2020.
3. TEIXEIRA, Tarcisio. *Direito empresarial sistematizado*: doutrina, jurisprudência e prática. 8. ed. São Paulo: Saraiva, 2019.
4. TEIXEIRA, Tarcisio. *Curso de direito e processo eletrônico*: doutrina, jurisprudência e prática. 4. ed. São Paulo: Saraiva, 2018.
5. TEIXEIRA, Tarcisio. *Direito empresarial sistematizado*: doutrina, jurisprudência e prática. 7. ed. São Paulo: Saraiva, 2018.
6. TEIXEIRA, Tarcisio. *Manual da compra e venda*: doutrina, jurisprudência e prática. 3. ed. São Paulo: Saraiva, 2018.
7. TEIXEIRA, Tarcisio. *Direito empresarial sistematizado*: doutrina, jurisprudência e prática. 6. ed. São Paulo: Saraiva, 2017.
8. TEIXEIRA, Tarcisio. *Direito empresarial sistematizado*: doutrina, jurisprudência e prática. 5. ed. São Paulo: Saraiva, 2016.
9. TEIXEIRA, Tarcisio. *Marco civil da internet*: comentado. São Paulo: Almedina, 2016.
10. TEIXEIRA, Tarcisio. *Comércio eletrônico*: conforme o marco civil da internet e a regulamentação do e-commerce. São Paulo: Saraiva, 2015.

11. TEIXEIRA, Tarcisio. *Compromisso e promessa de compra e venda*: distinções e novas aplicações dos contratos preliminares. 2. ed. São Paulo: Saraiva, 2015.
12. TEIXEIRA, Tarcisio. *Curso de direito e processo eletrônico*: doutrina, jurisprudência e prática. 3. ed. São Paulo: Saraiva, 2015.
13. TEIXEIRA, Tarcisio. *Direito empresarial sistematizado*: doutrina, jurisprudência e prática. 4. ed. São Paulo: Saraiva, 2015.
14. TEIXEIRA, Tarcisio. *Curso de direito e processo eletrônico*: doutrina, jurisprudência e prática. 2. ed. atual. e rev. São Paulo: Saraiva, 2014.
15. TEIXEIRA, Tarcisio. *Direito empresarial sistematizado*: doutrina, jurisprudência e prática. 3. ed. São Paulo: Saraiva, 2014.
16. TEIXEIRA, Tarcisio. *Compromisso e promessa de compra e venda*: distinções e novas aplicações do contrato preliminar. São Paulo: Saraiva, 2013.
17. TEIXEIRA, Tarcisio. *Curso de direito e processo eletrônico*: doutrina, jurisprudência e prática. São Paulo: Saraiva, 2013.
18. TEIXEIRA, Tarcisio. *Direito empresarial sistematizado*: doutrina e prática. 2. ed. São Paulo: Saraiva, 2013.
19. TEIXEIRA, Tarcisio. *Direito empresarial sistematizado*: doutrina e jurisprudência. São Paulo: Saraiva, 2011.
20. TEIXEIRA, Tarcisio. *Direito eletrônico*. São Paulo: Juarez de Oliveira, 2007.

LIVROS ORGANIZADOS E EM COAUTORIA:

21. TEIXEIRA, Tarcisio; ALICEDA, Rodolfo Ignácio; KASEMIRSKI, André Pedroso. *Empresas e implementação da LGPD* – Lei Geral de Proteção de Dados Pessoais. Salvador: JusPodivm, 2021.
22. TEIXEIRA, Tarcisio; ARMELIN, Ruth Maria Guerreiro da Fonseca. *Lei Geral de Proteção de Dados Pessoais* – comentada artigo por artigo. 3. ed. Salvador: JusPodivm, 2021.
23. TEIXEIRA, Tarcisio; ARMELIN, Ruth Maria Guerreiro da Fonseca. *Lei Geral de Proteção de Dados Pessoais* – comentada artigo por artigo. 2. ed. Salvador: JusPodivm, 2020.
24. TEIXEIRA, Tarcisio; MAGRO, Américo Ribeiro (coords.). *Proteção de Dados* – fundamentos jurídicos. Salvador: JusPodivm, 2020.

25. TEIXEIRA, Tarcisio; LOPES, Alan Moreira; TAKADA, Thalles (Coords.). *Manual jurídico da inovação e das startups*. 2. ed. Salvador: JusPodivm, 2020.
26. TEIXEIRA, Tarcisio; CHELIGA, Vinicius. *Inteligência artificial – aspectos jurídicos*. 2. ed. Salvador: JusPodivm, 2020.
27. TEIXEIRA, Tarcisio; LOPES, Alan Moreira (Coords.). *Startups e inovação*: direito no empreendedor (*entrepreneurship law*). 2. ed. São Paulo: Manole, 2020.
28. TEIXEIRA, Tarcisio; CHELIGA, Vinicius. *Inteligência artificial – aspectos jurídicos*. Salvador: JusPodivm, 2020.
29. TEIXEIRA, Tarcisio; ARMELIN, Ruth Maria Guerreiro da Fonseca. *Lei Geral de Proteção de Dados Pessoais* – comentada artigo por artigo. Salvador: JusPodivm, 2019.
30. TEIXEIRA, Tarcisio; RODRIGUES, Carlos Alexandre. *Blockchain e criptomoedas* – aspectos jurídicos. Salvador: JusPodivm, 2019.
31. TEIXEIRA, Tarcisio; LOPES, Alan Moreira; TAKADA, Thalles (Coords.). *Manual jurídico da inovação e das startups*. Salvador: JusPodivm, 2019.
32. TEIXEIRA, Tarcisio; LOPES, Alan Moreira (coords). *Startups e inovação*: direito no empreendedor (*entrepreneurship law*). São Paulo: Manole, 2017. p. 186.
33. TEIXEIRA, Tarcisio; LIGMANOVSKI, Patrícia. A. C. *Arbitragem em evolução*: aspectos relevantes após a reforma da lei arbitral. São Paulo: Manole, 2017.
34. TEIXEIRA, Tarcisio; BATISTI, Beatriz; SALES, Marlon de. *Lei anticorrupção*: comentada dispositivo por dispositivo. São Paulo: Almedina, 2016. p. 195.
35. TEIXEIRA, Tarcisio; LOPES, Alan Moreira. *Direito das novas tecnologias*: legislação eletrônica comentada, mobile law e segurança digital. São Paulo: RT, 2015.
36. TEIXEIRA, Tarcisio; SZTAJN, Rachel; SALLES, Marcos Paulo de Almeida. *Direito empresarial*: estudos em homenagem ao Prof. Haroldo Malheiros Duclerc Verçosa. São Paulo: IASP – Instituto dos Advogados de São Paulo, 2015.

CAPÍTULOS EM OBRAS COLETIVAS:

37. TEIXEIRA, Tarcisio. Democracia, relações negociais e segurança da urna eletrônica. In: *Estudos em direito negocial*. Birigui, SP: Boreal, 2016. p. 200-220.
38. TEIXEIRA, Tarcisio. Direitos, humanos, trabalho e tecnologia. In: *Estudos em direito negocial: relações privadas e direitos humanos*. Birigui – SP: Boreal, 2015. p. 202-227.
39. TEIXEIRA, Tarcisio. O "Comercialista" e a pioneira tese sobre cooperativas e recuperação de empresas. In: *Direito empresarial – estudos em homenagem ao Prof. Haroldo Malheiros Duclerc Verçosa*. São Paulo: IASP – Instituto dos Advogados de São Paulo, 2015. p. 405-424.
40. TEIXEIRA, Tarcisio. Responsabilidade civil no comércio eletrônico: a livre-iniciativa e a defesa do consumidor. In: *Direito & Internet III: marco civil da internet (Lei n. 12.965/2014) – Tomo II*. São Paulo: Quartier Latin, 2015. v. 3, p. 341-375.
41. TEIXEIRA, Tarcisio. Aplicação do Código de Defesa do Consumidor às compras celebradas eletronicamente: uma visão da análise econômica do direito. In: *Estudos em Direito Negocial e relações de consumo*. Birigui – SP: Boreal, 2013. p. 179-199.
42. TEIXEIRA, Tarcisio. Os interesses das empresas e dos empregados no uso do e-mail. In: *Direito & Internet II: aspectos jurídicos relevantes*. São Paulo: Quartier Latin, 2008. v. 2, p. 680-694.

ARTIGOS PUBLICADOS EM REVISTAS E PERIÓDICOS:

43. TEIXEIRA, Tarcisio. Preços no *e-commerce*: nova legislação para afixação. *Revista Brasileira de Comércio Eletrônico* (São Paulo. Impresso), v. 45, p. 56-58, 2018.
44. TEIXEIRA, Tarcisio. E-commerce e regulamentação nacional. *Revista Brasileira de Comércio Eletrônico* (São Paulo. Impresso), v. 43, p. 60-61, 2018.
45. TEIXEIRA, Tarcisio. Intermediação no comércio eletrônico: responsabilidade e diligência média. *Revista dos Tribunais* (São Paulo. Impresso), RT, v. 957, p. 345-360, 2015.
46. TEIXEIRA, Tarcisio. Wi-fi – riscos e aspectos jurídicos. *Carta Forense*, v. 1, p. 16-17, 2015.

47. TEIXEIRA, Tarcisio. Wi-fi – riscos e limites da responsabilidade pelo compartilhamento. *Revista dos Tribunais* (São Paulo. Impresso), RT, v. 961, p. 19-34, 2015.
48. TEIXEIRA, Tarcisio. A duplicata virtual e o boleto bancário. *Revista da Faculdade de Direito (USP)*, v. 109, p. 617-642, 2014.
49. TEIXEIRA, Tarcisio. A organização da empresa rural e o seu regime jurídico. *Revista de Direito Empresarial*, v. 2, p. 15-40, 2014.
50. TEIXEIRA, Tarcisio. Aspectos atuais do e-commerce. *Carta Forense*, v. 138, p. 8-9, 2014.
51. TEIXEIRA, Tarcisio. Marco Civil da Internet e regulamentação do comércio eletrônico. *Revista Tributária das Américas*, v. 8, p. 10-12, 2014.
52. TEIXEIRA, Tarcisio. O STJ e a responsabilidade dos provedores. *Revista de Direito Empresarial*, v. 5, p. 303-329, 2014.
53. TEIXEIRA, Tarcisio. Os títulos de crédito eletrônicos são viáveis? *Revista de Direito Empresarial*, v. 4, p. 65-86, 2014.
54. TEIXEIRA, Tarcisio. Nome empresarial. *Revista da Faculdade de Direito (USP)*, v. 108, p. 271-299, 2013.
55. TEIXEIRA, Tarcisio. A recuperação judicial de empresas. *Revista da Faculdade de Direito (USP)*, v. 105, p. 402-430, 2012.
56. TEIXEIRA, Tarcisio. Contratos eletrônicos empresariais e o Código Civil. *Carta Forense*, v. 96, p. 18-18, 2011.
57. TEIXEIRA, Tarcisio. Estabelecimento empresarial virtual: regime jurídico. *Revista de Direito Mercantil Industrial, Econômico e Financeiro*, v. 157, p. 167-175, 2011.
58. TEIXEIRA, Tarcisio. Título de crédito eletrônico. *Carta Forense*, v. 97, p. 25-25, 2011.
59. TEIXEIRA, Tarcisio. Arras ou sinal nos contratos empresariais: um estudo do regime jurídico do Código Civil de 2002. *Revista de Direito Mercantil Industrial, Econômico e Financeiro*, v. 142, p. 197-202, 2008.
60. TEIXEIRA, Tarcisio. Contrato preliminar empresarial. *Revista da Faculdade de Direito (USP)*, v. 101, p. 699-743, 2008.
61. TEIXEIRA, Tarcisio. Inadimplemento nos contratos empresariais: um estudo sobre a mora e as perdas e danos no Código Civil de 2002. *Revista de Direito Mercantil Industrial, Econômico e Financeiro*, v. 141, p. 263-274, 2007.

62. TEIXEIRA, Tarcisio. Internet: o conceito de provimento de acesso para fins tributários. *Revista Tributária e de Finanças Públicas*, v. 71, p. 119-146, 2006.
63. TEIXEIRA, Tarcisio. Tributação dos provedores de Internet. *Revista de Estudos Tributários* (Porto Alegre), v. 52, p. 137-160, 2006.
64. TEIXEIRA, Tarcisio. Cancelamento de contrato de seguro por sinistralidade sazonal – abusividade – aplicação do CDC. *Revista de Direito Mercantil Industrial, Econômico e Financeiro*, v. 139, p. 271-278, 2005.
65. TEIXEIRA, Tarcisio. Obrigações e contratos empresariais no novo Código Civil: o contrato preliminar e o contrato com pessoa a declarar. *Revista de Direito Mercantil Industrial, Econômico e Financeiro*, v. 137, p. 259-276, 2005.

ARTIGOS EM COAUTORIA:

66. TEIXEIRA, Tarcisio; ESTANCIONE, Laura Maria Brandão. A internet como veículo para propaganda eleitoral. *Revista dos Tribunais* (São Paulo. Impresso), RT, v. 993, p. 163-177, 2018.
67. TEIXEIRA, Tarcisio; ROSA, Davi Misko da Silva. Crimes praticados no contexto dos jogos *on-line*. *Revista dos Tribunais* (São Paulo. Impresso), RT, v. 992, p. 333-353, 2018.
68. TEIXEIRA, Tarcisio; PASSI, Renata Capriolli Zocatelli Queiroz. Privacidade na internet: a formação de bancos de dados e a transformação das pessoas em mercadorias. *Revista dos Tribunais* (São Paulo. Impresso), RT, v. 990, p. 109-125, 2018.
69. TEIXEIRA, Tarcisio; LOPES, Alan Moreira. *Direito no empreendedorismo: entrepreneurship law*. In: *Startups e inovação*: direito no empreendedor (*entrepreneurship law*). São Paulo: Manole, 2017. p. 65-83.
70. TEIXEIRA, Tarcisio; VERCOSA, Haroldo Malheiros Duclerc; SABO, Isabela Cristina. Litígios do comércio eletrônico e arbitragem eletrônica: aspectos da lei da arbitragem reformada. In: *Arbitragem em evolução: aspectos relevantes após a reforma da lei arbitral*. São Paulo: Manole, 2017. p. 181-203.

71. TEIXEIRA, Tarcisio; MORETTI, Vinicius. D. Aspectos econômicos do conflito de interesses nas sociedades por ações: análise do caso Tractebel. In: *XXIV Encontro Nacional do CONPEDI – UFS*: Direito Empresarial. Florianópolis: CONPEDI, 2015. p. 225-242.
72. TEIXEIRA, Tarcisio; SABO, Isabela Cristina. Os novos cadastros e bancos de dados na era digital: breves considerações acerca de sua formação e do atual tratamento jurídico. In: *XXIV Congresso Nacional do CONPEDI – UFMG/FUMEC/DOM HELDER CÂMARA*: Direito, Governança e Novas Tecnologias. Florianópolis: CONPEDI, 2015. p. 456-475.
73. TEIXEIRA, Tarcisio; VERCOSA, Haroldo Malheiros Duclerc. Arbitragem eletrônica. In: *Estudos em direito negocial e os meios contemporâneos de solução de conflitos*. Birigui – SP: Boreal, v. 1, p. 155-181, 2014.
74. TEIXEIRA, Tarcisio; LEAO, Luana C. A necessidade do desenvolvimento de uma governança global do e-commerce. *SCIENTIA IURIS* (UEL), v. 21, p. 269-291, 2017.
75. TEIXEIRA, Tarcisio; ATIHE, Lucas. Contratos de *software*: apontamentos sobre suas espécies. *Revista dos Tribunais* (São Paulo. Impresso), RT, v. 976, p. 200-220, 2017.
76. TEIXEIRA, Tarcisio; SABO, Isabela Cristina. A Convenção de Viena sobre Contratos de Compra e Venda Internacional: implicações no comércio eletrônico brasileiro. *Scientia Iuris* (*on-line*), v. 20, p. 177-202, 2016.
77. TEIXEIRA, Tarcisio; SABO, Isabela Cristina. Democracia ou autocracia informacional? O papel da Internet na sociedade global do século XXI. *Revista de Direito, Governança e Novas Tecnologias*, v. 2, p. 39-54, 2016.
78. TEIXEIRA, Tarcisio; SABO, Isabela Cristina. O uso da tecnologia da informação e a validade jurídica dos negócios realizados por crianças e adolescentes: uma análise de sua hipervulnerabilidade nas relações de consumo virtuais. *Revista de Direito do Consumidor*, v. 104, p. 257-282, 2016.
79. TEIXEIRA, Tarcisio; ESTANCIONE, Laura M. B. Propaganda eleitoral pela Internet. *Revista dos Tribunais* (São Paulo. Impresso), RT, v. 969, p. 75-90, 2016.

80. TEIXEIRA, Tarcisio; SABIAO, Tiago. M. S. Reflexões sobre a importância da limitação da responsabilidade nas sociedades limitadas. *Revista de Direito Empresarial*, v. 19, p. 39-64, 2016.
81. TEIXEIRA, Tarcisio; ESTANCIONE, Laura M. B. Urna eletrônica e impressão do registro do voto: o direito eleitoral e a segurança no uso da tecnologia da informação. *Revista dos Tribunais* (São Paulo. Impresso), RT, v. 963, p. 193-211, 2016.
82. TEIXEIRA, Tarcisio; ESTANCIONE, Laura M. B. Urna eletrônica e voto impresso: a segurança no Direito Eleitoral. *Consultor Jurídico* (São Paulo. *On-line*), v. 1, p. 1-1, 2016.
83. TEIXEIRA, Tarcisio; NEUHAUS, Talita A. E-commerce e compras coletivas: a importância da confiança de quem compra. *Revista de Direito Empresarial*, v. 10, p. 175-294, 2015.
84. TEIXEIRA, Tarcisio; FERREIRA, Leandro Taques. Excludentes de responsabilidade além do CDC: o fortuito interno e externo. *Revista de Direito Empresarial*, v. 7, p. 19-34, 2015.
85. TEIXEIRA, Tarcisio; AUGUSTO, Leonardo Silva. O dever de indenizar o tempo desperdiçado (desvio produtivo). *Revista da Faculdade de Direito da Universidade de São Paulo*, v. 110, p. 177-209, 2015.
86. TEIXEIRA, Tarcisio; AGUIAR, João Borducchi. Premissas para um estudo dos títulos de crédito eletrônico: documento eletrônico e prova eletrônica. *Revista de Direito Empresarial*, v. 1, p. 63-74, 2014.

Sumário

Agradecimentos 5

Relação de obras e artigos publicados pelo autor 7

Nota ao leitor 19

1. Comércio eletrônico 21
   1.1. Conceito 21
   1.2. Evolução do comércio com a internet 27

2. Meios de pagamento 35
   2.1. Débito em conta e emissão de boleto bancário 36
       2.1.1. Pix 42
   2.2. Cartão de crédito 48
       2.2.1. Cartão de crédito virtual 51
   2.3. Gestão de pagamento – pagamento caucionado 53

3. Legislação aplicável 59
   3.1. Código Civil e Lei de Introdução às Normas do Direito Brasileiro 59
   3.2. Código de Defesa do Consumidor 62
       3.2.1. A proteção e os direitos dos consumidores na internet
              (práticas e cláusulas abusivas; direito de arrependimento) 66

3.2.2. Teorias. O destinatário final... 69
3.2.3. Regulamentação do *e-commerce* (Decreto n. 7.962/2013). 80
3.3. Nova legislação sobre afixação de preços ao consumidor.............. 83
3.4. Lei do SAC – Decreto n. 6.523/2008 86
3.5. Lei da Entrega Agendada 88
3.6. Marco Civil da Internet (Lei n. 12.965/2014).............................. 90

4. *E-commerce*: provedores, *sites*, lojas e *marketplaces* 103
4.1. Os provedores e os modelos negócios pela internet..................... 103
    4.1.1. Enquadramentos jurídicos... 118

5. Fundamentos da responsabilidade civil 123
5.1. Falta contratual 125
5.2. Falta extracontratual (ato ilícito e abuso de direito)..................... 127
5.3. Responsabilidade subjetiva (teoria da culpa)................................. 129
5.4. Responsabilidade objetiva (teoria do risco)................................... 133
5.5. Fato (defeito) do produto 141
5.6. Fato (defeito) do serviço 152
5.7. Vício do produto.. 155
5.8. Vício do serviço.. 159
5.9. Natureza da responsabilidade por vício... 161
5.10. Nexo causal e excludentes de responsabilidade 165

**6. Responsabilidade dos bancos, das administradoras de cartão de
crédito e das gestoras de pagamento.. 179**
6.1. Bancos e administradoras de cartão de crédito............................. 179
6.2. Gestoras de pagamento 186

7. Limites da responsabilidade civil nas compras pela internet 193
7.1. Solidariedade passiva entre fornecedores. Direito de regresso 197
    7.1.1. A posição do intermediário-comerciante. Denunciação
    da lide e chamamento ao processo 204
        7.1.1.1. Responsabilidade do intermediário perante
        o fornecedor... 209

7.1.2. Responsabilidade pelo cumprimento da oferta e
da publicidade... 214

8. Lei Geral de Proteção de Dados Pessoais (LGPD) 221
8.1. Introdução... 221
8.2. Dado pessoal – do que estamos falando?.. 222
8.3. A quem a lei se aplica?... 224
8.4. Outras normas sobre proteção de dados... 225
8.5. Alcance geográfico da LGPD 225
8.6. Excluídos da aplicação da LGPD 226

9. Proteção de dados: princípios e bases legais 227
9.1. Princípios.. 227
9.2. Bases legais (hipóteses) para realizar tratamento de dados 229
    9.2.1. Consentimento 230
    9.2.2. As demais bases legais 231
    9.2.3. Legítimo interesse.. 232

10. Direitos do titular de dados 235
10.1. Direito de acesso do titular e o princípio do livre acesso................ 235
10.2. Tratamento de dados pessoais sensíveis – regime jurídico 237
10.3. Tratamento de dados pessoais de crianças e de adolescentes.......... 239
10.4. O fim do tratamento de dados... 241
10.5. Direitos do titular.. 241
    10.5.1. Resposta do controlador... 243
    10.5.2. Outras possibilidades... 244

11. Responsabilidade civil dos agentes de tratamento de dados........... 247
11.1. Agentes de tratamento: controlador e operador 247
11.2. Encarregado 249
11.3. Responsabilidade por danos... 251
    11.3.1. Solidariedade dos agentes: controlador e operador 251
    11.3.2. Excludentes de responsabilidade 253
    11.3.3. Inversão do ônus da prova e dano coletivo 260

12. Autoridade Nacional de Proteção de Dados (ANPD)............ **263**
12.1. Penalidades administrativas... 268
12.2. Interoperabilidade... 271

13. Segurança, governança e *compliance* em proteção de dados......... **273**
13.1. Segurança e sigilo de dados.. 273
13.2. Boas práticas e governança... 277
    13.3. Riscos, prevenção, recomendações e *compliance*............... 280

Referências.. **283**

Nota ao leitor

Este livro trata de questões envolvendo a Lei n. 13.709/2018, Lei Geral de Proteção de Dados Pessoais (LGPD), e o *e-commerce*, enquanto comercialização de bens e serviços em ambiente digital.

Embora a LGPD estenda-se a qualquer tipo de ambiente, inclusive no físico, sem sombra de dúvidas, é na esfera digital em que sua atuação tem maior alcance.

Na esfera digital, existem amplas possibilidades de interação, comunicação, acesso ao conhecimento, compras etc. Justamente nesse ambiente é onde se tem o *e-commerce*, o qual é totalmente afetado pelo advento da LGPD.

A proteção aos dados não deixa de ser uma amplificação da tutela à privacidade. Já o *e-commerce* é uma evolução do comércio tradicional, que se aproveitou do advento da internet para ter a comercialização de bens e serviços em um ambiente digital.

E, embora a proteção da privacidade (e dos dados) não tenha sido criada em razão da internet (e depois do *e-commerce*), foi pelo desenvolvimento e pela massificação do comércio digital que a preocupação com dados se tornou cada vez maior, dando origem às normas jurídicas que tutelam dados pessoais pelo mundo.

Independentemente do título da obra, por questão didática e organizacional, vamos primeiramente tratar dos aspectos do *e-commerce* para depois tratarmos da proteção aos dados pessoais.

No mais, a construção das ideias em um livro, bem como a sua revisão, que nunca é a última, sempre pode ser aperfeiçoada; logo, será bastante gratificante poder contar com sugestões e críticas dos leitores, as quais podem ser enviadas pelo *e-mail* contato@tarcisioteixeira.com.br.

1
Comércio eletrônico

1.1. CONCEITO

O comércio eletrônico ou *e-commerce* representa parte do presente e do futuro do comércio. Existem várias oportunidades de negócios espalhadas pela internet, além de muitas que são criadas em todo momento. É bem provável que uma pesquisa de preços na internet traga não só o menor preço, como também melhores opções de bens. E, apesar do gargalo representado pelo "analfabetismo digital" de uma grande parcela da população, o *e-commerce* já desponta junto a uma geração que nasceu com o computador "no colo" ou "nas mãos". O crescimento do número de internautas na última década é espantoso.

O Brasil possui 70,6% (cerca de 149 milhões de pessoas) de sua população com acesso à internet. Se fizermos um comparativo entre os anos de 2000 e 2012, perceberemos um aumento de aproximadamente 1.500% do número de internautas no Brasil[1].

O *ranking* dos países com maior quantidade de internautas (habitantes com acesso à internet) em números absolutos é o seguinte: 1º China (854 milhões); 2º Índia (560 milhões); 3º Estados Unidos (313 milhões); 4º Indonésia (171 milhões); 5º Brasil (149 milhões); 6º Nigéria (126 milhões); 7º Japão (118 milhões); e 8º Rússia (116 milhões). Em

---
[1] *Top 20 countries with the highest number of internet users*. Disponível em: <http://www.internetworldstats.com/top20.htm>. Acesso em: 17 fev. 2021.

média, os países desenvolvidos têm acima de 90% de sua população com acesso à internet, a exemplo dos Estados Unidos (95,7%), da Alemanha (96%), do Japão (92%) e da França (92%).

O que se pode constatar a respeito de tais dados é que o acesso à internet cresceu muito nos últimos anos, o que foi crucial para o alavancamento do comércio eletrônico em todo o mundo, e também significativamente no Brasil. Aqui, as categorias de bens mais comercializados são: moda e acessórios (19%); cosméticos e perfumaria (18%); eletrodomésticos (10%); livros e revistas (9%); informática (7%). O crescimento do comércio eletrônico varejista no Brasil saltou de R$ 0,5 bilhão, em 2001, para R$ 14,8 bilhões, em 2010, chegando à R$ 41,3 bilhões, em 2015[2].

Essas compras pela internet foram efetuadas apenas por parte dos brasileiros tidos como consumidores *on-line*. Isso significa dizer que parte dos internautas tem receio de comprar pela internet; além disso, quanto maior o número de pessoas tendo acesso à internet e maior o nível de confiança no comércio eletrônico, maior será a tendência de o *e-commerce* no Brasil alcançar números bem maiores.

Boa parte das demandas judiciais, especialmente nos juizados especiais (por causa do seu menor valor financeiro), envolve negócios celebrados pela internet. Dados do Departamento Nacional de Defesa do Consumidor, órgão vinculado ao Ministério da Justiça, apontam que em 2010 as ações judiciais ultrapassaram vinte e duas mil[3]. Os problemas jurídicos decorren-

---

[2] Evolução da internet e do *e-commerce*. Disponível em: <http://www.e-commerce.org.br/stats.php>. Último acesso em: 22 maio 2016 (desde então, tentamos atualizar anualmente o acesso e as informações, mas sem êxito). Esses números não consideram as vendas de automóveis, passagens aéreas e leilões *on-line*.
Lamentamos que a instituição não tenha mais atualizado e/ou divulgado abertamente os dados. E, embora não se tenha outras fontes fidedignas, chegou-se a anunciar que o *e-commerce* brasileiro em geral, incluindo a comercialização de todos os tipos de produtos e serviços, teria alcançado cerca de 120 bilhões em 2016. Outras fontes não fidedignas expressariam 44,6 bilhões em 2016, 49 bilhões em 2017 e 56 bilhões para 2018. O ano de 2019 também foi sinônimo de crescimento, mas, em 2020, o *e-commerce* brasileiro cresceu ainda mais em razão dos efeitos da Covid-19, mas não há uniformidade nos números.

[3] MARQUES, Cláudia Lima. Comércio eletrônico de consumo internacional: modelos de aplicação da lei mais favorável ao consumidor e do privilégio de foro. *Revista do Advogado*, n. 114. São Paulo: AASP, dez. 2011. p. 33-34.

tes do comércio eletrônico têm sido a grande preocupação entre os estudiosos do Direito, em especial do direito do consumidor[4].

Antes de se examinar o conceito de "comércio eletrônico", vale compreender o que significa cada uma das palavras que compõem esta expressão. Conforme Alfredo Rocco, "comércio é aquele ramo da produção econômica que faz aumentar o valor dos produtos pela interposição entre produtores e consumidores, a fim de facilitar a troca das mercadorias"[5]. O comércio pode ser visto como o conjunto de trocas e compras e vendas objetivando ganhos e/ou satisfações. Para sua estabilidade e crescimento, os agentes operadores do comércio foram desenvolvendo regras ao longo do tempo, fundamentalmente por meio dos usos e costumes, que acabaram colaborando para a construção do direito comercial como um ramo do Direito.

Quanto à palavra "eletrônico", essa terminologia é derivada de "eletrônica", que é aquela parte da física que trata de circuitos elétricos, na qual a comunicação de dados via computador se faz por meio de impulsos elétricos, o que a caracteriza como comunicação eletrônica. Por essa razão, justifica-se o adjetivo eletrônico para o comércio firmado por comunicação gerada por impulsos elétricos[6].

O argentino Ricardo Luis Lorenzetti afirma que comércio eletrônico consiste em "toda atividade que tenha por objeto a troca de bens físicos ou digitais por meios eletrônicos". No comércio eletrônico podemos ter contratos oriundos de relações de direito público, quando celebrados entre empresas ou cidadãos e o Estado; ou de direito privado, por meio de relações civis, empresariais e de consumo[7]. Pode-se acrescentar haver relações entre dois entes estatais administrativos (direito público), relações de trabalho (direito privado), entre outros.

---

[4] Nesse sentido, ANDRIGHI, Fátima Nancy. "O Código de Defesa do Consumidor 20 anos depois – uma perspectiva da Justiça". *Revista do Advogado*, n. 114. São Paulo: AASP, dez. 2011. p. 76.

[5] ROCCO, Alfredo. *Princípios de direito comercial*. São Paulo: Saraiva & Cia., 1931 apud REQUIÃO, Rubens. *Curso de direito comercial*. 22. ed. São Paulo: Saraiva, 1995, v. 1. p. 4.

[6] BARBAGALO, Erica Brandini. *Contratos eletrônicos*. São Paulo: Saraiva, 2001. p. 38.

[7] LORENZETTI, Ricardo Luis. *Comércio eletrônico*. São Paulo: RT, 2004. p. 219.

Cláudia Lima Marques pondera que comércio eletrônico seria o comércio "clássico", hoje realizado por meio de contratação à distância. Alcança os contratos celebrados pela internet, por telefones fixos e celulares, pela televisão a cabo etc. De forma estrita, o comércio eletrônico é uma maneira de contratação não presencial ou à distância para a aquisição de produtos e serviços por meio eletrônico. Já de forma ampla, o comércio eletrônico envolveria qualquer tratativa ou troca de informações objetivando negócios, aí incluídos os dados transmitidos prévia e posteriormente à venda ou à contratação, bem como o envio de bens materiais e imateriais, os serviços de busca e *link's*, a publicidade, os meios de pagamento, entre outros[8].

Newton De Lucca, fundamentado na visão de Miguel Angel Davara Rodríguez (*Manual de derecho informático*. 3. ed. Pamplona: Editorial Aranzadi, 2001), pondera que o comércio eletrônico contempla as trocas de produtos e serviços pela rede mundial de computadores, bem como aquelas cuja utilização de uma ferramenta eletrônica é empregada para a concretização do negócio. Trata-se de um conceito mais amplo a fim de incluir não apenas os negócios realizados por intermédio de computadores, mas também de outros equipamentos que permitem comunicação recíproca, como, por exemplo, o telefone fixo e celular, o rádio, o telegrama, a televisão etc.[9].

Já Carlos Vattier Fuenzalida expressa que comércio eletrônico pode ser classificado em: *stricto sensu*, quando o contrato é realizado mediante um diálogo instrumentalizado pelos computadores do emissor e receptor, ou seja, em rede; e *lato sensu*, que se dá quando realizado por qualquer meio eletrônico[10].

---

[8] MARQUES, Cláudia Lima. *Confiança no comércio eletrônico e a proteção do consumidor* (um estudo dos negócios jurídicos de consumo no comércio eletrônico). São Paulo: RT, 2004. p. 35 e 39.

[9] DE LUCCA, Newton. Aspectos da responsabilidade civil no âmbito da internet. In: SILVA, Regina Beatriz Tavares da (Coord.). *Responsabilidade civil nas relações de consumo*. São Paulo: Saraiva, 2009 (Série GVlaw), p. 267-268; e DE LUCCA, Newton. Aspectos atuais da proteção aos consumidores no âmbito dos contratos informáticos e telemáticos. In: DE LUCCA, Newton; SIMÃO FILHO, Adalberto (Coords.). *Direito e internet* – aspectos jurídicos relevantes. São Paulo: Quartier Latin, 2008, v. 2, p. 51-52.

[10] FUENZALIDA, Carlos Vattier. *En torno a los contratos electrónicos*. In: ALTERINI, Atílio Aníbal [et. al.]. *Instituiciones de derecho privado* – contra-

Na busca de um conceito para comércio eletrônico, Patricia Peck Pinheiro chama atenção para o fato de que o comércio via uso da eletrônica não é algo tão recente, isso porque o comércio eletrônico não se restringe às operações realizadas pela internet, mas contempla outros meios eletrônicos como as transmissões por fax, as transferências bancárias, a compensação de cheques, o uso do cartão de crédito. No entanto, atualmente o comércio eletrônico permite que não apenas a concretização do negócio seja eletrônica, mas a apresentação dos contratantes aconteça eletronicamente, bem como a formação da documentação comprobatória[11].

Vários são os conceitos para o comércio eletrônico, como o utilizado por Gilberto Marques Bruno, para quem o comércio eletrônico consiste em uma modalidade de compra a distância, cuja aquisição de bens e/ou serviços ocorre por meio de equipamentos eletrônicos de tratamento e armazenamento de dados, nos quais são transmitidas e recebidas informações. Trata-se de uma das possíveis formas de comércio à distância, como os casos de vendas por catálogo, por telefone, pela televisão e tantas outras[12]. Maria Eugênia Reis Finkelstein também adota este conceito[13].

Ênio Santarelli Zuliani expressa que comércio eletrônico não se refere tão somente à venda e compra de produtos e prestação de serviços com fins lucrativos em ambiente digital, mas envolve também as relações entre órgãos do Poder Público, negócios entre particulares e entre empresas e consumidores[14].

---

tación contemporânea. Bogotá: Temis – Palestra Editores, 2001. v. 2. p. 19 e s. *apud* COAGUILA, Carlos Alberto Soto. O comércio eletrônico no direito peruano. In: DE LUCCA, Newton; SIMÃO FILHO, Adalberto (Coords.). *Direito e internet* – aspectos jurídicos relevantes. São Paulo: Quartier Latin, 2008. v. 2. p. 192.

[11] PINHEIRO, Patricia Peck. *Direito digital*. 2. ed. São Paulo: Saraiva, 2007. p. 63, 66 e 72.

[12] BRUNO, Gilberto Marques. As relações do "business to consumer" (B2C) no âmbito do "e-commerce". *Jus Navigandi*, Teresina, ano 6, n. 52, 1º nov. 2001. Disponível em: <http://jus.com.br/revista/texto/2319>. Acesso em: 11 jan. 2021.

[13] FINKELSTEIN, Maria Eugênia Reis. *Aspectos jurídicos do comércio eletrônico*. Porto Alegre: Síntese, 2004. p. 53.

[14] ZULIANI, Ênio Santarelli. Responsabilidade civil pelos vícios dos bens informáticos e pelo fato do produto. In: SILVA, Regina Beatriz Tavares da;

Frédéric-Jérôme Pansier e Emmanuel Jez explicam que o comércio eletrônico pode ser direto e indireto. O comércio eletrônico direto se dá quando os recursos tecnológicos são empregados em todas as fases contratuais, porque existe a transmissão *on-line* de dados entre vendedor e comprador de um produto (por exemplo, *software*[15]) ou de serviço (como consultoria). No comércio eletrônico indireto parte do contrato é realizada com a utilização da tecnologia da informação, mas a entrega ao adquirente depende de outros recursos não tecnológicos[16].

Para Aldemário Araújo Castro "comércio eletrônico" consiste no conjunto de operações de compra e venda de mercadorias ou prestações de serviços por meio eletrônico; ou as operações com conteúdo econômico, realizadas por intermédio de meios digitais. Assim, como os autores citados anteriormente, ele pondera que o comércio eletrônico pode ser classificado em duas espécies: próprio/direto e impróprio/indireto. A primeira espécie trata da comercialização de bens intangíveis, como o *software*; a segunda, de bens tangíveis, como equipamentos eletrônicos. No primeiro caso a operação começa, se desenvolve e termina nos meios eletrônicos; já na segunda espécie, tem-se um desdobramento físico da

---

SANTOS, Manoel J. Pereira dos (Coords.). *Responsabilidade civil na internet e nos demais meios de comunicação.* São Paulo: Saraiva, 2012. (Série GVlaw). p. 370.

[15] Após grandes debates jurídicos, o STF apreciou a questão da tributação do *software* no Recurso Extraordinário – RE 176.626-3, rel. Min. Sepúlveda Pertence, *DJ*, 11-12-1998. Na ocasião, o tribunal entendeu que o programa de computador pode ser tributado pelo ICMS ou não, a depender do caso concreto. De acordo com a decisão do STF, se o *software* é comercializado indistintamente no mercado a qualquer interessado, é considerado um produto (*software* de prateleira), tributável pelo ICMS. No entanto, se o *software* foi desenvolvido especialmente para um cliente sob encomenda, trata-se de uma prestação de serviços. E, sendo uma prestação de serviços, fica sujeita ao regime tributário do ISS.

[16] PANSIER, Frédéric-Jérôme; JEZ, Emmanuel. *Initiation à L'Internet Juridique.* Paris: Litec, 1998. p. 57 apud ALMEIDA, D. Freire e. Desafios da prestação jurisdicional aos contratos eletrônicos como pressuposto de reparação do dano. In: HIRONAKA, Giselda Maria Fernandes Novaes (Coord.). *Direito e responsabilidade.* Belo Horizonte: Del Rey, 2002. p. 298.

operação, um bem corpóreo sairá do estabelecimento do vendedor e será entregue no domicílio do comprador[17].

Fábio Ulhoa Coelho pondera que comércio eletrônico é a venda de produtos, virtuais ou físicos, ou a prestação de serviços realizada em ambiente virtual. Ele externa que tanto a oferta quanto a celebração do contrato é realizada por transmissão e receptação eletrônica de dados, podendo ocorrer por meio da internet ou fora dela[18].

Assim, podemos afirmar que comércio eletrônico é uma extensão do comércio convencional (como veremos com maior profundidade adiante), tratando-se de um ambiente digital em que as operações de troca, compra e venda e prestação de serviço ocorrem com suporte de equipamentos e programas de informática, por meio dos quais se possibilita realizar a negociação, a conclusão e até a execução do contrato, quando for o caso de bens intangíveis.

1.2. EVOLUÇÃO DO COMÉRCIO COM A INTERNET

Tomando em conta as considerações anteriores, compreendemos que o comércio eletrônico nada mais é do que uma extensão do comércio convencional, o qual existe há milênios. Num primeiro momento realizado por meio de trocas *in natura* (produtos não industrializados); mais tarde com a aquisição de produtos utilizando outros como se fossem moedas, especialmente o sal e o gado. Posteriormente, pela aquisição de bens pela utilização de moedas metálicas e em papel, sem prejuízo da utilização do crédito (do latim *credere*, que significa confiança) para obtenção de produtos mediante pagamento ulterior, cujo uso foi massificado no comércio com a criação da letra de câmbio (primeiro título de crédito) no século XI. Não se pode deixar de mencionar que a expansão das caravanas terrestres e as expedições marítimas, bem como a difusão das feiras medievais, tiveram um papel importante no desenvolvimento do comércio e de suas regras jurídicas.

---

[17] CASTRO, Aldemário Araújo. Os meios eletrônicos e a tributação. In: REINALDO FILHO, Demócrito Ramos (Coord.). *Direito da informática – temas polêmicos*. Bauru: Edipro, 2002. p. 254.

[18] COELHO, Fábio Ulhoa. *Curso de direito comercial: direito de empresa*. 13. ed. São Paulo: Saraiva, 2012. v. 3. p. 47.

Para Levin Goldschmidt, "comércio" é a atividade com fim lucrativo pertencente à circulação dos bens. O autor explica que o desenvolvimento do conceito de propriedade individual foi fundamental para o intercâmbio de bens, especialmente dos bens móveis; isso desde os tempos primitivos. Toda circulação de mercadorias na sua fase inicial era o comércio de troca, um comércio realizado por andarilhos (comércio de rua), em que a negociação se dava por conta própria. Porém, aos poucos foi surgindo o aparecimento da mercadoria intermediária, o dinheiro, sendo que do natural negócio de troca foi-se formando o comércio de compra[19].

Sem dúvida que a troca de bens era pequena nos tempos primitivos entre os membros da mesma comunidade. O seu crescimento e a sua regularidade deram-se em razão da intervenção do intermediário (comerciante estrangeiro), o qual excitava e satisfazia o sentido estético das pessoas, o que implicava novas necessidades, consequentemente levando as pessoas a importarem bens desejados (joias, metais, armas, ferramentas, vinho, licor etc.) e exportarem bens superabundantes em sua propriedade ou região de origem. Com o passar do tempo o comércio foi se fixando fisicamente, normalmente nas praças das cidades (comércio estável), adicionado ao comércio ambulante (de rua). Mais tarde, em muitas localidades, os estabelecimentos físicos se tornaram predominantes; entretanto, ainda hoje, em alguns países (como da África e da Ásia) o comerciante nômade desempenha um papel extremamente relevante. Também gradualmente a venda de bens a granel (soltos) foi crescendo, mas somente com o desenvolvimento da venda por atacado é que a atividade do comerciante passou a ser tida como uma profissão[20]. Além disso, foi relevante para o progresso do comércio a Revolução Industrial com a produção e o consumo massificados, bem como pelo desenvolvimento dos meios de transporte, como os trens e os navios a vapor, e mais tarde os caminhões, que proporcionaram uma importante expansão na circulação de bens.

---

[19] GOLDSCHMIDT, Levin. *Storia universale del diritto commerciale*. Prima traduzione italiana a cura di Vittorio Pouchain e Antonio Scialoja. Torino: UTET, 1913. p. 5 e 20.

[20] GOLDSCHMIDT, Levin. *Storia universale del diritto commerciale*, cit., p. 21-24.

Com o suporte da informática, os comerciantes passaram a ter um raio de alcance maior, tendo em vista que com a internet praticamente não há barreiras geográficas para os negócios; pelo menos quanto à divulgação dos bens, pois ainda há alguns entraves acerca da diferença entre ordenamentos jurídicos e das fronteiras entre os países, especialmente quando é necessária uma entrega física do produto ou uma prestação de serviço *in loco*. Assim, se hoje o comércio pode ser realizado por meio do uso da informática, é bom que se diga que isso se deu fundamentalmente a partir do desenvolvimento do computador, fruto de uma preocupação militar em obter um mecanismo capaz de codificar e decodificar as mensagens durante a Segunda Guerra Mundial, na primeira metade do século XX.

Mais tarde viu-se a necessidade de uma comunicação mais eficiente entre as bases militares em território norte-americano, desenvolvendo-se assim, a partir de 1969, a interligação entre computadores, então denominada Arpanet[21], embrião da internet. As primeiras comunicações entre computadores ocorriam fundamentalmente entre quatro universidades e institutos de pesquisas americanos, formando assim uma rede de informações comum. Em 1972, Ray Tomlinson criou um *software* permitindo o envio de *e-mails* (mensagens eletrônicas); no ano posterior foi feita a primeira comunicação internacional, entre Inglaterra e Noruega. Mas somente em 1987 é que a rede mundial dos computadores foi liberada pelo governo norte-americano para uso comercial[22].

---

[21] A Arpanet foi a primeira rede de computadores, tendo sido desenvolvida pela agência norte-americana ARPA (*Advanced Research and Projects Agency* – Agência de Pesquisas em Projetos Avançados) em 1969. Tinha o objetivo de interligar as bases militares e os departamentos de pesquisa do governo americano, por isso a expressão Arpanet. Ela foi totalmente financiada pelo governo, durante o período que ficou conhecido como Guerra Fria em razão do embate ideológico entre a extinta União Soviética e os EUA. Temendo um ataque por parte dos seus opositores, os americanos tinham como objetivo desenvolver uma rede de comunicação que não os deixasse vulneráveis, caso houvesse algum ataque soviético ao Pentágono. Contudo, a Arpanet ficou conhecida como a "mãe" da internet. Disponível em: <http://pt.wikipedia.org/wiki/ARPANET>. Acesso em: 12 fev. 2021.

[22] ALMEIDA, D. Freire e. Desafios da prestação jurisdicional aos contratos eletrônicos como pressuposto de reparação do dano. In: HIRONAKA, Gi-

Podemos afirmar que até algumas décadas atrás os contratos eram celebrados principalmente de forma escrita (em papel) ou verbal (mesmo por telefone). Mas com a criação da internet e a disseminação da informática, desenvolveu-se mais uma maneira de se contratar, a contratação eletrônica. Este novo mecanismo facilita, ainda mais, a atuação das empresas, especialmente de menor e médio porte que tinham alcance limitado quanto à divulgação e à distribuição de seus produtos ou serviços. Elas agora veem nos meios eletrônicos um modo prático e econômico para a expansão de seus negócios.

Haroldo Malheiros Duclerc Verçosa pondera que "o mercado tradicionalmente caracterizado como um lugar físico torna-se uma visão superada pela moderna tecnologia, sendo apenas virtual o lugar das operações realizadas via Internet"[23].

Teoricamente, a internet seria tão somente um instrumento facilitador para a realização de negócios, sendo mais uma maneira pela qual as pessoas pudessem externar sua vontade. Vale destacar que nos contratos eletrônicos celebrados pela internet, o objeto do negócio pode ser entregue pelo fornecedor fisicamente, no endereço apontado pelo comprador, quando se tratar de um bem material; ou ser entregue eletronicamente ao se tratar de um bem imaterial, como, por exemplo, um vídeo ou um *software*, que será disponibilizado por *download*[24]. Assim, via de regra, os contratos eletrônicos não são novas categorias contratuais, mas tão somente novas formas de negociação, conclusão e execução contratual.

Maria Eugênia Reis Finkelstein explica que, com a disseminação do comércio eletrônico, o comércio tradicional não deverá desaparecer, mas acredita que ele terá desvantagem em relação aos preços cada vez

---

selda Maria Fernandes Novaes (Coord.). *Direito e responsabilidade*, cit., p. 291-293.

[23] VERÇOSA, Haroldo Malheiros Duclerc. *Curso de direito comercial*. São Paulo: Malheiros, 2004. v. 1. p. 135.

[24] *Download* é a "operação de trazer um arquivo de um servidor remoto para o computador local, popularmente conhecido como 'baixa'. É o oposto de '*upload*', que consiste em enviar um arquivo do computador local para um servidor remoto". Cf. CASTRO, Aldemário Araújo. "Os meios eletrônicos e a tributação", cit., p. 255 (nota n. 23).

mais atrativos do *e-commerce*. O comércio eletrônico atende a um grande anseio dos consumidores, a facilidade de comparar preços e demais condições contratuais em curto espaço de tempo, no âmbito da localidade em que reside, no território nacional e até no exterior[25].

Se de um lado a internet facilita o encontro de bens e a comparação de preço, por outro lado, o comércio convencional ainda continua com a vantagem de se conhecer produtos e serviços diretamente, pelo contato físico, em detrimento do acesso tão somente por imagens como na rede mundial de computadores.

José Reinaldo de Lima Lopes, em 1985, chamava a atenção para o fato de que no sistema de mercado de então muitos setores eram dominados por produtos de marcas, ficando a importância do vendedor sensivelmente reduzida. Até porque, os distribuidores de certos produtos estavam tão comprometidos com a venda em massa que não se preocupavam em analisar os produtos, sendo que muitas vezes não podiam fazê-lo por saírem lacrados de fábrica[26].

O comércio eletrônico não se afasta desse quadro, pois muitos produtos comercializados neste ambiente são tidos como produtos de marcas já consagradas. No entanto, o comércio eletrônico também tem outro viés: tem promovido certa "democracia comercial", pois permite que produtos, até então considerados menos expressivos, possam ser comercializados com mais força de venda e penetração no mercado. A razão é o fato de que, utilizando-se a rede mundial de computadores, as distâncias se tornaram menos significativas para a concretização de contratos, além do custo reduzido para se operacionalizar neste ambiente, o que acaba muitas vezes refletindo em diminuição de preço. Acrescente-se que o custo de publicidade na internet ainda é muito menor do que nos meios de comunicação tradicionais, como a televisão, o rádio e as mídias impressas. Ou seja, foram reduzidos os custos de transação (como aqueles para divulgação, negociação e distribuição dos bens), incluindo o nível das barreiras de entrada no mercado.

---

[25] FINKELSTEIN, Maria Eugênia Reis. *Aspectos jurídicos do comércio eletrônico*, cit., p. 53-54.
[26] LOPES, José Reinaldo de Lima. *A responsabilidade civil do fabricante por fato do produto*. Dissertação (Mestrado em Direito) – Faculdade de Direito da Universidade de São Paulo, São Paulo, 1985. p. 73.

Como sempre aconteceu com os comerciantes, os que operam no comércio eletrônico impõem a este ambiente características marcantes, como a versatilidade e a criatividade de modo a estar sempre inovando e incrementando os negócios e as maneiras de se negociar. No ambiente eletrônico tudo acontece em velocidade muito acelerada, e mais rápida ainda se dá a propagação das inovações. É bem verdade que algumas criações às vezes deixam de ser utilizadas praticamente na mesma velocidade em que são implantadas (ou suplantadas pela concorrência). Em suma, no comércio eletrônico temos uma dinâmica mercantil derivada daquela tradicionalmente conhecida, mas com uma velocidade bem maior, com novos contornos operacionais que não raro implicam as mesmas consequências jurídicas.

São nítidos os efeitos que o uso da tecnologia da informação traz ao desenvolvimento do comércio, na medida em que permite às empresas colocarem no mercado seus produtos e serviços com uma grande economia de custos[27], como já foi mencionado. Isto porque manter a hospedagem e o funcionamento de um estabelecimento virtual é proporcionalmente bem menos oneroso do que um estabelecimento físico, haja vista: a redução do custo com a manutenção de estoque, que pode ficar a cargo de fornecedores encarregados de despachar as mercadorias diretamente aos clientes da loja virtual, por meio de comunicação eletrônica enviada pelo servidor desta; a diminuição da mão de obra; a redução das despesas com locação etc. Além disso, teoricamente, na internet não há limitação geográfica para se vender, tudo vai depender do valor do frete, da legislação aplicável, da carga tributária e alfandegária e da diferença de idiomas. Mesmo pequenas empresas podem comercializar seus bens para clientes localizados nas mais distantes e variadas localidades, com custos relativamente baixos, o que seria praticamente inviável se não fosse a rede mundial de computadores.

Além disso, o comércio eletrônico possibilita a diminuição da cadeia distributiva dos bens, pois os fabricantes e prestadores de serviços podem

---

[27] No mesmo sentido, ALMEIDA, D. Freire e. "Desafios da prestação jurisdicional aos contratos eletrônicos como pressuposto de reparação do dano". In: HIRONAKA, Giselda Maria Fernandes Novaes (Coord.). *Direito e responsabilidade*, cit., p. 299-301.

vender diretamente aos consumidores os seus produtos ou serviços, não necessitando obrigatoriamente de intermediários, como, por exemplo, rede de hotéis e companhias aéreas que vendem hospedagens e passagens sem a intermediação de agentes de viagens. Outro fator é que as empresas podem comercializar seus produtos e serviços em tempo integral, vinte e quatro horas por dia, sem enfrentar as questões de limitação de horário para o funcionamento do "comércio convencional de rua" ou de *shopping center*, bem como não precisam lidar com as diferenças de fuso horário.

Também, o *e-commerce* tem possibilitado a ascensão da atividade comercial, pois vejamos o caso da Amazon.com, bem como do eBay e do MercadoLivre. Todos são comerciantes que atuam tão somente intermediando operações na internet, mas o valor de mercado de cada uma dessas empresas é milionário (se não for bilionário). Na internet há uma afirmação da atividade comercial varejista; alguns intermediários têm se tornado grandes varejistas em número de vendas e valores negociados. Eles são utilizados pelos fabricantes para a distribuição de produtos e prestação de serviços por deterem *know-how* de como melhor divulgar e vender os produtos junto aos consumidores. Isso porque em todo momento inovam com a criação de novas técnicas de venda. Ou seja, continua cada vez mais o comerciante funcionando como o grande canal de escoamento de bens produzidos por outrem.

Contudo, entendemos que o comércio eletrônico é uma expansão e sofisticação na forma de se divulgar e comercializar produtos e serviços, ou seja, é o comércio convencional realizado por meio de contratação à distância e uso da informática.

2
Meios de pagamento

No comércio eletrônico é possível ocorrer vários tipos de contratos. Existem aqueles negócios cujas fases contratuais ocorrem totalmente na internet, ou seja, as tratativas preliminares, a conclusão e a execução do contrato se dão eletronicamente. Um bom exemplo é a compra de *software* pela internet, cujo pagamento seja feito por débito em conta bancária e entrega do bem por meio de *download* (que pode ser protegido por senha fornecida pelo próprio fornecedor). Em alguns a tratativa e a conclusão se dão eletronicamente, mas a execução quanto à entrega é realizada fisicamente, a exemplo de um eletrodoméstico que chega por transportadora. Ainda, há negócios em que as partes estabelecem apenas tratativas pela internet, mas concluem e executam o negócio fisicamente, como, por exemplo, na compra e venda de imóvel originada pela busca em *sites* de classificados.

Em algumas situações o pagamento por parte do comprador pode acontecer fisicamente por depósito bancário, transferência entre contas, emissão de cheques ou notas promissórias etc. Já em outras o pagamento será concretizado pela rede mundial de computadores por meio de sistemas eletrônicos, especialmente por débito em conta bancária ou cartão de crédito. Há *sites* de comércio eletrônico que admitem outras formas de pagamento, como transferência bancária ou mesmo emissão de boletos bancários para pagamento pela rede bancária física.

A maioria das compras realizadas pela internet é paga utilizando-se o cartão de crédito, sendo um grande problema a segurança e o cuidado que o fornecedor deve ter com os dados enviados pela internet, o que representa a maior preocupação do consumidor, o momento do pagamento. Por isso, o fornecedor deve propiciar um ambiente seguro, bem como disponibilizar outras formas de pagamento ao consumidor, como o boleto bancário, por exemplo. Oferecer uma única forma de pagamento, mesmo em ambiente seguro, pode levar o consumidor a não realizar a compra[1].

É possível que empresas que operam sistemas de pagamento pela internet enquadrem-se nos arranjos e nas instituições de pagamento criados pela Lei n. 12.865/2013, arts. 6º a 15, em que foi atribuído ao Conselho Monetário Nacional (CMN) e ao Banco Central do Brasil (Bacen) a competência para sua regulamentação. Haroldo Malheiros Duclerc Verçosa nos dá notícia de que tal regulamentação se deu em 4/11/2013, por meio das Resoluções CMN n. 4.282 e 4.283 e das Circulares Bacen n. 3.680, 3.681, 3.682 e 3.683. Além disso, o autor afirma que não caberiam esses arranjos às operações de compras pela internet, pois no ambiente digital utiliza-se essencialmente como meio de pagamento o cartão de crédito[2].

Vamos nos deter no exame do pagamento por débito em conta bancária, primeiramente, e do pagamento via cartão de crédito, secundariamente. Isto por serem as formas mais usuais no comércio eletrônico, haja vista que permitem maior agilidade na execução dos contratos na internet. Posteriormente, analisar-se-á o sistema de gestão de pagamento (pagamento caucionado) que tem sido oferecido e utilizado cada vez mais nas compras realizadas pela internet.

2.1. DÉBITO EM CONTA E EMISSÃO DE BOLETO BANCÁRIO

Para o exame da forma de pagamento bancário ou débito em conta operacionalizada em compras pela internet, é necessário explicitar, ain-

---

[1] MARQUES, Cláudia Lima. *Confiança no comércio eletrônico e a proteção do consumidor* (um estudo dos negócios jurídicos de consumo no comércio eletrônico), cit., p. 194-195.

[2] VERÇOSA, Haroldo Malheiros Duclerc. "Arranjos e instituições de pagamento (regulamentação e crítica)". *Revista de Direito Empresarial*, n. 1. São Paulo: RT, jan./fev. 2014. p. 77 e s.

da que brevemente, acerca dos contratos bancários de abertura de crédito e de depósito bancário.

Mas, antes de adentrarmos ao tema, é preciso explicar que na rede mundial de computadores existem *sites* de comércio eletrônico que admitem outras formas de pagamento, como a emissão de boletos bancários para pagamento pela rede bancária física, lotéricas ou agência dos Correios. Entretanto, esse fato é de uso residual na internet por haver uma quebra no dinamismo dos negócios eletrônicos, haja vista que o fornecedor, na maioria das vezes, liberará o produto ou prestará o serviço tão somente após a confirmação do pagamento, que pode levar até três dias úteis após a quitação do boleto.

A opção do comprador pela emissão de um boleto bancário independe do fato de ele ter uma conta junto a uma instituição financeira, pois essa lâmina de pagamento poderá ser paga com dinheiro. Por óbvio que, possuindo conta bancária, ele pode quitar o boleto pela própria internet (*home-banking*) ou mediante operação em caixa eletrônico ou agência bancária. *Home-banking* significa movimentações pelo cliente de sua conta bancária à distância, via internet (*internet-banking*) ou por telefone, como, por exemplo, a realização de pagamentos de boletos, as transferências entre contas, a aplicação ou o resgate de investimentos, entre outros.

Quanto aos contratos bancários, entre os principais contratos celebrados por instituições financeiras está o contrato de abertura de crédito, que consiste no acordo pelo qual o banco coloca à disposição do cliente, por prazo certo ou indeterminado, uma importância limitada, facultando a utilização total ou parcial do crédito concedido (nesse sentido, é o art. 1.842, do Código Civil italiano, de 1942[3]), mediante o pagamento de juros correspondentes. O banco que abre o crédito é denominado creditador, já o beneficiário, de creditado[4]. É

---

[3] Art. 1.842 – "*L'apertura di credito bancario è il contratto col quale la banca si obbliga a tenere a disposizione dell'altra parte una somma di danaro per un dato periodo o a tempo indeterminato*". A abertura de crédito bancário é o contrato pelo qual o banco se obriga a deixar à disposição da outra parte uma quantia de dinheiro por período determinado ou indeterminado (Tradução livre).

[4] Nesse sentido, BULGARELLI, Waldirio. *Contratos Mercantis*. 7. ed. São Paulo: Atlas, 1993. p. 574.

uma espécie de empréstimo; sendo essa operação também denominada de contrato de mútuo.

José Xavier Carvalho de Mendonça explica que a abertura de crédito é o acordo pelo qual um dos contratantes (creditador) se obriga a colocar à disposição do outro (creditado) fundos até determinado limite, durante certo lapso temporal, mediante cláusulas convencionadas, obrigando o creditado a restituir o creditador no vencimento com juros[5].

Por sua vez, Paulo M. de Lacerda esclarece que o contrato de abertura de crédito aproveita principalmente o creditado, para quem a operação de crédito é ativa, pois atende as suas necessidades econômicas; mas também aproveita ao creditador pelas vantagens que obtém em decorrência do contrato, especialmente os juros recebidos. O autor explica que, embora em ambos os casos admita-se que corram juros, a abertura de crédito guarda distinção em relação ao mútuo, pois neste o crédito é dado ao mutuário de uma só vez (do contrário ter-se-á mútuos sucessivos), o que implica arcar com os juros mesmo que não use todo o crédito; já na abertura de crédito este (o crédito) fica à disposição, sendo que o creditador facultativamente utiliza-o conforme sua necessidade, total ou parcialmente, pagando juros apenas pela soma utilizada[6].

Utilizando-se da linha de crédito, a qual fica disponível por meio da movimentação em uma conta bancária, nova ou já existente, correm juros que deverão ser quitados pelo cliente em prazo determinado pelo contrato. O contrato de abertura de crédito é uma das operações bancárias mais utilizadas no comércio, quando empresas se suprem de recursos conforme suas necessidades ao utilizarem os valores colocados à sua disposição pelo banco, devendo ser devolvidos a este mediante o pagamento dos juros acordados[7]. A garantia pode ser aval, fiança, um fluxo de recebíveis (direitos creditórios) do cliente mantido permanentemente durante o prazo do contrato, ou outro tipo de garantia admitida pelo banco e não vedada por lei.

---

[5] CARVALHO DE MENDONÇA, José Xavier. *Tratado de direito comercial brasileiro*. 4. ed. Rio de Janeiro: Freitas Bastos, 1957. v. VI. p. 190.
[6] LACERDA, Paulo M. de. *Do contrato de abertura de crédito*. Rio de Janeiro: Jacintho Ribeiro dos Santos – Editor, 1929. p. 51-52.
[7] BULGARELLI, Waldirio. *Contratos Mercantis*, cit., p. 575.

No contrato de depósito bancário, a instituição se compromete a guardar os valores que lhes são confiados, por meio do registro em uma conta bancária, podendo ser resgatados nos prazos e períodos ajustados. Trata-se de um depósito chamado de "irregular" porque, diferentemente do depósito previsto no Código Civil, arts. 627 a 652, a propriedade dos recursos depositados é transferida ao banco depositário. Muitas vezes, na prática bancária o contrato de depósito bancário acaba sendo celebrado juntamente com o contrato de abertura de crédito.

Vale ter presente que o contrato de depósito bancário pode ser de poupança ou de conta corrente. O contrato de poupança é aquele em que os valores são remunerados por serem depositados em uma conta junto a uma instituição financeira, sendo que a remuneração se dá a prazo, a cada trinta dias, condicionada à permanência do recurso depositado.

A remuneração da poupança é feita conforme os índices oficiais fixados por lei, isto é, 0,5% mais a TR (Taxa Referencial) correspondente ao período. De acordo com as regras vigentes para depósitos feitos a partir de 4 de maio de 2012, quando a Taxa Selic (Sistema Especial de Liquidação e de Custódia) ficar igual ou menor que 8,5% ao ano, o rendimento da poupança passará a ser 70% da taxa Selic mais a TR. Isso está de acordo com o art. 12 da Lei n. 8.177/91, com a redação dada pela Medida Provisória n. 567, de 3 de maio de 2012, e art. 7º da Lei n. 8.660/93. A TR é regulamentada pela Lei n. 8.177/91, cujo art. 1º prevê que o Banco Central do Brasil divulgará a Taxa Referencial, calculada a partir da remuneração mensal média líquida de impostos, dos depósitos a prazo fixo captados nos bancos comerciais, bancos de investimentos, bancos múltiplos com carteira comercial ou de investimentos, caixas econômicas, ou dos títulos públicos federais, estaduais e municipais, de acordo com metodologia estabelecida pelo Conselho Monetário Nacional.

Os valores depositados na poupança são emprestados a clientes do banco, mediante a cobrança de uma taxa de juros maior do que a que é paga aos depositantes. Assim, a instituição ganha na diferença entre juros pagos aos depositantes e os juros que recebe dos que tomam empréstimos, o que é denominado *spread* bancário. Vale explicar que nos juros que as instituições cobram dos seus clientes estão computados os custos com o risco de inadimplência, a lentidão e a imprevisibilidade das decisões judiciais, as despesas administrativas e tributárias, o empréstimo compulsório ao Banco Central, o lucro do banco, a remuneração dos poupadores etc.

Já no contrato de conta corrente, em geral, não há remuneração do saldo positivo decorrente dos valores depositados na conta bancária. A expressão "conta corrente" significa que o banco se compromete a fazer operações de débito e crédito na conta bancária do cliente, conforme suas determinações a partir de: emissão de cheques, saques avulsos, autorização de débito automático, depósitos efetuados etc. Assim, por exemplo, se o banco fizer um débito em conta sem autorização expressa do correntista, haverá a necessidade de restituí-lo.

A melhor terminologia para essa operação bancária seria a de "conta corrente bancária". Isso porque, como explica Waldirio Bulgarelli, existe o contrato empresarial de conta corrente, que consiste num acordo de reciprocidade entre empresários que, em certo período de tempo, utilizam-se de recursos pertencentes à parte contrária, tornando-se ambos credores e devedores ao mesmo tempo, para num determinado momento haver um acerto pelo saldo[8].

Waldemar Martins Ferreira explica que, na conta corrente bancária, o banco que recebe o dinheiro do depositante fica obrigado a entregar-lhe tão logo seja solicitado, no todo ou em parte. Ou seja, o depositante tem ao seu dispor aquele numerário para levantá-lo sempre que lhe convenha, podendo isso ser feito por ordem escrita, carta, telegrama e até por meio do telefone[9].

Especificamente sobre a operação de débito em conta, trata-se de uma operação contratual entre banco e cliente em que aquele (banco) se compromete a efetuar débitos da conta bancária deste (cliente) mediante ordem de pagamento com o fim de creditar o valor em favor de terceiro. Cuida-se de uma autorização de débito que pode ocorrer para pagamentos de certas despesas, com vencimento em data certa, ou de compras pagas por meio do cartão eletrônico. Se houvesse previsão legal, esta operação de débito via cartão poderia até ser tida como uma espécie de cheque, o "cheque eletrônico", uma vez que estamos diante de uma ordem de pagamento, cujo sacado (banco) transfere um crédito a terceiro (beneficiário).

---

[8] BULGARELLI, Waldirio. *Contratos Mercantis*, cit., p. 586.
[9] FERREIRA, Waldemar Martins. *Instituições de direito comercial – os contratos mercantis e os títulos de crédito*. Rio de Janeiro: Freitas Bastos, 1953. v. 3. p. 188-189.

Fora da internet, a concretização da operação de débito pode se dar por meio do uso de um cartão magnético ou *smart card* (cartão inteligente), o que tem se denominado cartão de débito. O cartão de débito é uma facilidade criada pelos bancos, por meio do qual o cliente pode efetuar um pagamento realizando débito em sua conta bancária para ser creditado na conta bancária do seu fornecedor (vendedor de produtos ou prestador de serviços). Essa possibilidade apresenta benefícios, como evitar o porte de dinheiro e de talonário de cheques.

Na verdade o cartão em si é feito de plástico com uma fita magnética, cuja utilização implica sua passagem por uma leitora conectada ao sistema do banco[10]. Ele pode funcionar para operações de: retirada de dinheiro em terminais, transferências entre contas bancárias, autorização de débito etc.

Uma questão importante é alertar sobre a necessidade de segurança nas operações pela transmissão de informações eletronicamente, pois a autorização do débito em conta bancária é feita pelo titular por meio da digitação de uma senha alfanumérica (que em algumas operações vem sendo substituída pela leitura biométrica da impressão digital do cliente). Ainda é importante ressaltar que essa operação foi concebida, inicialmente, para pagamentos à vista (débito da conta do comprador e crédito na conta do vendedor imediatamente), não havendo o efeito *pro solvendo* do cheque nem a possibilidade de sustação por desacordo comercial. Mais tarde surgiu a possibilidade de pagamentos parcelados e pré-datados (débitos e créditos futuros). Este último se aproxima do cartão de crédito, se não fossem algumas características deste que serão vistas adiante.

No comércio eletrônico as operações de débito em conta bancária se dão de forma diversa. Ao invés de utilizar o *smart card*, apenas autoriza-se o credor a dirigir-se, eletronicamente, à instituição financeira para que a mesma faça um débito, referente ao valor do bem adquirido, da conta bancária do comprador para creditar ao vendedor. Essa operação pode também ser feita à vista, a prazo ou de forma parcelada, nos mesmos moldes acima.

---

[10] Nesse sentido, COSTA, Wille Duarte. *Títulos de crédito*. 2. ed. Belo Horizonte: Del Rey, 2006. p. 88.

Assim, os pagamentos realizados eletronicamente pressupõem o envio de dados do comprador para o fornecedor, o que muitas vezes gera insegurança. Por isso, o nível de segurança da conexão e do sistema de criptografia empregado deve ser informado previamente ao cliente, a fim de que possa optar por outro fornecedor, se for o caso; bem como disponibilizar outras formas de pagamento. Não apenas o ambiente de pagamento deve ser seguro, também o local que abrigará os dados do comprador deve ser mantido em segurança objetivando evitar violações. Tudo isso é uma questão de qualidade mínima para aquele fornecedor que queira oferecer produtos e serviços na internet de forma confiável e sustentável, o que irá fidelizar e atrair cada vez mais clientes para o seu modelo de negócio[11]. Mais adiante estudaremos qual o nível de responsabilidade dos bancos neste tipo de operação, especialmente quando realizada pela internet.

2.1.1. Pix

As recentes inovações tecnológicas no setor bancário, notadamente com relação aos novos métodos de pagamento instantâneos, estão revolucionando a forma de agir e de pensar da sociedade contemporânea em relação à forma de usar e guardar dinheiro.

O conceito de moeda de troca é conhecido há milhares de anos e, até hoje, funciona como uma representação de confiança de que o valor recebido poderá ser trocado por produtos ou serviços, que ganha cada vez mais relevância quando as sociedades passam a fazer negócios entre si. A evolução das moedas no mundo levou em consideração, afora outros elementos comerciais, a praticidade e a facilidade de sua operação.

Assim, lado a lado aos avanços da forma de se fazer negócios estão as evoluções das moedas e do dinheiro, que visam fornecer melhores condições de negociação, sempre com foco na confiança que está por trás da moeda em circulação.

Note-se a própria criação do dinheiro: inicialmente em moedas de metais, as quais inicialmente possuíam valor atrelado ao custo do material

---

[11] MARQUES, Cláudia Lima. *Confiança no comércio eletrônico e a proteção do consumidor* (um estudo dos negócios jurídicos de consumo no comércio eletrônico), cit., p. 98-99.

em que eram feitas e, pouco tempo depois, passaram a ser moedas fiduciárias, ou seja, se tornaram representativos de valor, tal como o dinheiro em espécie que atualmente utilizamos.

Nesse processo sequencial e, agora, exponencial de evolução dos meios de pagamento e da forma com que a sociedade faz negócios, surgem as transações financeiras digitais, de forma que paramos de trocar dinheiro e passamos a trocar informações digitais.

Tamanha foi a evolução dos meios de pagamento virtuais, criados em resposta ao desenvolvimento e ao aprimoramento dos meios de comércio eletrônico, que a própria forma de transação eletrônica foi ficando ultrapassada.

Nesse cenário, a criação do Pix do Banco Central do Brasil (Bacen) insere-se como parte do Sistema de Pagamentos Instantâneos. A palavra Pix não tem um significado próprio, nem é a sigla de uma expressão; trata-se apenas de um termo que remete a conceitos como tecnologia, transação e *pixel* (ponto luminoso que, junto com outros pontos do mesmo tipo, forma a imagem na tela).

O Pix representará um significativo avanço às relações comerciais (presenciais e *on-line*), considerando-se que será uma alternativa à circulação de dinheiro em espécie, em particular para a parcela da população que não possui acesso a cartões de crédito, visto que permite a realização de transações de maneira instantânea, sem taxas relevantes, tal como ocorre com os cartões de débito ou com as transferências via TED e DOC.

O Pix, considerado como o mais atual meio de pagamento da atualidade, foi projetado pelo Bacen para iniciar as operações a partir de 2020, de forma a introduzir uma série de facilidades ao sistema financeiro.

É de se dizer que esse tipo de meio de pagamento baseado em uma chave de acesso, que permite a realização das transações financeiras no modelo 24/7/365 – isto é, disponível 24 horas por dia, 7 dias por semana e 365 dias por ano, com baixíssimas taxas (ou até mesmo gratuito em diversas instituições financeiras) – não é criação brasileira, pois já há sistemas semelhantes ao Pix brasileiro no Peru (PLIN) e no México (CODI).

Entretanto, não pode-se deixar de mencionar que o Brasil está na vanguarda dos meios de pagamento: esse tipo de tecnologia ainda não está disponível em grande parte dos países da Europa que não tem serviços similares (talvez pelo melhor acesso do europeu a cartões de crédito e o protagonismo de outras formas de pagamento).

Uma das principais facilidades dessa nova sistemática de pagamentos é, justamente, a disponibilidade ininterrupta, permitindo que se façam transferências bancárias em qualquer dia e horário, diversamente do que ocorre atualmente com o TED e o DOC. O TED, em que pese sua compensação ocorrer no mesmo dia, só está disponível em dias úteis, das seis às dezessete horas, e o DOC é compensado só no dia seguinte e com limitação de valor transacional de R$ 4.999,99 por transação. Essa disponibilidade ininterrupta certamente será convertida no aumento de transações, visto que o brasileiro, diferentemente da tradição indiana, celebra contratos em qualquer dia da semana e a qualquer hora.

Sem dúvida, outro chamativo para a utilização do Pix são os custos reduzidos. De acordo com a Instrução Normativa n. 3/2020 do Bacen, a taxa a ser paga pelas instituições financeiras ao Bacen por transações realizadas com o Pix é de R$ 0,01 a cada dez transações efetuadas. Ou seja, teremos um custo aproximado de R$ 0,001 por transação, enquanto nos modelos TED e DOC o valor por transação chega a custar R$ 0,07 por operação[12] e, ainda, não há qualquer cobrança de taxa da instituição financeira para transações feitas por pessoas físicas usando Pix.

Para o consumidor final, essa redução de custos pode ser igualmente muito significativa, uma vez que, segundo o próprio Bacen, as taxas de transferências no TED e no DOC variam, no mercado de balcão, entre R$ 9,00 e R$ 20,00, enquanto o Pix está sendo oferecido gratuitamente para as pessoas físicas[13].

Para os empresários que atuam no ramo do comércio (eletrônico e presencial), a utilização do Pix pode significar um aumento de seu faturamento pela desnecessidade do pagamento de taxas para as empresas administradoras de cartão de crédito e débito.

Pela regulamentação do Bacen, instituições financeiras com mais de 500 mil contas ativas possuem adesão obrigatória ao Pix, as demais

---

[12] Disponível em: <https://www.bcb.gov.br/conteudo/home-ptbr/TextosApresentacoes/Apresentacao_PIX.pdf>. Acesso em: 10 set. 2020.

[13] Disponível em: <https://www.bcb.gov.br/fis/tarifas/htms/htarcol1f.asp?idpai=tarbanvalmed&frame=1>. Acesso em: 10 set. 2020.

têm adesão facultativa. Contudo, mesmo instituições financeiras menores e *fintechs* estão aderindo ao sistema, por uma questão de competição mercadológica.

Com o Pix, em razão da instantaneidade da transação, da confiança do sistema, por ser centralizado no Bacen e os baixos custos da transação, poderá haver um sistema de saques descentralizados de dinheiro em espécie. Em outras palavras, comerciantes poderão receber por meio do Pix e entregar a mesma quantia ao consumidor, como um atrativo de seu ponto comercial ou cobrar uma taxa para tal transação, auferindo receita por meio desse serviço.

Esse movimento tecnológico que agora chega ao setor bancário possuirá relevante impacto no *e-commerce*, visto que possibilitará o desuso do sistema de pagamento por boleto bancário, que pode demorar mais de dois dias para ser compensado e, com isso, atrasa toda a logística de entrega do produto adquirido, em razão da necessidade de compensação.

Há, ainda neste interregno, uma diminuição significativa no número de fraudes, que ocorrem na emissão de boletos, tal como a falsificação destes e, ainda, uma redução significativa da circulação de papel moeda, em razão da digitalização das transações.

O Pix permitirá a realização de transações bancárias com a informação de uma chave de acesso previamente cadastrada junto a uma instituição financeira. Essa chave de acesso pode ser o *e-mail*, o número de telefone ou o CPF do consumidor.

Para a concretização da transferência, bastará que o pagador aponte seu *smartphone* para o *QR Code*[14] do recebedor, que captará as informações dessa chave de segurança e, então, a transferência é realizada instantaneamente, sendo, então, um sistema que possui três características: a velocidade, ante a instantaneidade do pagamento; a conveniência, tirando o foco das instituições financeiras das agências, diante da possibilidade de descentralização de saques de dinheiro em espécie; e, por fim, a disponibilidade, tal como já mencionada neste trabalho.

---

[14] QR Code (Código QR) é a sigla de *quick response*, em português, "resposta rápida". No fundo, trata-se de um código de barras que pode ser lido a partir de câmeras de *smartphones*.

Para que o usuário possa utilizar esse serviço, necessariamente precisará solicitar à sua instituição financeira que cadastre um apelido, que pode ser seu número de CPF, seu *e-mail* ou seu número de telefone celular. Esse apelido serve para que o Bacen, ao receber uma transação através do Pix, por intermédio do apelido, possa localizar os dados bancários do recebedor do valor e, assim, fazer o direcionamento para a conta. Note-se que, para efetuar transações bancárias, não é mais necessário saber os dados bancários do recebedor, tal como banco, agência, número de conta e sua modalidade, titularidade e CPF do titular, bastado, agora, saber o "apelido" do destinatário.

Esse sistema estará disponível, ainda, para pagamento de contas de consumo, tal como água, energia elétrica, telefonia, internet e também tributos.

Como sabemos, a história da humanidade é marcada por revoluções e alguns eventos disruptivos, que modificaram completamente o modo de agir, a forma de interação social ou, ainda, o modo de pensar.

No caso dos sistemas de pagamento instantâneo, a exemplo do Pix, surgem alguns problemas e dilemas que devem ser analisados e tratados pelo direito, em busca de regulamentação jurídica dessa tecnologia para que o ordenamento jurídico esteja apto a solucionar questões e demandas advindas da utilização desses produtos.

É importante, então, que, no âmbito jurídico, as instituições financeiras aumentem exponencialmente a quantidade e a qualidade de informações e sistemas de segurança a seus usuários, para que, devidamente educados digitalmente, sejam cada vez menos vítimas de *cybercrimes*.

A título exemplificativo, segundo o FBI, a unidade de polícia do Departamento de Justiça dos EUA, no período de pandemia da Covid-19, o número de golpes aumentou em cerca de 300%[15].

A esse respeito, leciona Spencer Toth Sydow[16]:

---

[15] Disponível em: <https://canaltech.com.br/seguranca/numero-de-golpes-ligados-ao-coronavirus-aumentou-300-alerta-fbi-163604/>. Acesso em: 11 set. 2020.

[16] SYDOW, Spencer Toth. *Curso de direito penal informático*. Salvador: JusPodivm, 2020. p. 21.

Consequentemente ao surgimento desse meio ambiente, houve mudanças. O ser humano aumentou seu tempo sozinho, passando a se relacionar e comunicar virtualmente. A presença física foi substituída pela "presença virtual", em que computadores se comunicam, sob administração de seus usuários. As barreiras geográficas foram superadas e o comércio sofreu forte impacto. Por ser mais confortável e mais rápido, o ambiente informático passou a ser mais e mais adotado recebendo mais investimentos, mais confiança e tornando-se parâmetro/padrão. Por conseguinte, passou também a ser um ambiente potencial para lucro e benefícios, tornando-se alvo da delinquência por conta de suas vulnerabilidades, erros de programação, falhas de segurança, técnicas de sobrepujamento, engenhosidade social e até mesmo por mero lazer.

É notável que a criminalidade tenha aderido às fraudes cibernéticas, em razão da praticidade, do surgimento de milhões de pessoas vulneráveis operando a rede e, ainda, em razão do crescente número de sistemas digitais que vêm sendo criados, os quais, por óbvio, possuem falhas que são exploradas por esse ramo da criminalidade.

Chama-se atenção, do mesmo modo e em igual nível de importância, para que os usuários se conscientizem dos riscos existentes em transações virtuais e, com isso, adotem medidas básicas de segurança digital, de modo a reduzir suas vulnerabilidades e, com isso, reduzir o interesse de *cybercriminosos* em empreender seu tempo na prática desse tipo de delito. Se não houver vulnerabilidade, não há crime.

Ressaltando as vantagens do Pix: a pessoa consegue receber e transferir sem precisar de todos os dados da conta bancária. Para isso, você vai precisar apenas de uma chave Pix, que é um dado simples que irá identificar a conta bancária. A chave pode ser um CPF, telefone, *e-mail* ou um código aleatório. Você pode cadastrar sua chave Pix (vinculada a uma conta bancária), emitir *QR Codes* e receber pagamentos em sua conta bancária. Para as pessoas que utilizarem o Pix, vislumbra-se os seguintes benefícios: rapidez (concretiza-se em até 10 segundos), simplicidade (poucos cliques, inclusive utilizando via *smartphone*), economia (sem taxa), conveniência (operações 24 horas por dia, em todos os dias da semana, incluindo finais de semana e feriados) e segurança (prometida pelo Bacen e instituições financeiras).

2.2. CARTÃO DE CRÉDITO

Como já apontado, compreendemos que o comércio eletrônico, em parte, representa o futuro do comércio, sendo que seu crescimento é espantoso, tanto no volume de negócios quanto no número de usuários. Vale destacar que essas operações de compra e venda ou prestação de serviços pela internet até poderiam ser pagas por meio de operações cartulares como o cheque ou a nota promissória, mas grande parte delas é concretizada por meio de pagamentos utilizando-se de débito em conta bancária e, principalmente, de cartão de crédito.

O cartão de crédito é uma das formas de pagamento, ou seja, cumpre uma obrigação. Trata-se de um contrato inominado, derivado da mistura de abertura de crédito e de prestação de serviços. Na operação de cartão de crédito há duas relações: entre a administradora do cartão e o cliente e entre a administradora do cartão e o fornecedor. Na primeira relação o cliente tem a abertura de uma linha de crédito que pode ser utilizada na rede filiada da administradora; na segunda, a administradora se compromete a efetuar o pagamento ao fornecedor em razão dos negócios concretizados pelo cliente. Já a relação entre cliente e fornecedor ocorre por meio de um contrato de compra e venda, prestação de serviços ou locação[17].

Frise-se que o crédito possibilita a circulação de riquezas sem a necessidade de pagamento imediato, confiando-se no pagamento futuro. Logo, o crédito traz a possibilidade de consumo imediato pelo seu tomador, no que diz respeito à compra de produto ou serviço e à espera do vendedor para receber a contraprestação relativa ao bem que vendeu ou o serviço que prestou.

Criação decorrente da prática utilizada no comércio, o cartão de crédito constitui poderoso instrumento na política da economia popular, sendo sua função primordial a de expandir o acesso ao crédito. Participa da dinâmica negocial, possibilitando ao seu titular relativa liberdade de compra e financiamento de bens e serviços. Na operação com cartão de crédito há três elementos: o emissor do cartão (empresa que explora o

---

[17] BULGARELLI, Waldirio. *Contratos Mercantis*, cit., p. 647 e 654-657.

negócio – administradora do cartão), o titular do cartão [cliente da administradora] e o vendedor [ou prestador] (pessoa pertence à rede filiada da administradora)[18].

Com o cartão de crédito ampliou-se a possibilidade de aquisição imediata do bem para pagamento posterior. O cartão de crédito também está associado à possibilidade de o vendedor não precisar, necessariamente, ter de esperar todo o prazo que esperaria para receber seu crédito, pois pode realizar operação de transferência de seus créditos a instituições financeiras, ou mesmo solicitar a antecipação junto à administradora do cartão, sendo que em ambos os casos mediante taxa de deságio.

A administradora do cartão concede crédito (a ser quitado em data preestabelecida) para que o usuário possa usá-lo da forma que melhor entender, dentro do limite estabelecido, para compras de produtos e serviços junto a qualquer fornecedor que esteja filiado à rede da administradora do cartão, não se caracterizando essa operação como um título de crédito[19]. Para tanto a administradora emite um cartão inteligente (*smart card*), de plástico com fita magnética, em favor do titular que o utilizará junto à rede de fornecedores de duas formas: passando o cartão em leitor magnético seguido da digitação de senha alfanumérica ou assinatura de próprio punho, ou fornecendo apenas o número do cartão inteligente ao fornecedor que o retransmitirá à administradora juntamente com o valor da compra, como ocorre nas compras pela internet (na maioria das vezes também é solicitado o número de segurança do cartão e/ou data de validade).

São muitas as vantagens pelo uso de cartão de crédito. Para o comprador são as seguintes: não precisa demonstrar sua capacidade de pagamento em todo momento; meio alternativo aos títulos de crédito para pagamento das obrigações; segurança quanto à desnecessidade de porte de dinheiro etc. Já as vantagens do cartão de crédito para o vendedor são: não há o risco de inadimplência, pois a administradora pagará ao vende-

---

[18] CAVALIERI FILHO, Sergio. *Programa de responsabilidade civil*. 9. ed. São Paulo: Atlas, 2010. p. 423.
[19] No mesmo sentido, BULGARELLI, Waldirio. *Contratos Mercantis*, cit., p. 657-659.

dor ainda que o cliente não pague a fatura do cartão (mas há administradoras colocando cláusulas de que não irão pagar quando for caso de clonagem de cartão, entre outras, surgindo desse fato a necessidade de se exigir o documento de identificação do cliente); não precisa de assessoria e gestão de crédito e/ou seleção de riscos e administração de contas a receber, o que pode diminuir a necessidade de operações de *factoring*; segurança por não ter de manusear dinheiro ou títulos de crédito (às vezes com custo de carro forte, entre outros aspectos).

No entanto, há algumas desvantagens pelo uso do cartão de crédito. Para o comprador: em caso de não pagamento, total ou parcial, da fatura a taxa de juros é a de mercado, muitas vezes mais alta do que as pagas aos bancos pelo uso da linha de crédito do "cheque especial"; para o vendedor: existe uma comissão ou taxa cobrada pela administradora sobre o valor de cada compra, que pode variar dependendo do prazo em que a quantia será repassada a ele (razão pela qual alguns vendedores ainda preferem outras formas de pagamento, como ocorre em pequenas pousadas e restaurantes do interior do país). Se a administradora assume o risco da inadimplência do titular do cartão, não se voltando contra o vendedor, há um aumento no custo (taxa) pago pelo vendedor, que por sua vez repassa ao preço dos bens que são comercializados junto aos seus clientes.

Além disso, o recebimento via cartão de crédito tem sido cada vez mais ampliado. Atualmente, é viabilizado por meio de telefones celulares (*smartphones*), os quais, mediante a instalação de um aplicativo (*software*), permitem que se digite na tela o número do cartão, o valor, a quantidade de parcelas etc. Esse fato tem permitido profissionais liberais preferirem receber por cartão de crédito ou débito em detrimento do cheque ou duplicata, como, por exemplo, dentistas, massoterapeutas, livreiros, taxistas, entre outros. Isso ocorre principalmente em razão do risco de receber cheques sem fundos ou subtraídos.

Contudo, tendo em vista que boa parte das operações negociadas está sendo realizada via internet, o cartão de crédito acaba sendo o meio mais usual neste ambiente eletrônico, haja vista sua dinamicidade quanto aos aspectos práticos, de segurança, de agilidade, de risco por inadimplência, entre outros.

2.2.1. Cartão de crédito virtual

O cartão de crédito passou por processo de implementações tecnológicas para que as desvantagens e, principalmente, os riscos decorrentes de seu uso fossem sanados ou, ao menos, diminuídos. Ademais, fora também alinhavado que, apesar de ser a modalidade de pagamento utilizada na grande maioria das compras realizadas pela internet, o cartão de crédito reflete, essencialmente, perigos decorrentes de sua utilização, em especial quanto a possíveis falhas de segurança atinentes ao envio de informações pessoais e, em especial, dados bancários do cliente para os ambientes digitais dos fornecedores.

Dessa forma, no contexto contemporâneo global, com a específica finalidade de tornar mais seguras as compras em comércio eletrônico, evitando captação indevida de dados, processos de *hackeamento* e clonagem de cartões, começaram a surgir *fintechs* destinadas a efetivar a criação do que é tido, hoje, por "cartão de crédito virtual não reutilizável".

O cartão de crédito virtual não reutilizável, comumente conhecido tão somente como *cartão de crédito virtual*, consiste, na esteira da própria acepção de sua nomenclatura, em um cartão fornecido pela instituição financeira vinculada ao cliente, em seus meios digitais (normalmente, aplicativos), que contém numeração temporária, tanto de identificação quanto de código de segurança. Possuem, também, prazo para serem utilizados, após sua emissão *on-line*, sendo que, após sua utilização, ou expirado o prazo para tanto, o cartão de crédito virtual é extinto, sendo impossível reutilizá-lo, ou seja, os dados nele contidos não são armazenados ou repassados a ambiente algum.

Atualmente, no Brasil, diversas instituições financeiras já possuem a tecnologia necessária para fornecer aos seus clientes a modalidade de pagamento via cartão de crédito virtual não reutilizável. O Nubank, *startup* brasileira pioneira na implementação das mais diversas *fintechs* no país, foi a primeira instituição financeira a oferecer, aos seus clientes, a possibilidade de fazer compras por intermédio de cartão de crédito virtual. Momento posterior, a tecnologia fora implementada pelas demais grandes empresas do ramo, como Bradesco, Santander, Caixa Econômica Federal, Banco do Brasil e Itaú.

Cada uma das instituições financeiras acima mencionadas oferece o cartão de crédito virtual não reutilizável com diferentes peculiaridades de funcionamento, de acordo com matéria veiculada pelo conceituado portal de tecnologia *Techtudo*[20].

No caso do Nubank, o cartão virtual pode, como exceção aos demais, ser reutilizável, uma vez que é gerado pelo aplicativo da empresa como um cartão alternativo ao físico, com numeração diferente dele, porém fixa. Apesar de depender das informações do cartão físico, para fins de envio e cobrança da fatura, bem como limite de crédito, o cartão virtual pode "sobreviver", ainda que o físico seja cancelado, armazenadas as informações do cliente, para fins exclusivos de cobrança.

O Itaú, por sua vez, talvez seja a instituição financeira que mais utiliza o cartão de crédito virtual para os fins estritos de sua criação, pois o cartão virtual não é reutilizável, é válido por apenas 48 (quarenta e oito) horas, para única compra, sendo que seu limite e fatura são os mesmos do cartão físico vinculado ao banco. O Bradesco utiliza de sistema praticamente idêntico.

Já o Banco do Brasil optou por oferecer aos seus clientes uma modalidade mais flexível de utilização dos cartões de crédito virtuais, pois é possível escolher o limite do cartão virtual (respeitado o do físico), assim como o tempo de atividade deste, quantas transações poderão ser feitas e, ainda, valor máximo destas. Entretanto, a emissão de cartão de crédito digital pelo Banco do Brasil prescinde de posse anterior do cartão físico Ourocard.

Em arremate, imperioso explicitar que os conceitos de cartão de crédito virtual e de cartão de crédito digital não se confundem e nem podem se confundir, uma vez que cartão de crédito digital é, basicamente, a definição que envolve o processo eletrônico de emissão de cartão físico. Ou seja, enquanto o cartão de crédito virtual sequer existe materialmente, o cartão de crédito digital nada mais é do que o cartão de crédito físico, emitido em ambiente digital.

---

[20] TECHTUDO. DIAS, Mara. *Como funciona um cartão de crédito virtual? Saiba o que é e tire dúvidas*. 2019. Disponível em: <https://www.techtudo.com.br/noticias/2019/04/como-funciona-um-cartao-de-credito-virtual-saiba-o-que-e-e-tire-duvidas.ghtml>. Acesso em: 16 jan. 2020.

Meios de pagamento 53

Notável, portanto, as vantagens trazidas por essa modalidade de pagamento ao comércio eletrônico, vez que constitui, certamente, resposta aos riscos decorrentes do compartilhamento de informações pessoais e dados bancários, estando essa referida tecnologia muito menos sujeita a sofrer ataques *hackers* e processo de clonagem. Tendo inovado e trazido melhorias ao pagamento por cartão de crédito físico, o cartão de crédito virtual (via de regra não reutilizável) agrega aspectos de segurança ao já dinâmico meio de pagamento tradicional anteriormente abordado.

2.3. GESTÃO DE PAGAMENTO – PAGAMENTO CAUCIONADO

Nos últimos anos surgiu uma nova figura que faz a gestão dos pagamentos nas compras pela internet. Tal operação se pulverizou e sua utilização extrapolou para negócios que são concretizados fora da rede mundial de computadores.

Cuida-se de uma operação realizada por empresas de pagamento caucionado (ou de gestão de pagamentos), cuja atividade é realizar uma prestação de serviço que consiste em intermediar o pagamento do negócio realizado entre o consumidor, a administradora do cartão de crédito e o fornecedor (vendedor do produto ou prestador do serviço). São exemplos o Bcash (antigo Pagamento Digital), o PagSeguro, o PayPal e o Mercado-Pago enquanto operadores deste sistema de pagamento caucionado.

Antes de aprofundarmos o estudo deste assunto, vale esclarecer que as empresas que realizam a gestão de pagamento podem ser: empresas autônomas em relação àquelas que realizam a intermediação de compras pela internet, como é o caso do PayPal; ou empresas vinculadas a grupos que possuem intermediários de compras, o que pode ser exemplificado pelo MercadoPago, pertencente ao MercadoLivre.

Este sistema envolve quatro relações: a primeira entre o comprador e o fornecedor do produto ou serviço; a segunda relação se dá entre o comprador e o caucionador; já a terceira trata-se da relação entre o caucionador e fornecedor; por último, a quarta relação é firmada entre o caucionador e a administradora do cartão de crédito (ou banco, se a operação for realizada por débito em conta bancária).

Nesta operação o consumidor compra pela internet usando seu cartão de crédito (ou o sistema de débito em conta), sendo que a empresa de pagamento caucionado avalia o negócio e antecipa o repasse do pagamento ao fornecedor antes mesmo de tê-lo recebido da administradora de cartão de crédito. Este repasse é feito normalmente após quatorze dias, pois se neste prazo o consumidor não se manifestar ficará entendido que ele recebeu o bem adquirido e que nenhum vício o afeta, tendo então o fornecedor atendido às especificações da contratação. Neste caso a empresa de pagamento caucionado libera antecipadamente o recurso ao vendedor do produto, mediante cobrança de uma porcentagem que lhe remunerará, recebendo o valor da compra junto à administradora de cartão de crédito, conforme o prazo contratual, que pode ser após trinta dias ou data mensal previamente estabelecida.

Há uma situação peculiar que consiste no fato de o caucionador reter o pagamento, que deveria ser feito ao vendedor no prazo contratado, quando houver queixa do comprador. Neste caso o pagamento fica retido até que haja um desfecho amigável entre as partes, sob pena de devolução ou estorno do valor ao comprador. Com o surgimento da figura desses agentes que operam com o sistema de pagamento caucionado, as compras eletrônicas ganharam mais credibilidade e segurança. Esse mecanismo de pagamento funciona como uma espécie de garantia atípica: para o comprador, por saber que o valor será repassado ao vendedor apenas se este honrar o contrato; já para o vendedor, por saber que receberá a quantia após cumprir sua prestação contratual.

Às vezes os valores são repassados ao vendedor mesmo com o aviso do consumidor que o bem não foi entregue ou que chegou com algum vício. Além disso, pode ser o caso de o consumidor exercer seu direito de arrependimento para assim desfazer o negócio, devendo ser ressarcido integralmente da quantia paga, conforme determina o art. 49 do Código de Defesa do Consumidor.

A remuneração da empresa gestora de pagamento se dá conforme uma tabela estipulada contratualmente, que em geral consiste em uma porcentagem sobre o valor do bem, observada uma quantia mínima e máxima como contraprestação. Pode a remuneração da gestora ser acrescida por valor descontado da quantia a ser repassada ao vendedor, caso este opte por receber antecipadamente a quantia a que tem direito pela venda (isso porque há uma data mensal preestabelecida para o repasse do caucionador ao vendedor).

Poderia se questionar se serviço de gestão de pagamento tem enquadramento jurídico (natureza jurídica) de instituição financeira, sobretudo pela semelhança quanto a este tipo de antecipação e o instituto do desconto bancário; bem como se haveria possível analogia com a operação de *factoring*. Ainda, poderia se pensar se a atividade da gestora de pagamento teria natureza jurídica de contrato de depósito ou de *escrow*, pelo qual as partes acordam em confiar a um terceiro a guarda de bens móveis para que ele entregue a quem de direito no prazo e na forma convencionados. Ou mesmo poderia se cogitar tratar-se de uma mediação, especialmente pelo fato de a gestora reter o pagamento até que haja um desfecho entre as partes que divergiram sobre a execução do contrato. Tudo isso é um simples aceno para eventualmente a temática ser abordada em outra oportunidade[21].

No ano 2000, pioneiramente, Haroldo Malheiros Duclerc Verçosa escreveu sobre uma operação decorrente da criatividade dos empresários na busca de melhor eficiência e segurança nos compras de produtos e serviços pela internet. A operação consiste na intermediação de compras pela internet, em que o comprador depositaria o valor em conta bancária do intermediário ao invés de pagar diretamente ao vendedor e assim correr o risco de não receber o bem (e o contrário igualmente, de o vendedor enviar a mercadoria e não receber o valor correspondente). Por sua vez, o intermediário avisaria o vendedor que a quantia estava em sua posse, para que assim o vendedor remetesse o bem ao comprador; tendo o comprador recebido o bem conforme o pactuado, avisaria o intermediário a fim de que ele liberasse o valor ao vendedor. Este intermediário foi denominado como "agente fiduciário", haja vista a semelhança com o agente fiduciário de debêntures, conforme a Lei n. 6.404/1976, art. 68. Trata-se de uma atividade nova, não regulamentada por lei, derivada do princípio constitucional da liberdade das convenções. Conforme o autor,

---

[21] Também, como já destacamos anteriormente, há a possibilidade de enquadramento das empresas que operam sistemas de pagamento pela internet nos arranjos e nas instituições de pagamento criados pela Lei n. 12.865/2013, arts. 6º a 15. Haroldo Malheiros Duclerc Verçosa compreende que não caberiam tais arranjos para as compras no comércio eletrônico, uma vez em que na internet o cartão de crédito é o meio de pagamento por excelência. VERÇOSA, Haroldo Malheiros Duclerc. Arranjos e instituições de pagamento (regulamentação e crítica). *Revista de Direito Empresarial*, n. 1, cit.

o agente fiduciário deve assumir uma posição favorável a uma das partes, não podendo atuar em favor de comprador e vendedor por não haver neutralidade em sua posição. A neutralidade ocorre em câmaras de compensação, mas não em agentes fiduciários. Neste caso o agente fiduciário atuará em favor do comprador, defendendo os interesses deste quanto à liberação de recursos quando o vendedor cumprir as prestações derivadas do contrato[22].

É possível que o serviço de gestão de pagamentos tenha sido inspirado no crédito documentado (ou documentário), cujo instituto é um contrato bancário muito importante e utilizado nas negociações internacionais. Ele consiste em um meio de pagamento pelo qual uma instituição financeira (emissora), seguindo as instruções de seu cliente (ordenante), compromete-se a pagar a um terceiro (beneficiário).

A expressão "crédito documentado" significa que o crédito está embasado em documentos e não sobre mercadorias ou serviços. Giacomo Molle expressa que a origem do crédito documentado remonta ao século XVIII pela atividade bancária desenvolvida em Londres[23].

O crédito documentado é uma operação pela qual um banco, a pedido do cliente (comprador), atua como intermediário entre as partes ao comprometer-se diante do vendedor da mercadoria a efetuar o pagamento sempre que este beneficiário entregar os documentos especificados, no prazo e termos estabelecidos, comprovando assim o envio dos produtos.

Frise-se que o banco pode efetuar o pagamento diretamente ao beneficiário ou pode utilizar-se de outro banco (avisador – intermediário)[24], com quem mantenha acordo para tal, em geral situado no país do vendedor.

---

[22] VERÇOSA, Haroldo Malheiros Duclerc. Agente fiduciário do consumidor em compras pela internet: um novo negócio nascido da criatividade mercantil. *Revista de Direito Mercantil, Industrial, Econômico e Financeiro*, n. 118, cit., p. 88-90 e 93.
[23] MOLLE, Giacomo. *I contratti bancari*. 2. ed. *aggiornata alle norme bancarie uniformi e alla dottrina e giurisprudenza più recenti*. Milano: Giuffrè, 1973. p. 475.
[24] ABRÃO, Nelson. *Direito bancário*. 14. ed. rev. atual. e ampl. por Carlos Henrique Abrão. São Paulo: Saraiva, 2011. p. 186.

Com isso, o crédito documentário tem a finalidade primordial de proporcionar uma dupla segurança: para o exportador, que quer ter a certeza quanto ao recebimento do valor devido no prazo convencionado; para o importador, que quer ter a segurança quanto à entrega das mercadorias e de que não irá pagar ao vendedor até ter confirmado que este cumpriu suas obrigações explicitadas na documentação[25].

Vale destacar que o crédito documentário é um costume bancário reconhecido pela Câmara de Comércio Internacional (CCI), sendo constantemente atualizado. Atualmente vigora a Publicação 600, também conhecida como Brochura 600 (Costumes e Práticas Uniformes para Créditos Documentários – *Uniform Customs and Practice for Documentary Credits* – UCP 600)[26].

Assim como o comércio internacional é regulado fundamentalmente por usos e costumes (*lex mercatoria*), o mesmo acontece com o crédito documentado. Isso se deu especialmente a partir do século XX, devido à pulverização de operações entre as pessoas, especialmente as jurídicas, sediadas em diferentes países, associada ao risco e à incerteza para as partes, decorrentes da distância entre elas e da diversidade de ordenamentos jurídicos. Dessa forma, surgiu a necessidade da criação de mecanismos que regulassem essas operações e assegurassem sua efetividade e execução, proporcionando formas de pagamento que garantissem às partes o cumprimento de suas prestações obrigacionais, surgindo assim as publicações sobre crédito documentado da CCI[27].

Contudo, compreendemos que a gestão de pagamentos realizados nas compras da internet seria uma evolução do crédito documentado, mas é preciso verificar qual o nível de responsabilidade da empresa que opera com o sistema de pagamento caucionado na rede mundial de

---

[25] No mesmo sentido, BULGARELLI, Waldirio. *Contratos Mercantis*, cit., p. 232-233.
[26] Disponível em: <http://www.iccwbo.org/news/brochures/>. Acesso em: 11 jan. 2021.
[27] ANDRADE, André Rennó Lima Guimarães de. *UCP 600 – A nova publicação da Câmara de Comércio Internacional sobre créditos documentados*. Disponível em: <http://pt.scribd.com/doc/44895763/UCP-600-artigo>. Acesso em: 11 jan. 2021.

computadores, especialmente se tem responsabilidade quanto ao fato (defeito) e vício de produto e de serviço comercializado por outrem, o que será objeto de exame adiante.

3
Legislação aplicável

3.1. CÓDIGO CIVIL E LEI DE INTRODUÇÃO ÀS NORMAS DO DIREITO BRASILEIRO

O comércio eletrônico tido como o conjunto de operações contratuais de trocas, vendas e compras e prestações de serviços não encontra limites geográficos, haja vista que a rede mundial de computadores pode ser acessada de qualquer lugar do globo terrestre onde haja sinal e inexistam controles governamentais restritivos.

Sobre a legislação aplicável em caso de o contrato ser celebrado eletronicamente entre partes sediadas em países diversos, é preciso ter em conta que se trata de um assunto que envolve o direito internacional privado. Assim, é necessária a observação do que dispõe o Decreto-lei n. 4.657/1942, conhecido como LINDB – Lei de Introdução às Normas do Direito Brasileiro (antiga LICC – Lei de Introdução ao Código Civil), cujo art. 9º, *caput* e § 2º, prevê que se aplica a lei do país onde se constituírem as obrigações. Sob este aspecto, será considerado local da constituição da obrigação o lugar onde residir o proponente, ou seja, daquele que estiver ofertando o produto ou o serviço na internet.

Também, as partes que contratam pela internet têm autonomia para eleição de foro e legislação aplicável, o que normalmente são o do local do vendedor. Para contratos que envolvam grandes valores, são eleitos locais e legislações consagradas como a de Nova York. Tudo isso sem prejuízo de haver cláusula compromissória pela qual as partes elegem a arbitragem como forma alternativa de solução de conflitos.

Nesta seara de contratos internacionais, apesar de não tratar expressamente sobre comércio eletrônico, poderá ser aplicável a Convenção de Viena, em vigor no Brasil por força do Decreto Legislativo n. 538/2012, que aprovou o texto do Tratado sobre Contratos de Compra e Venda Internacional de Mercadorias, no âmbito da Comissão das Nações Unidas para o Direito Mercantil Internacional. Contudo, nosso ponto de concentração é o ordenamento jurídico brasileiro, levando em conta relações jurídicas firmadas entre partes sediadas em território nacional[1].

Consideramos que no âmbito nacional (ou seja, quando as partes estiverem sediadas no Brasil) os contratos celebrados pela internet estão sujeitos às mesmas regras e princípios aplicáveis aos demais contratos firmados fisicamente no território brasileiro[2]. Logo, sem prejuízo da aplicação de outras normas especiais, aplicam-se as regras do Código Civil e do Código de Defesa do Consumidor (neste caso, quando configurada uma relação de consumo, como trataremos adiante) aos negócios concretizados eletronicamente[3], especialmente o regime da responsabilidade civil.

Dessa forma, são aplicáveis as regras legais sobre contrato de adesão, cláusulas abusivas, publicidade enganosa e abusiva, responsabilidade por não cumprimento contratual e por ato ilícito; os princípios do direito contratual, como o da boa-fé e o da função social do contrato, entre outros[4]. Também são aplicáveis as regras de cunho contratual estabelecidas pelas partes, desde que respeitados os limites e os princípios do Direito, devendo igualmente acatar as normas de ordem pública (de caráter imperativo), exemplificativamente, àquelas fixadas pelo Código

---

[1] Para um estudo mais aprofundado sobre os contratos internacionais e a legislação aplicável, veja nosso: TEIXEIRA, Tarcisio. *Direito empresarial sistematizado*: doutrina, jurisprudência e prática. 9. ed. São Paulo: Saraiva, 2021. p. 490 e s.
[2] No mesmo sentido, GONÇALVES, Carlos Roberto. *Direito civil brasileiro*. Responsabilidade civil. 5. ed. São Paulo: Saraiva, 2010. v. 4. p. 103.
[3] CARVALHO, Ana Paula Gambogi. *Contratos via internet segundo os ordenamentos jurídicos alemão e brasileiro*. Belo Horizonte: Del Rey, 2001. p. 60.
[4] Para um estudo aprofundado sobre as regras aplicáveis aos contratos eletrônicos, veja TEIXEIRA, Tarcisio. *Direito digital e processo eletrônico*. 5. ed. São Paulo: Saraiva, 2020. p. 140 e s.

de Defesa do Consumidor para as relações de consumo, como as que impedem o fornecedor de fixar cláusula que exonere ou atenue sua responsabilidade (art. 25, *caput*).

Patrícia Peck Pinheiro afirma que não há necessidade de uma norma específica para o *e-commerce*, pois se tornaria obsoleta muito rapidamente diante da dinâmica da tecnologia da informação[5]. Ênio Santarelli Zuliani entende ser necessária uma regulamentação específica tendo em vista o grande crescimento do setor e a vulnerabilidade dos usuários[6].

Por sua vez, Rafael Mateu de Ros observa que a contratação por meio da internet não vem dar lugar a uma nova teoria das obrigações, continuando válidos os princípios clássicos do direito privado. A internet é apenas um novo âmbito de contratação, sendo que esses princípios precisam ser revisados e atualizados de acordo com essa nova realidade tecnológica que rompe uma tradição de séculos quanto ao modo pelo qual as pessoas se contatam, se relacionam, negociam, contratam, bem como modificam, extinguem, cumprem ou descumprem as obrigações e reclamam seus direitos[7].

Haroldo Malheiros Duclerc Verçosa, em passagem sobre os contratos celebrados pela internet, questiona se do ponto de vista jurídico houve mudança substancial em razão da rede mundial de computadores. O que teria acontecido corresponderia a uma sofisticação técnica quanto aos mecanismos utilizados para a contratação em razão do advento da internet. É claro que há problemas sobre a formação e a caracterização do acordo, o momento da conclusão, do conteúdo e da prova das obrigações

---

[5] PINHEIRO, Patricia Peck. *Direito digital*, cit., p. 66.
[6] ZULIANI, Ênio Santarelli. Responsabilidade civil pelos vícios dos bens informáticos e pelo fato do produto. In: SILVA, Regina Beatriz Tavares da; SANTOS, Manoel J. Pereira dos (Coords.). *Responsabilidade civil na internet e nos demais meios de comunicação*, cit., p. 403.
[7] ROS, Rafael Mateu de. O consentimento e o processo de contratação eletrônica. In: ROS, Rafael Mateu de; VIGO, Juan Manuel Cendoya Mendez de (Coords.). *Direito de internet. Contratação e assinatura digital*. Navarra: Editorial Aranzadi, 2000. p. 19 e s. *apud* COAGUILA, Carlos Alberto Soto. "O comércio eletrônico no direito peruano". In: DE LUCCA, Newton; SIMÃO FILHO, Adalberto (Coords.). *Direito e internet* – aspectos jurídicos relevantes, cit., p. 192.

contratadas, sendo preciso verificar se as categorias jurídicas clássicas podem albergar esses negócios ou se será preciso construir novos institutos jurídicos para regrar a matéria[8].

Somos partidários da tese de que uma legislação específica sobre comércio eletrônico estaria fadada a uma rápida obsolescência, haja vista as constantes inovações e alterações de comportamentos que este ambiente proporciona aos agentes econômicos. Além do mais, o que se observa nas últimas décadas é que na medida em que o tempo evolui cada vez mais as mudanças são aceleradas, muitas vezes não possibilitando a sua maturação pelo ser humano. Por isso, compreendemos que o mais importante é o ordenamento jurídico dispor de princípios (cláusulas gerais) que possam ser interpretados conforme o tempo e a circunstância. Entretanto, normas que tratam sobre o comércio eletrônico podem até advir, mas não devem se desprender totalmente da construção consolidada, ao longo de séculos, dos institutos jurídicos clássicos, como o contrato e a responsabilidade civil; deverão elas estabelecer princípios gerais para o comércio eletrônico dadas as suas peculiaridades e constantes alterações.

3.2. CÓDIGO DE DEFESA DO CONSUMIDOR

Quanto à aplicação da legislação brasileira aos contratos eletrônicos, intui-se que a maior parte desses negócios é suscetível de aplicação do CDC, porque na maioria deles uma das partes seria um consumidor, ainda que nada impeça que empresas também os realizem. No entanto, é necessário ter presente que para a aplicação daquele Código é imprescindível haver a configuração de uma relação de consumo, bem como a diferenciação entre contratos de consumo, contratos empresariais e contratos civis.

Nas palavras de Jean Calais-Auloy, contrato de consumo é a ligação entre o consumidor e um profissional, fornecedor de produto ou serviço.[9] Cláudia Lima Marques ao citar esse mesmo conceito, explicita que essa

---

[8] VERÇOSA, Haroldo Malheiros Duclerc. *Contratos mercantis e a teoria geral dos contratos* – o Código Civil de 2002 e a crise do contrato. São Paulo: Quartier Latin, 2010. p. 292-293.

[9] CALAIS-AULOY, Jean. *Droit de la consommation*. Paris: Dalloz, 1992. p. 1-2.

terminologia engloba contratos civis e mercantis, nos quais haverá algum desequilíbrio entre os contratantes por ser consumidor uma das partes, o que leva o direito a regular de forma especial essas relações contratuais a fim de assegurar um justo equilíbrio de forças, bem como de direitos e obrigações[10].

Vale lembrar que o CDC define o que é consumidor, fornecedor, produto e serviço, arts. 2º, *caput*, e 3º, *caput*, §§ 1º e 2º, respectivamente[11]. "Consumidor é toda pessoa física ou jurídica que adquire ou utiliza produto ou serviço como destinatário final". "Fornecedor é toda pessoa física ou jurídica, pública ou privada, nacional ou estrangeira, bem como os entes despersonalizados, que desenvolvem atividades de produção, montagem, criação, construção, transformação, importação, exportação, distribuição ou comercialização de produtos ou prestação de serviços". "Produto é qualquer bem, móvel ou imóvel, material ou imaterial". "Serviço é qualquer atividade fornecida no mercado de consumo, mediante remuneração, inclusive as de natureza bancária, financeira, de crédito e securitária, salvo as decorrentes das relações de caráter trabalhista". A remuneração pelo serviço prestado pode ser obtida indiretamente, conforme posição do STJ, como exemplifica o Recurso Especial 566.468-RJ[12].

---

[10] MARQUES, Cláudia Lima. *Contratos no Código de Defesa do Consumidor: o novo regime das relações contratuais*. 5. ed. São Paulo: RT, 2005. (Biblioteca de direito do consumidor). v. 1. p. 302.
[11] O CDC também prevê modalidades de consumidor por equiparação, arts. 2º, parágrafo único, 17 e 29.
[12] Trecho da ementa: "DIREITO DO CONSUMIDOR E RESPONSABILIDADE CIVIL – RECURSO ESPECIAL – INDENIZAÇÃO – ART. 159 DO CC/16 E ARTS. 6º, VI, E 14, DA LEI N. 8.078/90 – DEFICIÊNCIA NA FUNDAMENTAÇÃO – SÚMULA 284/STF – PROVEDOR DA INTERNET – DIVULGAÇÃO DE MATÉRIA NÃO AUTORIZADA – RESPONSABILIDADE DA EMPRESA PRESTADORA DE SERVIÇO – RELAÇÃO DE CONSUMO – REMUNERAÇÃO INDIRETA – DANOS MORAIS – *QUANTUM* RAZOÁVEL – VALOR MANTIDO. (...) 2 – Inexiste violação ao art. 3º, § 2º, do Código de Defesa do Consumidor, porquanto, para a caracterização da relação de consumo, o serviço pode ser prestado pelo fornecedor mediante remuneração obtida de forma indireta. (...)" (Recurso Especial 566.468-RJ, Quarta Turma, rel. Min. Jorge Scartezzini, *DJ*, 17-12-2004).

Newton De Lucca conceitua, preliminarmente, a relação jurídica de consumo como aquela estabelecida obrigatoriamente entre fornecedor e consumidor, com o fim de ofertar produtos e serviços no mercado de consumo. Ao prosseguir em seu estudo, o autor prefere estabelecer uma conceituação fragmentada de relação de consumo: em sentido estrito (aquela firmada entre fornecedor e consumidor-padrão, prevista no *caput* do art. 2º do CDC) e em sentido amplo (a estabelecida entre fornecedor e consumidor por equiparação, conforme aludem os dispositivos do CDC, parágrafo único do art. 2º, art. 17 e art. 29)[13].

Roberto Senise Lisboa explica que o CDC, não definindo o que é relação de consumo, ocupou-se apenas em delimitar o campo de sua aplicação (enquanto microssistema jurídico), o vínculo em que se encontram presentes os elementos subjetivos (fornecedor e consumidor) e o elemento objetivo (produto ou serviço). São necessários dois elementos subjetivos, mas tão somente um objetivo, ou o produto ou o serviço[14], para assim formar a relação de consumo.

Assim, o contrato de consumo é aquele celebrado a partir da relação entre consumidor e fornecedor, em que o primeiro efetua o contrato como "destinatário final" de produto ou serviço, sendo o Código de Defesa do Consumidor a legislação aplicável e, subsidiariamente, o Código Civil. Por exemplo, a compra pelo consumidor de uma geladeira ou um equipamento de informática por meio do *site* de uma loja de departamento.

---

[13] DE LUCCA, Newton. *Direito do consumidor – teoria geral da relação jurídica de consumo*. 2. ed. São Paulo: Quartier Latin, 2008. p. 108 e 210.

Quanto às três categorias de consumidor por equiparação, a prevista no art. 29 configura-se pela simples exposição às práticas comerciais e contratuais previstas no CDC, não sendo necessário o estabelecimento da convencional relação de consumo, uma vez que podem ser potenciais consumidores. Já o parágrafo único do art. 2º prevê que a coletividade de pessoas, ainda que indetermináveis, é considerada consumidor, pois pode ser prejudicada mesmo que não necessariamente exposta às práticas comerciais e contratuais. Por sua vez, o art. 17 tutela a vítima de acidente de consumo (originado por defeito), mesmo que ela não tenha participado diretamente da convencional relação de consumo, sendo um terceiro prejudicado, portanto.

[14] LISBOA, Roberto Senise. *Responsabilidade civil nas relações de consumo*. São Paulo: RT, 2001. p. 127-128.

Os contratos de consumo diferenciam-se dos contratos civis e empresariais, uma vez que nestes dois últimos casos, em tese, não se tem a aplicação do Código de Defesa do Consumidor, por se tratarem de contratos celebrados entre partes iguais. O contrato civil é aquele em que, independentemente do seu objeto, não há a intenção de lucro com a negociação, nem habitualidade dos contratantes naquela prática, sendo aplicável o Código Civil, ou lei especial, se for o caso, como ocorre nas locações imobiliárias. Na internet, pode ser a compra e venda entre particulares de uma peça de roupa usada, ou mesmo a negociação de um veículo de passeio já em uso.

Já o contrato empresarial é aquele celebrado pelo empresário (empresário individual, sociedade empresária ou empresa individual de responsabilidade limitada) no desenvolvimento de sua atividade (como uma locação mercantil) ou aquele celebrado entre empresários (como a distribuição de produtos) em busca de lucro e com habitualidade. A estes contratos são aplicáveis as regras do Código Civil, ou legislação especial, quando existir, como, por exemplo, a Lei n. 6.729/1976 sobre a concessão mercantil, e subsidiariamente o Código Civil. No campo do comércio eletrônico, pode ser a compra de insumos por uma empresa para sua linha produtiva.

José Xavier Carvalho de Mendonça, ao analisar detidamente as obrigações mercantis, conclui que "contrato comercial" é aquele que tem por objeto o ato de comércio[15]. Transportando essa afirmação para a vigência do Código Civil de 2002 e a adoção da teoria da empresa, poder-se-ia dizer que contrato empresarial é aquele que tem por objeto a atividade econômica organizada e exercida profissionalmente. Waldemar Martins Ferreira expressa a "profissionalidade" como critério de distinção para os contratos, pois será "comercial" todo o contrato celebrado por comerciante no exercício da sua profissão mercantil[16].

Haroldo Malheiros Duclerc Verçosa, para efeitos do seu *Curso de direito comercial*, e à margem de outras classificações, propõe que os

---

[15] CARVALHO DE MENDONÇA, José Xavier. *Tratado de direito comercial brasileiro*. 4. ed. Rio de Janeiro: Freitas Bastos, 1957. v. VI. p. 449.

[16] FERREIRA, Waldemar Martins. *Tratado de direito comercial – o estatuto obrigacional do comércio e os títulos de crédito*. São Paulo: Saraiva, 1962. v. 8. p. 10-11.

contratos podem ser tidos como: contratos submetidos ao direito do consumidor; contratos civis *stricto sensu*; contratos comerciais ou empresariais. Os primeiros, contratos submetidos ao direito do consumidor, são aqueles em que se apresenta uma relação de consumo, de acordo com o Código de Defesa do Consumidor, logo, submetidos ao regimento desta norma legal. Já os contratos civis em sentido estrito são caracterizados pelo fato de as partes não serem empresários, mas particulares ou prestadores de serviços intelectuais (literária, artística e científica), por isso, pelo menos teoricamente, encontrando-se em situação de paridade no plano econômico e jurídico. Por último, os contratos comerciais ou empresariais são os que uma das partes é um empresário no exercício de sua atividade e a outra também pode ser um empresário ou uma pessoa não caracterizada como consumidor. Assim, excluídos os contratos suscetíveis ao direito do consumidor, os contratos empresariais são todos os que estão relacionados ao exercício de uma atividade econômica organizada (salvo as de natureza intelectual), a não ser que os mesmos contratos sejam firmados para a realização de atividade secundária ao objeto de uma empresa[17].

Feitas estas considerações, aos contratos de consumo aplicam-se as regras do Código de Defesa do Consumidor (CDC), subsidiariamente o regime do Código Civil. Aos contratos civis e mercantis, são empregadas as regras do Código Civil e leis extravagantes, não cabendo, via de regra, a aplicação do CDC.

3.2.1. A proteção e os direitos dos consumidores na internet (práticas e cláusulas abusivas; direito de arrependimento)

Como já dito, sendo as relações jurídicas estabelecidas na internet suscetíveis de aplicação da legislação nacional, sobretudo o Código de Defesa do Consumidor, é pertinente destacarmos o que o CDC reserva para a proteção dos consumidores, que na maioria das vezes são direitos que não são encontrados em outras normas do ordenamento jurídico. Isso porque, o CDC foi criado para estabelecer princípios e garantias ao consumidor destinatário final, cujo elo é o mais frágil nas relações que são estabelecidas no mercado produtivo e de consumo.

---

[17] VERÇOSA, Haroldo Malheiros Duclerc. *Curso de direito comercial.* São Paulo: Malheiros, 2011. v. 4. T. I. p. 42-43.

O CDC é o regramento básico do mercado de consumo brasileiro, tendo por objeto assegurar direitos individuais e coletivos aos consumidores, sendo que seu art. 1º assevera que se trata de uma norma de ordem pública e interesse social. Logo, não pode ser afastada pelas partes, sendo suas regras imperativas, obrigatórias e inderrogáveis. Suas normas cogentes de proteção do consumidor têm a função de intervir e garantir o equilíbrio e a harmonia das relações jurídicas entre fornecedor e consumidor. A título de exemplo, o CDC prevê foro privilegiado para o consumidor ajuizar ação indenizatória (art. 101, I), a possibilidade de inversão do ônus da prova, em caso de hipossuficiência do consumidor ou verossimilhança da alegação (art. 6º, VIII), entre outras regras benéficas ao consumidor destinadas a equilibrar as forças entre as partes.

Os arts. 4º e 6º do CDC elencam uma série de princípios e direitos aos consumidores, como, por exemplo: proteção da vida, saúde e segurança contra os riscos provocados pelo fornecimento produtos e serviços; liberdade de escolha; igualdade nas contratações; educação sobre o consumo adequado dos produtos ou serviços; informação adequada e clara sobre a distinção de produtos e serviços, com a devida especificação sobre quantidade, qualidade, composição, preço e os riscos inerentes; proteção contra práticas e cláusulas impostas na contratação; modificação de cláusulas que fixaram prestações desproporcionais; revisão de cláusulas que em razão de fatos supervenientes as tornaram excessivamente onerosas; reparação de danos patrimoniais e morais; proteção contra publicidade enganosa e abusiva; reconhecida vulnerabilidade do consumidor.

Além disso, o CDC prevê uma série de práticas que são consideradas abusivas, conforme o seu art. 39. Práticas abusivas são aquelas que estão em desacordo com as práticas de boa conduta no mercado de consumo; ou que diminuam os direitos dos consumidores. Entre as atitudes de fornecedores que o CDC proíbe por considerar práticas abusivas estão a de: venda casada; venda quantitativa (sem justa causa, ocorre a imposição da aquisição de produto ou serviço em maior ou menor quantidade ao que ele precisa); recusar atender à necessidade do consumidor em adquirir produto ou serviço (até o limite da disponibilidade de estoques); recusar a vender a quem disponha de pronto pagamento; prevalecer-se da fraqueza ou ignorância do consumidor para impor-lhe seus produtos ou serviços; depreciar o ato praticado pelo consumidor no exercício de seus direitos; deixar de estabelecer um prazo para o cumprimento de sua obrigação; expor o consumidor ao ridículo, constrangê-lo ou ameaçá-lo; enviar ou entregar produto ou prestar serviço, sem prévia autorização do consumidor (equiparam-se à amostra grátis); exigir do consumidor acréscimos pela contratação de serviços não previstos no orçamento.

Quanto à proteção contratual do consumidor e práticas contratuais realizadas pelos fornecedores tidas por cláusulas abusivas, os arts. 51 a 53 preveem um rol delas. Cabe esclarecer que as cláusulas abusivas são as que diminuam os direitos do consumidor, sendo nulas de pleno direito (sem prejuízo de possível indenização por perdas e danos do consumidor contra o fornecedor). São exemplos de cláusulas abusivas a que: restrinja direitos fundamentais inerentes à natureza do contrato; possibilite ao fornecedor a alteração unilateral de cláusulas; permita ao fornecedor a variação de preço unilateralmente; exonere ou diminua a responsabilidade do fornecedor por vícios do produto ou serviço; transfira a responsabilidade a terceiros; fixe a inversão do ônus da prova em prejuízo do consumidor; estabeleça a opção do fornecedor em concluir ou não o contrato, embora obrigando o consumidor; determine a utilização compulsória da arbitragem (Lei n. 9.307/1996 – Lei da arbitragem); permita a renúncia do consumidor ao direito indenizatório por benfeitorias necessárias; infrinja normas ambientais; demonstre ser excessivamente onerosa ao consumidor pela natureza do contrato; estabeleça multa de mora superior a dois por cento em financiamentos; vede o direito do consumidor, em financiamento, liquidar antecipadamente seu débito, total ou parcial, mediante redução dos juros e demais acréscimos; fixe a obrigatoriedade de ressarcimento dos custos de cobrança pelo consumidor, mas não igualmente para o fornecedor; autorize o fornecer a cancelar o contrato unilateralmente, sem igual direito ao consumidor; estabeleça a perda total das prestações pagas em contratos de compra e venda de móveis ou imóveis financiados, em razão de inadimplência.

Especificamente sobre a aplicação do exercício do direito de arrependimento (previsto no art. 49 do CDC), o qual deve ser feito no prazo de sete dias[18], quando a contratação ocorrer "fora" do estabelecimento comer-

---

[18] A Diretiva 97/7 da União Europeia estabelece que, nas vendas a distância com *marketing* direto, o direito de arrependimento pode ser exercido no

cial, especialmente por telefone ou em domicílio. Tal faculdade foi criada com o fim de evitar as compras por impulso, sem reflexão do consumidor sobre a real necessidade de adquirir o bem e/ou a possibilidade de pagar por ele. Apesar de na internet muitas compras serem realizadas por impulso outras não o são, pois o consumidor pode refletir sobre a aquisição. Entretanto, tal direito de arrepender-se é dado àquele que compra pela internet pelo fato de não ter tido a oportunidade de ter contato direto com o bem, sem o intermédio de câmeras, uma vez que quando recebe o produto percebe não ser necessariamente o que havia imaginado (seja quanto ao padrão de cor, numeração, qualidade do material etc.).

No Brasil, a aplicação do direito de arrependimento nas compras pela internet é amplamente admitida pela doutrina e jurisprudência para as compras pela internet, que, no entanto, não distinguem os negócios cujos bens são recebidos via *download* dos que são remetidos ao destinatário fisicamente por transportadora ou Correios. Isso pois, no primeiro caso, de recebimento via *download*, pode-se abrir margem a comportamentos de má-fé em pessoas que, premeditadamente, adquiram um bem para usá-lo e no prazo de sete dias apresentar sua desistência no negócio[19].

3.2.2. Teorias. O destinatário final

Uma questão muito delicada é a da admissibilidade ou não da aplicação do CDC aos contratos empresariais, que se soma ao fato do que se pode compreender do conceito de "consumidor" e sua categorização por meio da expressão "destinatário final". Isso porque nas relações entre empresários, muitas vezes encontra-se uma das partes em condições de

---

prazo de sete dias. Na Argentina, a Lei n. 24.240 prevê que, nas vendas em domicílio e por correspondência, o consumidor pode utilizar-se de tal direito no prazo de cinco dias. Cf. LORENZETTI, Ricardo Luis. *Comércio eletrônico*, cit., p. 400.

Em Portugal, o Decreto-lei n. 143, de 26 de abril de 2001, transpôs ao ordenamento jurídico interno lusitano a Diretiva n. 97/7, mas estabelecendo um prazo maior, de 14 dias, para o exercício do direito de arrependimento nas vendas a distância. Cf. FINKELSTEIN, Maria Eugênia Reis. *Aspectos jurídicos do comércio eletrônico*, cit., p. 273-274.

[19] Conforme estudamos amplamente em nosso TEIXEIRA, Tarcisio. *Direito digital e processo eletrônico*, cit., p. 156 e s.

flagrante desigualdade em relação à parte adversa. Dessa forma, coloca-se a questão se a pessoa jurídica, sobretudo quando empresa, pode ou não ser tida como "destinatária final" de um produto ou serviço. Três teorias tratam do assunto no Brasil: a maximalista, a finalista e a finalista mitigada.

A teoria maximalista ou objetiva considera consumidor todas as pessoas físicas ou jurídicas pelo simples fato de adquirirem um produto ou um serviço como destinatário fático (por tirar o produto do mercado), não importando se irá consumir ou utilizar o produto para fins pessoais ou em sua linha de produção.

Diversamente, a teoria finalista ou subjetiva leva em conta a intenção do Código de Defesa do Consumidor de proteger o consumidor, tido como vulnerável em relação ao fornecedor. Assim, via de regra, considera consumidor aquele que adquire produto ou serviço como destinatário final fático (retirou do mercado) e econômico (não vai revender ou empregar na produção), de forma que não pode a pessoa física ou jurídica ser considerada consumidora se adquiriu o produto ou serviço para integrar a sua linha de produção. Por isso, apenas a pessoa que adquire produto para fins pessoais poderia ser tida como destinatária final; os consumidores profissionais seriam tidos como empresários.

O STJ, que inicialmente apresentava divergências acerca da aplicação de ambas as teorias pela Terceira e Quarta Turmas, tem aplicado nos julgamentos a chamada teoria finalista mitigada ou temperada, que corresponde a uma posição intermediária às anteriores. Fátima Nancy Andrighi nos dá notícia que mesmo havendo atividade empresarial aplica-se o CDC se estiver presente a vulnerabilidade de uma das partes perante a outra. A autora cita que isso aconteceu a partir de um julgamento em que uma costureira tendo adquirido uma máquina de costura de uma indústria pedia a nulidade de cláusulas e a aplicação do CDC, ficando consignado na decisão judicial (acórdão) que, apesar de a costureira utilizar a máquina para o exercício profissional, cuida-se de uma pessoa física que usa o equipamento em favor de sua sobrevivência e de sua família, por isso, fica evidenciada sua vulnerabilidade econômica[20].

---

[20] ANDRIGHI, Fátima Nancy. O Código de Defesa do Consumidor 20 anos depois – uma perspectiva da Justiça. *Revista do Advogado*, n. 114, cit., p. 78-79.

Essa teoria leva em conta a vulnerabilidade (ou seja, a fragilidade de ordem fática, técnica, jurídica ou informacional) da pessoa física ou jurídica que se relaciona com o fornecedor, para aí considerá-la consumidor, portanto, protegida pelo Código de Defesa do Consumidor, como se pode conferir nos Recursos Especiais n. 1.010.834-GO[21] e 716.877-SP[22].

Cláudia Lima Marques, inicialmente filiada à corrente finalista, denomina essa corrente de "finalismo aprofundado". Trata-se de "uma interpretação finalista mais aprofundada e madura, que deve ser saudada"; pois cuida de situações complexas em que empresas se utilizam de insumos para a sua linha produtiva, mas não de sua área de especialidade, sendo, portanto, vulneráveis perante a parte contrária, por isso a necessidade

---

[21] Ementa: "PROCESSO CIVIL E CONSUMIDOR. CONTRATO DE COMPRA E VENDA DE MÁQUINA DE BORDAR. FABRICANTE. ADQUIRENTE. VULNERABILIDADE. RELAÇÃO DE CONSUMO. NULIDADE DE CLÁUSULA ELETIVA DE FORO. 1. A Segunda Seção do STJ, ao julgar o REsp 541.867/BA, Rel. Min. Pádua Ribeiro, Rel. p/ Acórdão o Min. Barros Monteiro, *DJ*, de 16/05/2005, optou pela concepção subjetiva ou finalista de consumidor. 2. Todavia, deve-se abrandar a teoria finalista, admitindo a aplicação das normas do CDC a determinados consumidores profissionais, desde que seja demonstrada a vulnerabilidade técnica, jurídica ou econômica. 3. Nos presentes autos, o que se verifica é o conflito entre uma empresa fabricante de máquinas e fornecedora de *softwares*, suprimentos, peças e acessórios para a atividade confeccionista e uma pessoa física que adquire uma máquina de bordar em prol da sua sobrevivência e de sua família, ficando evidenciada a sua vulnerabilidade econômica. 4. Nesta hipótese, está justificada a aplicação das regras de proteção ao consumidor, notadamente a nulidade da cláusula eletiva de foro. 5. Negado provimento ao recurso especial" (STJ, Recurso Especial n. 1.010.834-GO, Terceira Turma, rel. Fátima Nancy Andrighi, *DJe*, 13-10-2010).

[22] Ementa: "CIVIL. RELAÇÃO DE CONSUMO. DESTINATÁRIO FINAL. A expressão destinatário final, de que trata o art. 2º, *caput*, do Código de Defesa do Consumidor abrange quem adquire mercadorias para fins não econômicos, e também aqueles que, destinando-os a fins econômicos, enfrentam o mercado de consumo em condições de vulnerabilidade; espécie em que caminhoneiro reclama a proteção do Código de Defesa do Consumidor porque o veículo adquirido, utilizado para prestar serviços que lhe possibilitariam sua mantença e a da família, apresentou defeitos de fabricação. Recurso especial não conhecido" (STJ, Recurso Especial n. 716.877-SP, Terceira Turma, Rel. Ari Pargendler, *DJ*, 23-4-2007).

da tutela do CDC. Vulnerabilidade é a chave para esta teoria, podendo ser vulnerabilidade: técnica, jurídica/científica, fática/socioeconômica ou informacional.

Para a autora, a vulnerabilidade técnica está relacionada ao fato de o consumidor não possuir conhecimentos específicos sobre o produto ou serviço adquirido. Vulnerabilidade jurídica ou científica relaciona-se com a ausência de conhecimentos jurídicos, contábeis ou econômicos. Já a vulnerabilidade fática ou socioeconômica se dá quando há uma inferioridade do comprador diante da posição privilegiada ou superior do vendedor tendo em vista seu porte econômico ou em razão da essencialidade do produto, por exemplo, quando um médico compra um veículo pelo sistema de consórcio, cuja regulamentação se dá pelo Estado. Por último, a vulnerabilidade informacional está ligada ao déficit de informação do consumidor, inerente à relação de consumo, pois os fornecedores são os únicos detentores das informações. A autora reconhece que esta categoria estaria englobada na vulnerabilidade técnica[23].

James Marins noticia que, diferentemente dos textos legais europeus de proteção ao consumidor, o nosso Código de Defesa do Consumidor prevê a possibilidade de a pessoa jurídica assumir a qualidade de destinatária final de produtos ou serviços, sem qualquer tipo de restrição; nos países europeus a pessoa jurídica pode ser admitida como consumidor quando se tratar, por exemplo, de entidades assistenciais e de beneficência[24].

Ser destinatário final diferencia-se de ser intermediário. Numa preliminar análise, a pessoa jurídica até poderia ser destinatária final de um bem, quando, por exemplo, uma indústria metalúrgica compra uma cafeteira. Neste caso a cafeteira não é um insumo para a indústria desenvolver sua atividade final, a de metalurgia, por isso a empresa seria destinatária final deste bem. Mas se uma empresa compra cafeteiras para

---

[23] MARQUES, Cláudia Lima. Campo de aplicação do CDC. In: BENJAMIN, Antônio Herman V.; MARQUES, Cláudia Lima; BESSA, Leonardo Roscoe. *Manual de direito do consumidor*. 2. ed. São Paulo: RT, 2009. p. 72-76.

[24] MARINS, James. *Responsabilidade da empresa pelo fato do produto*: os acidentes de consumo no Código de Proteção e Defesa do Consumidor. São Paulo: RT, 1993 (Biblioteca de direito do consumidor). v. 5. p. 73-74.

revendê-las, essa empresa não é destinatária final do bem, tratando-se de uma intermediária; sendo as cafeteiras insumos para a sua atividade comercial de revenda. Também se pode afirmar que as cafeteiras são insumos para as cafeterias que vendem café expresso. O CDC cuida de relações de consumo, não relações de insumo. As relações de aquisições de insumo são tratadas pelas regras do direito comercial, Código Civil e leis especiais. Assim, quando se tratar de um intermediário este não poderá ser tido como consumidor.

Para Marcos Paulo de Almeida Salles a expressão "consumo" implica apropriação definitiva da coisa ou do serviço pelo consumidor, diferenciando-se do insumo, que é uma utilização intermediária, mesmo que haja o uso do bem[25].

Neste ponto vale a pena voltar à lição de Jean Calais-Auloy, para quem o ato de consumo é um ato jurídico – via de regra, um contrato – que possibilita obter um bem ou um serviço com o fim de satisfazer uma necessidade familiar ou pessoal. Para o autor, o direito do consumo [como preferem os franceses] procura equilibrar as relações entre profissionais (fornecedores) e consumidores (não profissionais), tendo em vista que o fornecedor por ser profissional, detendo informações e tendo maior porte financeiro, acaba impondo regras ao consumidor. Dessa forma, o direito do consumo não se aplica às relações entre profissionais[26].

Sobre a pessoa jurídica ser tida como consumidora, Maria Antonieta Zanardo Donato aponta que uma interpretação muito ampla do conceito de consumidor não seria apta a alinhar-se com a sistemática do CDC, pois se abrangeria indistintamente todas as pessoas jurídicas, mesmo aquelas que não se apresentam como vulneráveis, sendo que haveria proteção a situações que, por sua natureza, já são tuteladas pelo direito comercial[27].

O CDC leva em conta a pessoa que no mercado de consumo adquire bens ou contrata serviços como destinatário final, haja vista o

---

[25] SALLES, Marcos Paulo de Almeida. *O consumidor e o sistema financeiro (um comentário à Lei 8.078/90)*. São Paulo: Acadêmica, 1991. p. 22-23.
[26] CALAIS-AULOY, Jean. *Droit de la consommation*, cit., p. 1-3 e 14.
[27] DONATO, Maria Antonieta Zanardo. *Proteção do consumidor – conceito e extensão*. São Paulo: RT, 1994. p. 107.

atendimento de uma necessidade própria e não o desenvolvimento de uma atividade negocial. Assim, pessoas jurídicas podem ser tidas como consumidoras de bens desde que destinatárias finais dos produtos e serviços que adquirem; não podem ser estes bens insumos necessários ao desempenho de sua atividade com finalidade lucrativa[28].

Zelmo Denari explica que não é preciso ser economista para saber que uma empresa pode adquirir insumos que são consumidos ou utilizados no seu processo produtivo, como matéria-prima, energia elétrica etc., sendo contabilizado como "ativo circulante". Nessa hipótese a empresa não é consumidora, pois utiliza os recursos como instrumento para sua produção de bens ou serviços. Diversamente, a empresa pode adquirir insumos que não são utilizados nem consumidos diretamente no processo de produção, como no caso de móveis, utensílios etc., os quais são contabilizados como "ativo imobilizado". Nesse caso a empresa é destinatária final, servindo-se destes bens em proveito próprio[29].

Uma pessoa jurídica pode ser considerada consumidora em relação à outra pessoa jurídica, desde que os bens adquiridos sejam de consumo e não bens de capital [insumos]; e desde que haja um desequilíbrio em favor do fornecedor em detrimento do consumidor[30].

Tratando do assunto, Haroldo Malheiros Duclerc Verçosa pondera que não se pode perder de vista que o CDC representa uma exceção ao denominado direito comum, formado pelo Código Civil e legislação mercantil em geral. Logo, a ideia generalizada da tutela do CDC, ao ampliar o conceito de consumidor, quebra a sistemática jurídica tornando regra o que deve ser extraordinário. O desvirtuamento na aplicação

---

[28] FILOMENO, José Geraldo Brito. Capítulo I – Disposições Gerais. In: GRINOVER, Ada Pellegrini [et. al.]. *Código Brasileiro de Defesa do Consumidor: comentados pelos autores do anteprojeto.* 6. ed. Rio de Janeiro: Forense Universitária, 2000. p. 26-28.

[29] DENARI, Zelmo. Capítulo IV – Da qualidade de produtos e serviços, da prevenção e da reparação dos danos. In: GRINOVER, Ada Pellegrini [et. al.]. *Código Brasileiro de Defesa do Consumidor: comentados pelos autores do anteprojeto.* 6. ed. Rio de Janeiro: Forense Universitária, 2000. p. 179.

[30] LOPES, José Reinaldo de Lima. *Responsabilidade civil do fabricante e a defesa do consumidor.* São Paulo: RT, 1992 (Biblioteca de direito do consumidor). v. 3. p. 78-79.

do CDC provoca consequências negativas para os agentes econômicos, como o aumento de preços dos produtos em vista da elevação dos custos para se operar no mercado. A questão da ampliação do conceito de "destinatário final" é uma das distorções mais comuns do CDC. Isso pode ser exemplificado pelo caso da tomada de empréstimo junto à instituição financeira por sociedade empresária, na medida em que o recurso emprestado é um insumo – capital de giro – a ser utilizado para a realização do objeto social da empresa. Assim sendo, ao receber a quantia do banco, este favorecido não é destinatário final[31].

A título de informação, o art. 2º, *e*, da Diretiva sobre comércio eletrônico n. 2000/31/CEE, do Parlamento Europeu e do Conselho, de 8 de junho de 2000, define consumidor como qualquer pessoa física que atue para fins alheios à sua atividade comercial, empresarial ou profissional.

Antônio Carlos Efing pondera que as pessoas jurídicas não são consideradas destinatárias finais dos produtos ou serviços adquiridos, por isso somente poderão obter a proteção do CDC no caso de enquadrar-se nos conceitos previstos nos art. 17 e 29, que tratam dos consumidores por equiparação. Isso porque estes dispositivos não consideram a característica do "destinatário final", pois alcançam terceiros afetados e pessoas expostas às práticas dos fornecedores, sem a necessidade de uma participação efetiva em um contrato de consumo[32].

Consideramos que praticamente em todas as relações contratuais há algum nível de vulnerabilidade (técnica, jurídica, fática ou informacional), sejam elas relações entre empresas, entre civis ou entre empresas e civis. A aplicação maciça dessa teoria finalista temperada levaria ao que se pode pronunciar como a "consumerização do direito privado", em que

---

[31] VERÇOSA, Haroldo Malheiros Duclerc. *Nem todo mundo que consome é consumidor*. Disponível em: <http://www.blogdireitoempresarial.com.br/2011/06/nem-todo-mundo-que-consome-e-consumidor.html>. Acesso em: 17 fev. 2021.

[32] EFING, Antônio Carlos. Capítulo IV – O Código de Defesa do Consumidor e os problemas causados pelo *bug* do ano 2000. In: FIGUEIRA JÚNIOR, Joel Dias; STOCO, Rui (Coords.). *Responsabilidade civil do fabricante e intermediários por defeitos de equipamentos e programas de informática: direito e processo*. São Paulo: RT, 2000. p. 83-84.

as relações contratuais firmadas no campo do direito privado estariam em larga escala sujeitas à aplicação do CDC. Por isso, não concordamos com essa visão.

Cabe explicitar que a pessoa jurídica pode ser considerada consumidora se for destinatária final do bem (como, por exemplo, no caso de uma associação que compra um aparelho de ar-condicionado), mas, se estiver contratando no exercício da atividade empresarial, estar-se-á diante de um contrato empresarial e não de consumo, o que dá ensejo à aplicação das regras do Código Civil e da legislação extravagante, e não necessariamente do Código de Defesa do Consumidor. Dessa forma, a aplicação do CDC se dá somente quando houver uma relação de consumo, devendo ser o adquirente do bem ou tomador do serviço tido como destinatário final.

Numa visão intermediária, alguns contratos empresariais até poderiam ter a figura do destinatário final, como no caso de um contrato bancário, quando, por exemplo, a empresa contrata o serviço de abertura e manutenção de conta bancária em seu próprio benefício, hipótese em que se aplicaria o CDC (nesse sentido, Recurso Especial n. 488.274-MG[33]). Mas, se no contrato celebrado entre empresas uma delas adquire bens a fim de revendê-los a terceiros ou de integrar a sua linha de produção ou de prestação de serviço, esse fato não o caracterizaria como destinatário final, logo, não haverá a aplicação do CDC (nesse sentido, Recurso Especial n. 861.027-PR[34]).

---

[33] Ementa: "Recurso Especial. Código de Defesa do Consumidor. Prestação de serviços. Destinatário final. Juízo competente. Foro de eleição. Domicílio do autor. – Insere-se no conceito de "destinatário final" a empresa que se utiliza dos serviços prestados por outra, na hipótese em que se utilizou de tais serviços em benefício próprio, não os transformando para prosseguir na sua cadeia produtiva. – Estando a relação jurídica sujeita ao CDC, deve ser afastada a cláusula que prevê o foro de eleição diverso do domicílio do consumidor. – Recurso especial conhecido e provido" (STJ, Recurso Especial n. 488.274-MG, Terceira Turma, rel. Fátima Nancy Andrighi, DJ, 23-6-2003).

[34] Ementa: "PROCESSUAL CIVIL. EMBARGOS A EXECUÇÃO. RELAÇÃO DE CONSUMO NÃO CONFIGURADA. RELAÇÃO MERCANTIL. NÃO INCIDÊNCIA DO CDC. INVERSÃO DO ÔNUS DA PROVA. IMPOSSIBILIDADE. INTELIGÊNCIA DOS ARTS. 333 E 19 DO CPC. 1. Utilizando-se a empresa de mercadorias ou serviços de outra em-

Contudo, realizada uma análise preliminar, visa-se alcançar uma posição mais segura e concreta quanto à aplicação da legislação, por isso entendemos que o CDC não se aplica aos contratos empresariais em que um dos contratantes, empresário individual, empresa individual de responsabilidade limitada ou sociedade empresária, tenha por fim suprir-se de insumos para sua atividade de produção, comércio ou prestação de serviço. Na atividade empresarial tudo o que é adquirido considera-se insumo, direto ou indireto. E mesmo no caso de insumo indireto (que não integra diretamente a linha produtiva), há um aproveitamento econômico do bem, como, por exemplo, uma máquina de café para uso dos funcionários, cuja finalidade é aumentar o bem-estar e a atenção dos mesmos durante a jornada, que por sua vez vai refletir na melhora da produção.

Além disso, como já nos posicionamos, em todas as relações contratuais há algum nível de vulnerabilidade, não devendo este ser um critério absoluto e isolado na aplicação maciça da teoria finalista mitigada, sob pena de todas as relações privadas estarem sujeitas ao regime do CDC, o que assim não deve ser. Especificamente nas relações empresariais é comum haver algum grau de assimetria informacional entre as partes, o que não implica uma relação suscetível de aplicação do CDC.

Quanto ao conceito de fornecedor (CDC, art. 3º, *caput*), o CDC contemplou todos aqueles que participam do fornecimento de produtos e serviços no mercado com caráter profissional e habitual. A profissionalidade pode existir mesmo que de forma irregular, como acontece com vendedores ambulantes[35]. Ainda que a palavra fornecer tenha o sentido

---

presa para incremento de sua atividade empresarial principal, tem-se típica e autêntica relação comercial, entendida no sentido de mercancia, com intuito de lucro e sentido de habitualidade, sendo reguladas essas relações pela lei civil, afastada a consumerista. 2. Incumbe ao autor provar fato constitutivo de seu direito, bem como prover as despesas dos atos que vier a requerer no processo, antecipando-lhes o pagamento, desde o início até sentença final. Inteligência dos arts. 333 e 19 do Código de Processo Civil. 3. Recurso conhecido e provido" (STJ, Recurso Especial n. 861.027-PR, Quarta Turma, rel. Hélio Quaglia Barbosa, *DJ*, 29-6-2007).

[35] MARINS, James. *Responsabilidade da empresa pelo fato do produto: os acidentes de consumo no Código de Proteção e Defesa do Consumidor*, cit., p. 76-77.

de abastecer, pôr à disposição, gerar ou produzir[36], o CDC buscou ampliar o conceito para alcançar a atividade de produção, montagem, criação, construção, transformação, importação, exportação, distribuição e comercialização de produtos ou prestação de serviços, sendo que esse rol é exemplificativo.

Segundo Adalberto Pasqualotto o que caracteriza o fornecedor é a remuneração (exceto quanto aos serviços), dando assim o contorno da profissionalidade. O fornecedor para ser caracterizado como tal deve estar atuando no curso de sua atividade-fim, servindo esse critério para isolar o que seja relação de consumo, pois do contrário todo ato praticado por um fornecedor seria considerado relação de consumo, desaparecendo a especialidade da tutela consumerista[37].

A palavra atividade do art. 3º, *caput*, do CDC deve ser compreendida como a prática reiterada de atos negociais, de forma organizada e contínua, com fim de obter lucro[38]. Logo, não estariam incluídas no conceito de fornecedor as instituições sem fins lucrativos, como entidades religiosas e associações.

Humberto Theodoro Júnior, tratando do concurso entre o Código Civil e o Código de Defesa do Consumidor, expressa que essas normas atuam em universos diferentes. O Código Civil é uma lei geral, que regula toda a convivência de ordem privada; e o CDC uma norma especial, um microssistema, para as relações privadas em que haja um desequilíbrio de poder econômico ou o comprometimento da livre negociação, o que justifica a interferência estatal no campo do contrato. O Código Civil em nada revogou o CDC de 1990. O autor chama a atenção para o perigo a ser enfrentado pela construção interpretativa do novo sistema do direito privado, pois é um risco ser a lei geral submetida a uma leitura

---

[36] HOUAISS, Antonio. *Dicionário Houaiss da língua portuguesa*. Rio de Janeiro: Objetiva, 2009. p. 919.
[37] PASQUALOTTO, Adalberto. *Os efeitos obrigacionais da publicidade no Código de Defesa do Consumidor*. São Paulo: RT, 1997 (Biblioteca de direito do consumidor). v. 10. p. 79.
[38] Nesse sentido (comentando sobre a expressão "palavra", ainda que antes da vigência do CDC), LEÃES, Luiz Gastão Paes de Barros. *Responsabilidade do fabricante pelo fato do produto*. São Paulo: Saraiva, 1987. p. 13.

segunda a ótica do direito especial, o que inverteria a lógica do ordenamento e faria predominar a exceção sobre a regra. Os princípios do microssistema concedidos em favor do consumidor, a partir de certos pressupostos, não podem ser transplantados para o direito civil [e empresarial] de forma a generalizar estes princípios. O regime geral do Código Civil não pode ser absorvido pela ideologia do CDC, pois nas relações privadas em geral de que se ocupa é inadmissível aceitar premissas que justifiquem as normas excepcionais do CDC. Isso porque o diploma especial tem o seu conteúdo como norma de ordem pública, além do pressuposto de hipossuficiência do consumidor que não tem condições para negociar equilibradamente. Já o diploma geral tem como fundamento a autonomia e igualdade dos agentes, inclusive no campo econômico, sendo admitida a ocorrência do desequilíbrio contratual somente nos casos efetivamente previstos por ele[39]. Essa abordagem pode ser exemplificada pelo instituto da resolução por onerosidade excessiva (cláusula *rebus sic stantibus*), conforme preveem os arts. 478 a 480 do Código Civil.

José Geraldo Brito Filomeno compreende o CDC como um microssistema jurídico, de caráter interdisciplinar (por se relacionar com outros ramos do Direito) e multidisciplinar (por conter normas de outros ramos do Direito). Essa norma tem como base a destinação final de produtos e serviços colocados no mercado de consumo pelos fornecedores, bem como considera a vulnerabilidade dos consumidores, no aspecto econômico e técnico e nos meios de defesas de seus interesses e direitos. Por isso, o autor não concorda com a extrema elasticidade da aplicação do CDC às relações jurídicas que não sejam propriamente ditas como de consumo[40].

Vale ponderar que o CDC trata de uma norma principiológica, não prevendo solução específica para cada tipo de conflito no mercado de

---

[39] THEODORO JÚNIOR, Humberto. *Direitos do consumidor: a busca de um ponto de equilíbrio entre as garantias do Código de Defesa do Consumidor e os princípios gerais do direito civil e do direito processual civil*. Rio de Janeiro: Forense, 2008. p. 335-336.
[40] FILOMENO, José Geraldo Brito. *Manual de direitos do consumidor*. 9. ed. São Paulo: Atlas, 2007. p. 193-194.

consumo, mas nela estão contidos princípios fundamentais básicos, como a harmonia entre consumidor e fornecedor, a boa-fé e o equilíbrio nas relações negociais, a interpretação mais favorável ao consumidor nos contratos, a responsabilidade objetiva[41].

Por meio de nossa sugestão durante a Jornada de Direito Comercial, promovida pelo Conselho da Justiça Federal em outubro de 2012, foi aprovado o Enunciado n. 20: "Não se aplica o Código de Defesa do Consumidor aos contratos celebrados entre empresários em que um dos contratantes tenha por objetivo suprir-se de insumos para sua atividade de produção, comércio ou prestação de serviços".

Contudo, a aplicação ou não do CDC às relações empresariais é extremamente relevante, como já havíamos mencionado. Mas vale a pena frisar que nas relações contratuais que não sejam de consumo, passíveis de aplicação do Código Civil, as partes podem transigir sobre regras legais de ordem dispositiva. Isso já não pode ocorrer com as relações suscetíveis de aplicação do CDC, pois a transigência de mandamentos legais deste diploma consumerista é inadmissível. Por isso, entendemos que o CDC não deve ser aplicado entre fornecedores, pois, sendo uma relação empresarial, um fornecedor que adquire um produto do outro para reinseri--lo no mercado de consumo não atua como destinatário final, mas sim como um intermediário, sendo que a proteção da referida norma reserva--se aos destinatários finais e não aos intermediários.

3.2.3. Regulamentação do *e-commerce* (Decreto n. 7.962/2013)

A par da discussão sobre a necessidade ou não de uma norma específica para o *e-commerce*, entrou em vigor o Decreto n. 7.962, de 15 de março de 2013, que regulamenta o Código de Defesa do Consumidor para dispor sobre a contratação no comércio eletrônico. Ele dispõe acerca da necessidade de informações claras sobre o produto, o serviço, o fornecedor, o atendimento facilitado ao consumidor e o respeito ao exercício do direito de arrependimento (art. 1º).

---

[41] No mesmo sentido, ANDRIGHI, Fátima Nancy. "O Código de Defesa do Consumidor 20 anos depois – uma perspectiva da Justiça". *Revista do Advogado*, n. 114, cit., p. 77.

Legislação aplicável 81

De acordo com o art. 2º, do referido decreto, os *sites* de comércio eletrônico ou outros meios eletrônicos devem manter em destaque e facilmente visualizável: o seu nome empresarial e o número do CNPJ; o seu endereço físico e eletrônico, bem como outros dados para sua localização e contato; as descrições essenciais do bem, incluindo os riscos à saúde e à segurança; a especificação no preço de quaisquer adicionais, como despesas com frete ou seguro; as condições integrais da oferta, albergando a disponibilidade, formas de pagamento, maneiras e prazo de entrega ou disponibilização do produto ou de execução do serviço; as informações claras e evidentes sobre restrições ao aproveitamento da oferta. Especificamente sobre a qualificação e localização do titular do *site*, algumas empresas já vêm cumprindo a determinação da referida norma, como, por exemplo, o www.mercadolivre.com.br.

Objetivando garantir um atendimento facilitado ao consumidor no comércio eletrônico, os arts. 4º e 6º do Decreto n. 7.962/2013 preveem que o fornecedor deverá: confirmar imediatamente o recebimento da aceitação da oferta; manter serviço eficaz de atendimento em meio eletrônico a fim de possibilitar que o consumidor obtenha informações, esclareça dúvidas, apresente reclamação, suspensão ou cancelamento do negócio (devendo a resposta ser fornecida em até cinco dias); confirmar instantaneamente o recebimento da solicitação do consumidor pelo mesmo meio utilizado por ele; disponibilizar ferramentas eficazes ao consumidor para identificação e correção instantânea de erros ocorridos nas fases anteriores à conclusão do contrato; utilizar mecanismos de segurança eficazes para pagamento e tratamento de dados do consumidor; apresentar antes da contratação um resumo do teor do contrato, com informações imprescindíveis para a escolha do consumidor, destacando as cláusulas limitativas de direitos; fornecer o contrato ao consumidor de forma que possa ser conservado e reproduzido imediatamente após a contratação; as contratações deverão observar o cumprimento dos termos da oferta, sendo que a entrega dos produtos e a prestação dos serviços respeitarão prazos, qualidade, quantidade e adequação inerentes.

O Decreto n. 7.962/2013 traz em seu bojo algumas regras específicas, como no seu art. 3º, que cuida especificamente de compras coletivas. Conforme esse dispositivo, os *sites* ou demais meios eletrônicos que ofertem compras coletivas ou categorias semelhantes deverão, além das informações previstas no art. 2º, conter: a quantidade mínima de consumidores para a efetivação do negócio; prazo para utilização da oferta pelo comprador; identificação do fornecedor responsável pelo *site* e do fornecedor do produto ou serviço ofertado com nome empresarial, número de CNPJ, endereço físico e eletrônico. A compra coletiva é objeto de regulamentação específica pelo Projeto de Lei n. 1.232/2011, o qual tem por fim regrar a venda eletrônica coletiva de produtos e serviços por meio de *sites*, estabelecendo critérios para o funcionamento das empresas que operam nesse setor.

Já o seu art. 5º cuida tão somente do direito de arrependimento do consumidor ao dispor que o fornecedor deve informar, de maneira ostensiva e clara, os meios pelos quais este direito pode ser exercido. O direito de arrependimento implica a resilição contratual sem qualquer ônus para o consumidor, podendo ser exercido pela mesma ferramenta utilizada para a contratação, sem prejuízo de outras disponibilizadas pelo fornecedor. Caberá ao fornecedor enviar ao consumidor confirmação imediata do recebimento da declaração de arrependimento. Além disso, o fornecedor deverá comunicar imediatamente a instituição financeira ou a administradora de cartão de crédito ou similar para que a operação não seja lançada na fatura do consumidor; ou, caso o lançamento já tenha sido feito, o respectivo estorno.

Como já tivemos oportunidade de mencionar, conforme o art. 49 do CDC, o exercício do direito de arrependimento deve ser feito no prazo de sete dias, quando a contratação ocorrer "fora" do estabelecimento comercial, especialmente por telefone ou em domicílio. Esse direito é fortemente admitido pela doutrina e jurisprudência brasileiras para as compras pela internet, mas que acabam aplicando-o sem distinguir os contratos cujos bens são recebidos via *download* dos que são remetidos ao destinatário fisicamente por transportadora ou Correios.

O direito de arrependimento veio para coibir as compras por impulso, isto é, aquelas realizadas pelo consumidor sem que este tenha tido tempo para avaliar sobre a conveniência e a oportunidade de adquirir um produto ou serviço; e mais, apreciar se tem condições financeiras para arcar com a despesa.

Como dito, o direito de arrependimento pode ser exercido nas compras pela internet, sendo que o art. 5º do Decreto n. 7.962/2013 impõe ao fornecedor o dever de informar, de forma clara e ostensiva, os meios adequados e eficazes para o consumidor exercer o direito de arrepender-se. Entretanto, seria muito salutar se o Decreto n. 7.962/2013 tivesse estabelecido critérios distintivos quanto às aquisições cujos bens são entregues via *download* ou fisicamente. Isso haja vista a possibilidade de má-fé de certas pessoas que se aproveitam do recebimento virtual do bem para arrepender-se após usufruir do produto ou do serviço; ou mesmo continuar usando-o após o exercício do direito de arrependimento (alguns fornecedores estão trabalhando para minimizar essas atitudes).

De qualquer forma, o Decreto tem por objeto dar mais segurança aos internautas que compram pela internet, bem como estabelecer um comportamento mais adequado de vendedores, prestadores de serviço e intermediários, deixando assim as relações jurídicas mais seguras e transparentes e facilitando o acesso às informações sobre fornecedores, produtos e serviços.

Contudo, referido decreto não cuida com precisão da extensão da responsabilidade civil nas compras pela internet, cujo tema está pautado fundamentalmente pelo Código Civil, arts. 927 e 931, e pelo Código de Defesa do Consumidor (CDC), especialmente os arts. 12 e 13. De qualquer forma, a doutrina é uniforme quanto à admissibilidade da aplicação do ordenamento jurídico brasileiro às relações estabelecidas no comércio eletrônico[42].

3.3. NOVA LEGISLAÇÃO SOBRE AFIXAÇÃO DE PREÇOS AO CONSUMIDOR

Inicialmente, é preciso esclarecer ao leitor que por "nova legislação" devem-se compreender as atualizações promovidas pelas **Leis n. 13.543/2017 e n. 13.455/2017** à Lei n. 10.962/2004, a qual regula as condições de oferta e as formas de afixação de preços de produtos e serviços para o consumidor.

---

[42] DE LUCCA, Newton. *Aspectos jurídicos da contratação informática e telemática*. São Paulo: Saraiva, 2003. p. 109; COELHO, Fábio Ulhoa. *Curso de direito comercial: direito de empresa*, cit., v. 3. p. 59; PINHEIRO, Patricia Peck. *Direito digital*, cit., p. 66-67 e 70.

Mesmo antes do advento das Leis n. 13.543/2017 e n. 13.455/2017, a **Lei n. 10.962/2004** já previa uma série de regras sobre afixação de preços no comércio em geral (especificamente em autosserviços, supermercados, hipermercados, mercearias ou estabelecimentos comerciais). Muitas dessas regras, desde a vigência legal, são aplicáveis às compras pela internet, como a que determina que, na venda a varejo de produtos fracionados em pequenas quantidades, o comerciante deverá informar, além do preço do produto à vista, o preço correspondente a uma das seguintes unidades fundamentais de medida: capacidade, massa, volume, comprimento ou área, de acordo com a forma habitual de comercialização de cada tipo de produto (Lei n. 10.962/2004, art. 2º-A). A norma assevera que a fixação do preço deve ser feita na etiqueta, o que, em plataformas eletrônicas, analogicamente podem ser consideradas equivalentes às tarjetas em que em são informados os preços.

Entretanto, a **Lei n. 13.543/2017** acrescentou o inciso III ao art. 2º da Lei n. 10.962/2004, deixando, portanto, de forma expressa, que no comércio eletrônico a afixação de preços em vendas para o consumidor deve se dar pela divulgação ostensiva (evidente) do preço à vista, junto à imagem do produto ou descrição do serviço, em caracteres facilmente legíveis e com tamanho de fonte não inferior a doze.

Também é cabível às compras pela internet o disposto no art. 5º, o qual expressa que o consumidor pagará o menor valor quando houver divergência de preços para o mesmo bem entre os sistemas de informação do estabelecimento. Não há dúvida de que isso é aplicável aos estabelecimentos digitais e a toda sorte de plataformas eletrônicas pelas quais se pratica venda ao consumidor.

Especificamente sobre a **Lei n. 13.455/2017**, esta autoriza a diferenciação de preços de bens e serviços oferecidos ao público em função do prazo ou do instrumento de pagamento utilizado, sendo nula qualquer cláusula contratual que proíba ou restrinja tal diferenciação de preços (art. 1º). Desse modo, o comerciante passou a ser autorizado expressamente a cobrar valores distintos para o mesmo bem, a depender se o pagamento realizado pelo consumidor for à vista, a prazo, por meio de cartão de débito ou crédito ou outras formas de pagamento. Tal determinação se deu após a compreensão de que as taxas cobradas por instituições financeiras e administradoras de cartão de crédito são relevantes na formação de preço, bem como que tal diferenciação no preço não fere direitos de consumidores, sobretudo porque a igualdade deve ser dada aos (consumidores) que estão em condições iguais, devendo os desiguais serem tratados de forma desigual. Desse modo, a Lei n. 13.455/2017 corrigiu a posição equivocada do **STJ**, o qual não admitia diferenciação de preço, pois considerava prática abusiva o desconto no preço pelo pagamento em dinheiro ou com cheque em relação ao pagamento com cartão de crédito (STJ, REsp 1.479.039-MG, *DJe* 16-10-2015).

O regramento da diferenciação de preço da Lei n. 13.455/2017 também se deu por meio de alteração à Lei n. 10.962/2004, ao acrescentar-lhe o art. 5º-A, o qual prevê que possíveis descontos oferecidos pelo fornecedor ao consumidor, seja em razão do prazo, seja em razão do meio de pagamento, devem ser informados em local e formato visíveis ao comprador. Se tal regra for infringida, aplicar-se-á as sanções previstas no CDC, sobretudo as elencadas em seu art. 56.

Frise-se que, desde o ano de 2006, o **Decreto n. 5.903/2006** regulamentou a Lei n. 10.962/2004 e o CDC para fins de práticas infracionais que atentam contra o direito básico do consumidor de obter informação adequada e clara sobre produtos e serviços.

De acordo com o parágrafo único do art. 10 do Decreto n. 5.903/2006 (acrescido pelo Decreto n. 7.962/2013), as regras dos seus arts. 2º, 3º e 9º são aplicáveis às compras realizadas via *e-commerce*.

Assim, os preços dos bens devem ser informados adequadamente, a ponto de garantir ao consumidor que as informações sejam corretas, claras, precisas, ostensivas e legíveis. Além disso, o preço deve ser informado explicitando o total à vista. No caso de preço a prazo com outorga de crédito, deverá ser discriminado o valor total do financiamento; número, periodicidade e valor das parcelas; taxa de juros; e outros acréscimos e encargos financeiros inerentes (Decreto n. 5.903/2006, arts. 2º, *caput*, e 3º).

Em complemento, à luz do art. 9º do Decreto n. 5.903/2006, infringe o direito básico do consumidor à informação adequada e clara sobre os diferentes produtos e serviços quem: a) utiliza letras cujo tamanho não seja uniforme ou dificulte a percepção da informação, considerada a distância normal de visualização do consumidor; b) expõe preços com as cores das letras e do fundo idêntico ou semelhante; c) utiliza caracteres apagados, rasurados ou borrados; d) informa preços apenas em parcelas, obrigando o consumidor ao cálculo do total; e) informa preços em moeda estrangeira, desacompanhados de sua conversão em moeda corrente nacional, em caracteres de igual ou superior destaque; f) utiliza referência que deixa dúvida quanto à identificação do item ao qual se refere; g) atribui preços distintos para o mesmo item; h) expõe informação redigida na vertical ou outro ângulo que dificulte a percepção.

3.4. LEI DO SAC – DECRETO N. 6.523/2008

Será que o Decreto n. 6.523, de 31 de julho de 2008, tem aplicação às compras celebradas pela internet? O Decreto n. 6.523/2008 (conhecido como Lei do SAC), ao regulamentar o CDC, fixa normas gerais sobre o Serviço de Atendimento ao Consumidor (SAC) via telefone.

É preciso esclarecer que as regras do decreto destinam-se somente ao SAC via telefone. Além disso, seu alcance limita-se aos fornecedores de serviços regulados pelo Poder Público em âmbito federal, ou seja, os serviços suscetíveis à regulamentação das agências reguladoras, por exemplo, a Agência Nacional de Telecomunicações (Anatel), a Agência Nacional de Energia Elétrica (ANEEL), a Agência Nacional de Saúde Suplementar (ANS) etc.; ou órgãos equiparados às agências, como o Banco Central do Brasil (Bacen) e a Superintendência de Seguros Privados (Susep).

Buscando responder à questão inicial, sim, o Decreto n. 6.523/2008 tem aplicação aos negócios contratados pela internet desde que envolvam serviços regulamentados pelo Poder Público Federal. Por exemplo: a aquisição de um plano de saúde, um pacote de acesso à internet ou de telefonia móvel são casos em que o fornecedor precisará manter um SAC por telefone, nos termos do decreto. Entretanto, fornecedor que venda produto ou serviço que não esteja nesse âmbito, como o de um eletrodoméstico, não está obrigado a manter o SAC via telefone.

O Decreto n. 6.523, de 31 de julho de 2008, entrou em vigor em 1º de dezembro de 2008, sendo que, para os seus fins, SAC é o serviço de atendimento telefônico das prestadoras de serviços regulados que visa solucionar as demandas dos consumidores sobre informação, dúvida, reclamação, suspensão ou cancelamento de contratos e de serviços. A oferta e a contratação de produtos e serviços feitas por telefone não estão compreendidas pelo decreto (art. 2º).

A finalidade do decreto é a observância dos direitos básicos do consumidor em obter informação adequada e clara sobre os serviços que contratar, bem como de manter-se protegido contra práticas abusivas ou ilegais impostas ao fornecimento de tais serviços (art. 1º).

Nos termos do art. 3º, o decreto impõe que as ligações do consumidor para o SAC serão gratuitas e o atendimento das solicitações não deverá resultar em qualquer ônus para o consumidor (exceto se o consumidor contratar algum acréscimo no serviço).

Entre as várias regras do decreto, destacamos algumas das mais relevantes, como a que expressa que: o SAC estará disponível, ininterruptamente, durante vinte e quatro horas por dia e sete dias por semana (ressalvadas normas específicas); o número do SAC constará de forma clara e objetiva em todos os documentos e materiais impressos entregues ao consumidor no momento da contratação do serviço e durante o seu fornecimento, bem como na página eletrônica da empresa na rede mundial de computadores; o consumidor não terá a sua ligação finalizada pelo fornecedor antes da conclusão do atendimento; o SAC atenderá aos princípios de dignidade, boa-fé, transparência, eficiência, eficácia, celeridade e cordialidade (arts. 5º, 7º e 4º, §§ 2º e 8º, respectivamente).

Quando se tratar de reclamação e cancelamento do serviço, não será admitida a transferência da ligação, pois todos os atendentes deverão possuir atribuições para executar essas funções. O pedido de cancelamento do serviço pelo consumidor será recebido e processado pelo SAC. Entretanto, o pedido de cancelamento será permitido e assegurado ao consumidor por todos os meios disponíveis para a contratação do serviço, e o comprovante do pedido de cancelamento será expedido por correspondência ou por meio eletrônico, a critério do consumidor. É importante salientar que o cancelamento produz efeitos imediatos, mesmo que o seu processamento técnico necessite de prazo. Isso vale ainda que o consumidor esteja inadimplente (art. 9º, § 2º, c/c o art. 18).

Quanto ao sigilo, os dados pessoais do consumidor serão preservados, mantidos em segredo, podendo ser utilizados apenas para os efeitos do atendimento. Também fica proibido solicitar a repetição da queixa do consumidor depois do seu registro pelo primeiro atendente (arts. 11 e 12).

As empresas sujeitas ao Decreto n. 6.523/2008 são obrigadas a manter a gravação das chamadas efetuadas para o SAC, pelo prazo mínimo de noventa dias, durante o qual o consumidor poderá requerer acesso ao seu conteúdo. E as empresas prestarão imediatamente as informações solicitadas pelo consumidor, sendo que as reclamações destes serão solucionadas em até cinco dias úteis a contar do registro (arts. 15, § 3º, e 17, *caput*).

De acordo com o art. 19 do Decreto n. 6.523/2008, o desrespeito às regras por este imposta implicará, sem prejuízo de outras previstas na legislação, nas penas previstas no art. 56 do CDC (por exemplo, multa, cassação do registro do produto junto ao órgão competente, suspensão temporária de atividade, intervenção administrativa, imposição de contrapropaganda etc.).

Contudo, as empresas prestadoras de serviços regulados pelo Poder Público Federal precisam atender aos preceitos do Decreto n. 6.523/2008 e, cumulativamente, se for o caso de comercializar serviços pela internet, às regras do Decreto n. 7.962/2013.

3.5. LEI DA ENTREGA AGENDADA

Entendemos oportuno tecermos algumas considerações acerca da Lei da Entrega Agendada (Lei n. 13.747, de 7 de outubro de 2009), pois embora seja uma lei estadual, sua implicação é nacional, tanto no plano do comércio eletrônico como fora dele, já que o Estado de São Paulo é o maior Estado em volume de negócios do país (em compras e em vendas). Além disso, tem a maior população estadual dos entes federados, bem como a renda média da população é relativamente mais elevada, permitindo um volume maior de compras, pela internet ou não.

Assim, sem prejuízo de outras normas estaduais e municipais de teor semelhante, o Estado de São Paulo possui a conhecida Lei da Entrega Agendada, a qual obriga os fornecedores de bens e serviços a fixar data e turno para realização de serviços ou entrega de produtos aos consumidores. Essa norma foi reformada pela Lei n. 14.951, de 6 de fevereiro de 2013, a qual promoveu a alteração de alguns dispositivos na Lei n. 13.747/2009, passando assim a prever expressamente os negócios realizados à distância ou não presenciais, entre os quais se incluem as compras pela internet.

Em suma, o texto normativo estabelece que bens entregues no âmbito do Estado de São Paulo, independentemente do Estado de origem da mercadoria, deverão ser entregues com horário agendado. Além disso, a lei proíbe a cobrança de adicionais para a entrega agendada. Algumas empresas estão oferecendo desconto para quem opta por receber o bem sem prévio agendamento. Esse desconto pode ser considerado uma afronta à lei, pois não deixa de ser uma cobrança inversa.

A Lei da Entrega Agendada tem plena aplicação às compras realizadas em *sites* da internet, sendo que independentemente do Estado em que estiver sediado o vendedor ele precisará respeitar a norma do Estado de São Paulo, sob pena de sanção conforme previsão legal.

Sem dúvida a lei tem uma finalidade muito boa, que é permitir que o consumidor possa melhor se organizar e otimizar quando é preciso dispor de tempo para receber um bem (por exemplo, ao receber uma geladeira em seu futuro domicílio ainda inabitável); no entanto, haverá aumento de preço dos bens e dos fretes, na medida em que o agendamento implicar custos adicionais para vendedores e transportadores (ainda mais nas cidades que possuem restrições para a circulação de veículos, como é o caso da capital paulista).

Conforme a legislação sob comento, os fornecedores de bens e serviços que atuam no mercado de consumo, no âmbito do Estado de São Paulo, passam a ser obrigados a fixar data e turno para a realização dos serviços ou entrega dos produtos, não podendo haver qualquer ônus adicional aos consumidores (Lei n. 13.747/2009, art. 1º).

A norma fixa os horários dos turnos para entrega em: turno da manhã – compreende o período entre 7 e 11 horas; turno da tarde – entre 12 e 18 horas; turno da noite – das 19 às 23 horas (Lei n. 13.747/2009, art. 2º, *caput* e incisos).

Vale destacar que, na conclusão do contrato de fornecimento de bens ou prestação de serviços, caberá ao fornecedor a entrega para o consumidor de documento por escrito contendo as seguintes informações: identificação do estabelecimento, com nome empresarial, nome fantasia, número do CNPJ/MF, endereço e número do telefone para contato; descrição do produto a ser entregue ou do serviço a ser prestado; data e turno em que o produto deverá ser entregue ou realizado o serviço; endereço onde deverá ser entregue o produto ou prestado o serviço (Lei n. 13.747/2009, art. 2º, § 1º).

Nas compras realizadas pela internet, incluídas aquelas que a lei menciona como a distância ou não presencial, o documento a ser entregue ao consumidor deverá ser enviado a ele previamente, ou seja, antes da entrega do produto ou prestação do serviço, por meio de mensagem eletrônica, fac-símile, correio ou outro meio apropriado (Lei n. 13.747/2009, art. 2º, § 2º).

Contudo, de acordo com o art. 7º da Lei n. 13.747/2009, a falta de observância a esses preceitos legais sujeitará o infrator às sanções estabelecidas pelo Código de Defesa e Proteção ao Consumidor.

Por fim, não podemos deixar de observar que tal lei estadual poderá ser declarada inconstitucional, pois, além de afetar vendedores de outros Estados, pode ter invadido a competência privativa da União para legislar sobre direito civil e comercial, informática e comércio interestadual, nos termos da Constituição Federal, art. 22, I, IV e VIII. O STF, no Recurso Extraordinário n. 313.060, declarou inconstitucionais as Leis n. 10.927/1991 e n. 11.262/1993, ambas da Cidade de São Paulo, que obrigavam *shopping centers*, lojas de departamento, supermercados e empresas com estacionamento com mais de cinquenta vagas a manter seguro obrigatório contra furto e roubo. Conforme a decisão judicial, houve invasão da competência para legislar sobre seguros, que é privativa da União, conforme o art. 22, VII, da Constituição Federal.

3.6. MARCO CIVIL DA INTERNET (LEI N. 12.965/2014)

Foi promulgada a Lei n. 12.965, em 23 de abril de 2014, a qual é chamada de Marco Civil da Internet (MCI). Trata-se de uma lei principiológica, pois estabelece parâmetros gerais acerca de princípios, garantias, direitos e deveres para o uso da internet no Brasil, além de determinar algumas diretrizes a serem seguidas pelo Poder Público sobre o assunto (Lei n. 12.965/2014 – Marco Civil da Internet – MCI, art. 1º). Em seu texto também há regras específicas a serem cumpridas por agentes que operam na internet, especialmente as dirigidas aos provedores de acesso e de conteúdo.

Numa preliminar análise poderia se imaginar que a referida norma não trata claramente sobre comércio eletrônico em sentido estrito (quanto à compra e venda de produtos e prestação de serviços), mas apenas acerca de outras operações realizadas no comércio eletrônico em sentido amplo (como questões envolvendo a proteção à privacidade e a vedação da captação indevida de dados e da sua comercialização). Entretanto, suas regras e princípios têm implicação direta em tudo o que ocorre na internet em âmbito brasileiro, inclusive o *e-commerce*, enquanto operações envolvendo a produção e a circulação de bens e de serviços.

Além disso, como veremos, a Lei n. 12.965/2014 (art. 7º, XIII) reafirma a aplicação das normas de defesa do consumidor nas relações firmadas pela internet, desde que configurada uma relação de consumo. Também, o Marco Civil, ao definir o que vem a ser provedor de aplicações de internet, acaba permitindo a inclusão dos intermediários de negócios pela internet neste conceito.

Para os efeitos da Lei n. 12.965/2014, o seu art. 5º, I, define "internet" como "o sistema constituído do conjunto de protocolos lógicos, estruturado em escala mundial para uso público e irrestrito, com a finalidade de possibilitar a comunicação de dados entre terminais por meio de diferentes redes". É possível abstrair da Lei n. 12.965/2014 três grandes pilares: a garantia à liberdade de expressão, a inviolabilidade da privacidade e a neutralidade no uso da internet.

Quanto à liberdade de expressão (cujo direito está assegurado na Constituição Federal, art. 5º, IX, consistindo na liberdade de manifestação intelectual, artística, científica e de comunicação, sem censura ou necessidade de licença), o usuário da internet pode se expressar escrevendo e postando o que bem entender, sendo que o conteúdo somente pode ser removido pelo provedor mediante ordem judicial. Nos casos de imagens (fotos e vídeos) com conteúdo pornográfico, os interessados envolvidos nas cenas podem exigir a retirada do conteúdo junto ao provedor mediante notificação própria ou de seu procurador, não sendo neste caso necessária ordem judicial. Obviamente, que o exercício da liberdade de expressão não impede de o prejudicado pleitear indenização junto ao internauta ofensor se a manifestação deste causar dano de ordem moral e/ou patrimonial (ficando o provedor livre de responsabilidade, via de regra).

No que diz respeito à proteção da privacidade (direito inerente à inviolabilidade da intimidade, da vida privada, da honra e da imagem da pessoa, nos termos da Constituição Federal, art. 5º, X), a lei garante o sigilo dos dados pessoais do usuário, do que ele acessa na rede e do conteúdo de suas comunicações. Assim, não é permitido monitorar ou fiscalizar os pacotes de dados (conteúdos) transmitidos pelos usuários na internet, sendo que o acesso a esses dados necessita de ordem judicial.

A neutralidade (ou princípio da neutralidade) no uso da internet consiste no fato de que o acesso à internet pelo usuário pode dar-se de forma livre para quaisquer fins: realizar pesquisas ou compras, estabelecer comunicações como por *e-mail*, utilizar redes sociais em geral, visualizar e postar textos, fotos e vídeos etc. Dessa forma, o tratamento deve ser neutro, não podendo haver diferenciação em razão do uso realizado pelo internauta, sendo possível apenas serem oferecidos pacotes com valores diversos para fins da velocidade na navegação. Dessa forma, o usuário pode usar a conexão à internet para o fim que desejar (*e-mails, blogs* etc.) sem precisar pagar valores distintos para tanto e sem estar sujeito à fiscalização do provedor.

Em relação aos provedores de internet, o Marco Civil da Internet ocupou-se de estabelecer normas específicas aos provedores de acesso e de conteúdo. Os provedores de acesso, aqueles que oferecem o serviço de conexão à rede, não serão responsabilizados pelos atos danosos de seus usuários. A lei refere-se ao provedor de acesso como "provedor de conexão", sendo que o art. 5º, incs. II cc. V, define conexão à internet como a habilitação de um terminal (computador ou qualquer dispositivo que se conecte à internet) para envio e recebimento de pacotes de dados pela internet, mediante a atribuição ou autenticação de um endereço IP – *Internet Protocol* (número de identificação do computador para fins de registro de conexão).

Já os provedores de conteúdo, os que disponibilizam e armazenam informações criadas por terceiros ou meios próprios (*sites, blogs*, redes sociais), não poderão ser responsabilizados pelo teor do que for armazenado pelos seus usuários (terceiros), exceto se não houver a remoção, no prazo fixado, por determinação judicial. Na Lei n. 12.965/2014, o provedor de conteúdo é denominado como "provedor de aplicações de internet", sendo que "aplicações de internet" consistem no conjunto de funcionalidades que podem ser acessadas por meio de um terminal conectado à internet (MCI, art. 5º, incs. II e VII).

A lei ao empregar uma expressão genérica como "funcionalidade", que significa utilidade ou atividade que pode ser desenvolvida, permite que o conceito de aplicações de internet alcance às operações de *e--commerce* na medida em que é uma utilidade/atividade que pode ser acessada e desenvolvida por meio de um computador ligado à rede mundial de computadores. Além disso, como veremos em outra passagem do livro, os intermediários de compras pela internet podem ser considerados provedores de conteúdo (de aplicações de internet) para efeitos de responsabilização. Esse fator implicará inclusive quanto ao prazo de armazenamento de seis meses, nos termos do art. 15.

Uma questão muito interessante para efeitos de *e-commerce* está no art. 6º da Lei n. 12.965/2014, ao prever que na interpretação desta norma serão levados em consideração os seus fundamentos, princípios e objetivos, bem como a natureza da internet, seus usos e costumes particulares e sua importância para a promoção do desenvolvimento humano, econômico, social e cultural.

Os usos e costumes são práticas reiteradas por determinados agentes que são aceitas como regras jurídicas positivadas e obrigatórias, mas que vão sendo ajustados de forma dinâmica, conforme a necessidade dos operadores do mercado. Trata-se de fontes do Direito em várias de suas áreas, especialmente no direito empresarial (comercial). Porém, conforme o art. 8º, VI, da Lei n. 8.934/1994, para terem aplicação jurídica, os usos e costumes precisam estar assentados no Registro Público das Empresas Mercantis (Junta Comercial), sendo que há uma Junta Comercial para cada Estado da federação.

Assim, como compatibilizar este dispositivo com os usos e costumes da internet, fundamentalmente nas relações que envolvem a atuação empresarial, que são altamente dinâmicas e cambiantes e, em certa medida, sem restrições territoriais? Já tive oportunidade de apontar que a exigência da Lei n. 8.934/1994, ao estabelecer uma burocracia formal, acaba minimizando o papel dos usos e costumes como fonte do direito empresarial[43]. Contudo, há sinais em ambiente judicial da aceitação de usos e costumes independentemente do assentamento na Junta Comercial, como, por exemplo, na decisão do STJ no Recurso Especial n.

---

[43] TEIXEIRA, Tarcisio. *Direito empresarial sistematizado: doutrina, jurisprudência e prática*, cit., p. 39.

877.074/RJ. Sendo assim, os usos e costumes hão de desempenhar um papel fundamental na solução de conflitos estabelecidos em ambiente virtual, na medida em que qualquer norma que pretenda ser muito específica em matéria de tecnologia da informação, sem sombra de dúvida, tornar-se-á obsoleta muito rapidamente diante das constantes inovações e alterações neste cenário.

Quanto aos direitos e às garantias dos usuários da internet no Brasil, o acesso à rede mundial de computadores passa a ser tido como essencial ao exercício da cidadania (como de fato já tem sido em alguma medida), sendo assegurados aos usuários os seguintes direitos: inviolabilidade da intimidade e da vida privada, sua proteção e indenização pelo dano material e/ou moral decorrente de sua violação; inviolabilidade e sigilo do fluxo de suas comunicações pela internet, salvo por ordem judicial (na forma da lei); inviolabilidade e sigilo do teor de suas comunicações privadas e armazenadas (por exemplo, em contas de *e-mails*), salvo por ordem judicial; não suspensão da conexão à internet, salvo por débito diretamente decorrente de sua utilização; manutenção da qualidade contratada da conexão à internet; informações claras e completas constantes dos contratos de prestação de serviços, com detalhamento sobre o regime de proteção aos registros de conexão e aos registros de acesso a aplicações de internet, bem como sobre práticas de gerenciamento da rede que possam afetar sua qualidade (MCI, art. 7º).

Também são direitos dos usuários protegidos pela norma em referência: exclusão definitiva dos dados pessoais que tiver fornecido a determinada aplicação de internet, a seu requerimento, ao término da relação entre as partes (ressalvadas as hipóteses previstas pela Lei n. 12.965/2014 de guarda obrigatória de registros); publicidade e clareza de eventuais políticas de uso dos provedores de conexão à internet e de aplicações de internet; acessibilidade, consideradas as características físico-motoras, perceptivas, sensoriais, intelectuais e mentais do usuário, nos termos da lei; e aplicação das normas de proteção e defesa do consumidor nas relações de consumo realizadas na internet (MCI, art. 7º).

Ainda no campo dos direitos dos usuários da internet no Brasil, o Marco Civil trata das questões que envolvem a captação de dados (normalmente via uso de *cookie*) e a formação de banco de dados (*mailing list*) e sua cessão ou comercialização para terceiros. Conforme o art. 7º, o usuário tem direito: a informações claras e completas sobre coleta, uso, armazenamento, tratamento e proteção de seus dados pessoais, que somente poderão ser utilizados para finalidades que: justifiquem sua coleta, não sejam vedadas pela legislação e estejam especificadas nos contratos de prestação de serviços ou em termos de uso de aplicações de internet; a necessidade de consentimento expresso sobre coleta, uso, armazenamento e tratamento de dados pessoais, que deverá ocorrer de forma destacada das demais cláusulas contratuais.

Sem dúvida a norma teria feito melhor se, ao invés de prever apenas consentimento expresso, tivesse exigido consentimento prévio e expresso. Isso pois, alguns agentes econômicos poderão se utilizar de ferramentas para obter o consentimento posteriormente, de forma a dificultar a opção do usuário que muitas vezes já estará envolvido com a ferramenta tecnológica que lhe foi oferecida e já está sendo utilizada.

Quanto à comercialização dos dados coletados, o art. 7º prevê que é direito do usuário o não fornecimento a terceiros de seus dados pessoais, inclusive registros de conexão, e de acesso a aplicações de internet, salvo mediante consentimento livre, expresso e informado ou nas hipóteses previstas em lei. A vedação ao fornecimento de dados pode ser aplicável independentemente de a cessão a terceiro ser a título oneroso ou gratuito. Vale o mesmo comentário sobre o consentimento prévio.

Diante do retratado, a norma segue o padrão europeu e argentino quanto à necessidade de autorização expressa do usuário para a coleta de dados, bem como para o seu uso, armazenamento e tratamento de dados pessoais, não podendo ser fornecidos a terceiros, salvo por consentimento. O Marco Civil brasileiro exige que o consentimento do usuário deva ocorrer separadamente das outras cláusulas contratuais que compõem o negócio jurídico em questão.

Cabe explicitar que a Lei n. 12.965/2014 (art. 7º, XIII) procurou salientar, o que já é pacífico na doutrina e na jurisprudência, acerca da aplicação das normas de defesa do consumidor, especialmente o CDC, nas relações firmadas pela internet, desde que configurada uma relação de consumo (conforme já tratado).

Há uma grande preocupação do legislador com o direito à privacidade e à liberdade de expressão dos usuários, ficando estabelecido que nas comunicações ambos os direitos constitucionais sejam condições para o pleno exercício do direito de acesso à internet. Para tanto o parágrafo único do art. 8º prevê que são nulas de pleno direito as cláusulas contratuais que violem esses direitos, como, por exemplo, as que impliquem ofensa à inviolabilidade e ao sigilo das comunicações privadas, pela internet; ou, em contrato de adesão, não ofereçam como alternativa ao contratante a adoção do foro brasileiro para solução de controvérsias decorrentes de serviços prestados em território brasileiro.

Esse dispositivo legal somente tem sentido prático quando o titular do provedor tiver sede/domicílio no território brasileiro, pois do contrário a citação precisará ser por carta rogatória, dependendo de tratado entre o Brasil (rogante) e o país (rogado) em que o provedor estiver sediado. Além disso, o juízo do país rogado pode compreender que o foro competente é o do domicílio do réu e assim não cumprir a carta rogatória.

Um ponto extremamente relevante, previsto no § 3º do art. 9º da Lei n. 12.965/2014, é o fato de que na provisão de conexão à internet (gratuita ou onerosa) é proibido bloquear, monitorar, filtrar ou analisar o conteúdo dos pacotes de dados, devendo ser respeitado o que dispõe o próprio art. 9º. O mesmo se aplica na provisão de conexão quanto à transmissão, à comutação (interligação) ou ao roteamento (encaminhamento), ou seja, não se pode bloquear, monitorar, filtrar ou analisar o conteúdo dos pacotes de dados.

Especificamente sobre a proteção aos registros, aos dados pessoais e às comunicações privadas, a lei cuida do tema em seus arts. 10 a 12. Conforme o *caput* do art. 10, a guarda e a disponibilização dos registros de conexão e de acesso a aplicações de internet, bem como de dados pessoais e do conteúdo de comunicações privadas, devem atender à preservação da intimidade, da vida privada, da honra e da imagem das partes direta ou indiretamente envolvidas.

Somente ordem judicial poderá fazer com que o provedor seja obrigado a disponibilizar tais registros, bem como acerca do conteúdo das comunicações privadas (MCI, art. 10, §§ 1º e 2º).

De qualquer forma, sempre deverão ser obrigatoriamente respeitadas as normas brasileiras e os direitos à privacidade, à proteção dos dados pessoais e ao sigilo das comunicações privadas e dos registros quanto às operações que envolvam coleta, armazenamento, guarda e tratamento de registros, de dados pessoais ou de comunicações por provedores de conexão e de aplicações de internet em que pelo menos um desses atos ocorra em território nacional (MCI, art. 11, *caput*). Aqui vale o mesmo comentário sobre a sede não ser no Brasil.

O art. 12 da Lei n. 12.965/2014 fixou penas para o caso de descumprimento das disposições previstas em seus arts. 10 e 11 acerca da proteção aos registros, aos dados pessoais e às comunicações. Dessa forma, sem prejuízo de outras sanções de caráter cível, penal ou administrativa, os infratores ficam sujeitos às seguintes penas, que podem ser aplicadas isolada ou cumulativamente: advertência, com indicação de prazo para adoção de medidas corretivas; multa de até dez por cento do faturamento do grupo econômico no Brasil no seu último exercício (excluídos os tributos, considerados a condição econômica do infrator e o princípio da proporcionalidade entre a gravidade da falta e a intensidade da sanção); suspensão temporária ou proibição de exercício das atividades que envolvam os atos previstos no art. 11.

No que diz respeito à atividade dos provedores, via de regra, o Marco Civil não impõe responsabilidade objetiva aos provedores de conexão (acesso) ou de aplicações de internet (conteúdo). Vale lembrar que a responsabilidade objetiva é aquela em que não é preciso a demonstração da culpa do agente, apenas a ação/omissão, o dano e o nexo causal entre eles. De acordo com o art. 927, parágrafo único, do Código Civil, a responsabilidade objetiva tem lugar nos casos previstos em lei ou quando a atividade normalmente desenvolvida pelo autor do dano implicar, por suas características, riscos a outras pessoas. Assim, pelas disposições da Lei n. 12.965/2014 a responsabilidade dos provedores de acesso e de conteúdo deve ser atribuída conforme as regras da responsabilidade subjetiva. E, conforme prevê o VI do art. 3º do Marco Civil, a responsabilização dos agentes de acordo com suas atividades, nos termos da lei, é um princípio a ser respeitado. Logo, se a lei não prevê responsabilidade objetiva aos provedores, aplicar-se-ão as regras ordinárias da responsabilidade civil, ou seja, da responsabilidade subjetiva.

Alguns hão de defender a responsabilidade objetiva, nos termos do CDC, art. 14 e s., uma vez que seria uma lei destinada às relações de consumo. Sem dúvida aplicam-se as normas do CDC às relações firmadas na internet (incluindo as que são objeto de regulamentação pelo Marco Civil). Contudo, a responsabilização objetiva deve ser vista de acordo com a teoria geral da responsabilidade civil, em que, conforme determina o parágrafo único do art. 927 do Código Civil, a mesma tem cabimento nas hipóteses previstas em lei. E, em se tratando de internet, o Marco Civil é uma lei especial em relação à generalidade do CDC. Assim sendo, não tendo a Lei n. 12.965/2014 estabelecido responsabilidade aos provedores, a estes caberá a regra da responsabilidade subjetiva.

Aliás, como já vem entendendo o STJ sobre a responsabilidade subjetiva dos provedores, como, por exemplo, nas decisões proferidas nos Recursos Especiais n. 1.193.764-SP e 1.186.616-MG, em que ficou assentado que não cabe ao provedor de conteúdo o dever de fiscalização prévia do teor das informações que são postadas pelos usuários de suas páginas (redes sociais). Isso porque não é uma atividade intrínseca ao serviço prestado, ficando, portanto, o provedor de responsabilidade exonerado de responsabilidade ao considerar que esse fato não constitui risco inerente à sua atividade a fim de que lhe seja atribuída responsabilidade objetiva.

Como veremos adiante, essa posição do STJ acerca da responsabilidade subjetiva pode ser aplicada por analogia aos intermediários de compras no comércio eletrônico brasileiro.

Vale explicitar que os provedores de acesso são obrigados a manter os IP's, ou seja, os registros de conexão (de acesso), como data, hora e *sites*, *blogs* etc. acessados, pelo período de um ano. Essa guarda deve ser feita em ambiente seguro e controlado, não podendo a responsabilidade pela manutenção dos registros de conexão ser transferida a terceiros (MCI, art. 13, *caput* e § 1º).

Porém, o provedor de acesso não poderá, na provisão de conexão (onerosa ou gratuita), guardar os registros de acesso aos conteúdos acessados durante a navegação (MCI, art. 14). Ou seja, pela dinâmica dos arts. 13 e 14 o provedor de acesso deve guardar os registros dos *sites* acessados pelos seus usuários (data, hora, endereço eletrônico), mas não pode guardar o teor do que foi acessado, ou seja, as aplicações de internet (conteúdos).

A vedação do art. 14 quanto aos provedores de acesso não poderem guardar os registros de acesso às aplicações de internet (conteúdos) pelo usuário está relacionada à prática, até então comum, destes provedores de aproveitarem da captação de dados relacionados às preferências dos internautas para realizarem anúncios dirigidos conforme seus gostos pessoais (*marketing* eletrônico).

Na provisão de conexão à internet, a autoridade policial (delegado) ou administrativa (fiscal) ou o Ministério Público poderá requerer cautelarmente que os registros de conexão sejam guardados por prazo superior a um ano, sendo que a autoridade requerente terá o prazo de sessenta dias, contados a partir do requerimento, para ingressar com o pedido de autorização judicial de acesso aos registros (MCI, art. 13, §§ 2º e 3º).

Já os provedores de conteúdo devem armazenar, em ambiente seguro e controlado, os registros (dos acessos às aplicações de internet) de seus usuários sob sigilo e pelo período de seis meses (MCI, art. 15, *caput*).

Uma questão discutível é o fato de a imposição prevista no *caput* do art. 15 (bem como a do parágrafo único do art. 20) ser dirigida apenas aos provedores de conteúdo (de aplicações de internet) constituídos como pessoa jurídica e que exerçam essa atividade empresarialmente, ou seja, de forma organizada, profissionalmente e com fins econômicos.

Pelo teor da lei, *sites*, *blogs*, redes sociais etc. pertencentes a pessoas físicas ou entidades sem fins lucrativos (como associações e fundações), mesmo que suas atividades desenvolvidas se enquadram no conceito de provedor de conteúdo, não se submetem ao dever geral de manter os respectivos registros de acesso a aplicações de internet, sob sigilo, em ambiente controlado e de segurança, pelo prazo de seis meses. Qual a justificativa? Se por um lado tal exigência poderia de certa forma limitar atividades no ambiente virtual de pessoas físicas e entidades sem fins lucrativos pela falta de recursos para manter os dados pelo período estabelecido pela lei; de outro, essa liberação da norma pode implicar impunidade para certas ofensas realizadas via internet, ou mesmo levar alguns a atuarem propositalmente como pessoas físicas ou pessoas jurídicas sem fins lucrativos.

Àqueles cujas atividades se enquadrem como de provedores de conteúdo (aplicações de internet), mas que não sejam pessoas jurídicas, nem organizações empresariais, a lei reservou um tratamento específico: a guarda dos registros de acesso às aplicações de internet será feita se houver determinação judicial e desde que os registros sejam por prazo determinado e digam respeito a fatos específicos (MCI, art. 15, *caput* e § 1º).

Vale evidenciar que a autoridade policial ou administrativa ou o Ministério Público poderão requerer cautelarmente a qualquer provedor de aplicações de internet que os registros de acesso aos conteúdos sejam guardados, inclusive por prazo superior a seis meses. Entretanto, a entrega dos dados ao requerente depende de autorização do juiz (MCI, art. 15, §§ 2º e 3º).

Outro ponto interessante é saber se essa imposição legal aos provedores quanto ao tempo e à forma de guarda dos dados será objeto de efetiva fiscalização pelo Poder Público. Entretanto, o desrespeito às determinações legais implicarão responsabilidade dos provedores, devendo ser observado que (conforme o art. 17 e respeitadas as determinações previstas pela Lei n. 12.965/2014) a opção por não guardar os registros de acesso a conteúdo (aplicações de internet) não implica responsabilidade sobre danos decorrentes do uso desses serviços por terceiros.

O Marco Civil da Internet expressa que o provedor de acesso não será responsabilizado civilmente por danos decorrentes de conteúdos produzidos por terceiros (MCI, art. 18). Ou seja, assim como a companhia telefônica não pode ser condenada pelo mau uso da linha telefônica para a prática de crime, o provedor de conexão não será penalizado pelo uso indevido do acesso de seu usuário que causar dano a outrem, como, por exemplo, no caso de envio de *spam* (mensagens não solicitadas) ou mensagens com vírus.

Por sua vez, o provedor de conteúdo (de aplicações de internet) apenas poderá ser responsabilizado na esfera civil por danos decorrentes de conteúdo gerado por terceiros se, após ordem judicial específica, não tomar as providências para, no âmbito e nos limites técnicos do seu serviço e dentro do prazo assinalado, tornar indisponível o conteúdo apontado como danoso (MCI, art. 19). Isso soluciona, pelo menos em parte, a divergência entre as decisões judiciais que ora condenavam ora não os provedores pelo conteúdo de páginas ofensivas em seus *sites* e redes sociais.

Contudo, o Marco Civil da Internet mantém o sistema da responsabilidade subjetiva (em que é necessária a demonstração de culpa do causador do dano), permitindo a livre manifestação de pensamento e de conteúdo sem prévio controle de provedores e/ou intermediários. A positivação de certas questões foi necessária tendo em vista que o avanço tecnológico acabou criando situações que o ordenamento jurídico não tratava expressamente, permitindo assim interpretações variadas. Entretanto, uma norma muito específica no campo da internet (e da tecnologia da informação em geral) sem dúvida estaria fadada à obsolescência de forma muito rápida. Por isso, vemos com bons olhos a promulgação do Marco Civil da Internet na medida em que se trata de uma lei principiológica, mas com a capacidade de promover uma maior transparência e confiança no uso da internet, bem como ampliar a segurança jurídica no Brasil, especialmente a evitar divergências de decisões judiciais no campo da responsabilidade civil de provedores e intermediários e o exercício da liberdade de expressão e a proteção da privacidade dos usuários, produzindo consequentemente bons efeitos para o comércio eletrônico brasileiro.

Não é demais expressar que o Decreto n. 8.771/2016, ao regulamentar a Lei n. 12.965/2014 (MCI), trata das hipóteses admitidas de discriminação de pacotes de dados na internet e de degradação de tráfego. Além disso, tal decreto indica os procedimentos para a guarda e proteção de dados por provedores de conexão e de aplicações, bem como aponta as medidas de transparência na requisição de dados cadastrais pela administração pública e estabelecer parâmetros para a fiscalização e a apuração de infrações.

4
E-commerce: provedores, *sites*, lojas e *marketplaces*

4.1. OS PROVEDORES E OS MODELOS NEGÓCIOS PELA INTERNET

Na internet encontram-se vários tipos de negócios que podem ser tidos como de intermediação. Como já apontamos, aqueles que operam no comércio eletrônico têm uma criatividade imensa, inovam a todo momento desenvolvendo novos produtos e serviços como é o caso da infinidade de *softwares* disponibilizados, além de criar novas ferramentas e métodos de se comercializar. Exemplificativamente há *sites* especializados em captação de investidores para novas criações, em que os pretensos inventores disponibilizam informações básicas de um projeto a que se pretende desenvolver; assim, os interessados em financiar tornam-se sócios dos inventores.

Para que seja possível utilizar a internet são necessários vários serviços, que por sua vez são prestados pelos denominados provedores de serviços de internet, ou simplesmente provedores de internet. Estes provedores são classificados conforme o papel que desempenham, sendo que nosso objetivo é verificar se a intermediação de compras pela internet pode ser enquadrada em uma das espécies de provedores (tendo em vista a evolução da jurisprudência e da doutrina neste campo, o que trataremos adiante), bem como saber qual é o nível de responsabilidade que este intermediário deve ter.

Newton De Lucca esclarece que provedor é quem presta ao usuário um serviço de natureza variada, que pode consistir em franquear o endereço na internet, armazenar e disponibilizar o *site* para a rede, prestar e coletar informações, entre outras atividades[1].

Marcel Leonardi compreende que o provedor de serviços de internet realiza uma atividade de prestação de serviços relacionados ao funcionamento da rede mundial de computadores, havendo muita confusão entre as espécies de provedores. Provedor de serviços de internet é um gênero do qual são espécies: provedor de *backbone,* provedor de acesso, provedor de correio eletrônico, provedor de hospedagem e provedor de conteúdo[2].

Cada uma das espécies de provedor tem uma finalidade, conforme veremos a seguir. Mas, desde já, vale destacar que as empresas que atuam como provedoras de internet podem assumir ao mesmo tempo mais de uma das finalidades que serão apontadas, ocorrendo muitas vezes a mistura entre si das espécies. Por isso a confusão de que nos fala o autor a que acabamos de fazer referência.

O provedor de serviços de internet, enquanto gênero, é uma entidade que fornece serviços relacionados ao funcionamento da internet. Quanto às espécies, embora cada uma delas preste um serviço diferente, é muito comum que alguns dos serviços sejam oferecidos conjuntamente por um mesmo provedor. Ilustrativamente, um provedor pode prover acesso, fornecer correio eletrônico e hospedagem, e assim por diante. Mas as diferenças conceituais permanecem e são fundamentais, devendo ser identificadas a fim de se verificar qual a responsabilidade de acordo com a atividade desenvolvida[3]. Prova disso está no Marco Civil da Internet, Lei n. 12.965, de 23 de abril de 2014, cujo art. 3º, VI, aponta que a

---

[1] DE LUCCA, Newton. "Títulos e contratos eletrônicos – o advento da informática e seu impacto no mundo jurídico". In: DE LUCCA, Newton; SIMÃO FILHO, Adalberto (Coords.). *Direito e internet* – aspectos jurídicos relevantes. Bauru: Edipro, 2001. p. 60. Cabe esclarecer que, por ocasião da segunda edição dessa obra, de 2005, em uma nova versão do artigo, o autor achou melhor suprimir o trecho citado.

[2] LEONARDI, Marcel. *Responsabilidade civil dos provedores de serviços de internet.* São Paulo: Juarez de Oliveira, 2005. p. 19-31 e 155-190.

[3] LEONARDI, Marcel. "Internet: elementos fundamentais". In: SILVA, Regina Beatriz Tavares da; SANTOS, Manoel J. Pereira dos (Coords.). *Responsabilidade civil na internet e nos demais meios de comunicação.* São Paulo: Saraiva, 2012 (Série GVlaw). p. 82.

responsabilidade dos agentes deve se dar à medida de suas atividades. A temática do Marco Civil da Internet é objeto de análise em item específico deste livro.

Provedor de *backbone* é aquele que possui a infraestrutura de rede, ou seja, tem as estruturas de rede capazes de manipular grandes volumes de informações por meio de roteadores de tráfego de informações de alta velocidade. O provedor de *backbone* vende a conectividade aos demais provedores.

Já o provedor de acesso é aquele que fornece conexão à internet aos seus clientes. A conexão disponibilizada pelo provedor para o acesso do cliente, mediante o uso de seu computador, pode se dar por cabo, rede sem fio etc. O provedor de acesso à internet coloca à disposição do usuário o acesso à internet, mediante o uso de um programa que possibilita a conexão. Para tanto, os provedores têm seus computadores ligados à internet dispondo de canais de acesso para que seus clientes possam fazer a conexão de seus equipamentos.

Para Newton De Lucca, tecnicamente é denominado como "provedor de serviço de conexão à internet" aquele que presta o serviço de conexão à internet para os seus usuários[4].

Por sua vez, o provedor de correio eletrônico fornece o serviço de armazenamento de mensagens eletrônicas, bem como o envio e recebimento destas mensagens, por meio de uma identificação e uso de senha. Esse serviço pode ser limitado ou não quanto ao volume de dados trafegados. O usuário pode utilizar o serviço descarregando as mensagens em seu computador (removendo ou não do servidor) ou acessando remotamente pela internet. Normalmente os provedores de acesso oferecem o serviço de correio eletrônico disponibilizando uma ou mais contas de *e-mails*. É dever do provedor de correio eletrônico zelar pela preservação das mensagens, bem como assegurar o sigilo das mesmas, sem exercer controle sobre o conteúdo delas.

---

[4] DE LUCCA, Newton. "Títulos e contratos eletrônicos – o advento da informática e seu impacto no mundo jurídico". In: DE LUCCA, Newton; SIMÃO FILHO, Adalberto (Coords.). *Direito e internet* – aspectos jurídicos relevantes, cit., p. 60.

A seu turno, o serviço prestado pelo provedor de hospedagem consiste em possibilitar o armazenamento de dados (arquivos, informações, imagens, sons etc.) em servidores próprios de acesso à distância, permitindo ou não o acesso de terceiros a esses dados, conforme pactuado. Pode ser o armazenamento de *sites* ou simplesmente de dados acessíveis que podem ser acessados por terceiros ou não. Quem navega pelo *site* desconhece o provedor hospedeiro que dá suporte na internet para o *site* navegado. O Locaweb é um exemplo de *site* de hospedagem.

Não se trata de contrato convencional de hospedagem como a realizada em hotéis. Na verdade é uma cessão de espaço em disco rígido de acesso remoto, podendo o provedor de hospedagem oferecer serviços adicionais, como a locação de equipamentos. Ele não exerce controle sobre o conteúdo do que é hospedado em seus servidores, ficando esse comedimento a cargo dos usuários contratantes do serviço. O serviço prestado pelo provedor de hospedagem é essencial para o funcionamento dos *sites* e existência dos provedores de conteúdo, que se utilizam deste serviço para veicular informações na internet[5].

A última espécie é o provedor de conteúdo, aquele que disponibiliza informações na internet obtidas por meios próprios ou de terceiros, ou seja, explora os meios de informações ou de divulgação. Este provedor de conteúdo utiliza-se dos serviços de um provedor de hospedagem para armazenar as informações (mas, podendo ter um serviço próprio de hospedagem). Poderia haver alguma confusão entre o provedor de hospedagem e o provedor de conteúdo, entretanto, uma distinção fundamental está no fato de que neste o usuário navega em sua plataforma que leva o seu próprio nome de domínio, por exemplo, no caso do Facebook; antigamente do Orkut.

Marcel Leonardi esclarece que, muitas vezes aqueles que criam as mensagens que são veiculadas pelo provedor de conteúdo, são impropriamente chamados de provedores de informação (que não se confundem com provedores de conteúdo). Ou seja, o que cria a informação seria um provedor de informação, já aquele que explora o meio de informação ou

---

[5] LEONARDI, Marcel. *Responsabilidade civil dos provedores de serviços de internet*, cit., p. 27-29.

divulgação, provedor de conteúdo. Deve-se empregar apenas a expressão "autor" para referir-se àquele que cria a mensagem, evitando assim confusão e desnecessária complexidade[6].

Entendemos que o provedor de conteúdo pode exercer ou não controle editorial sobre as informações que ele alberga, assumindo assim dois formatos possíveis: provedor de conteúdo com controle editorial e provedor de conteúdo sem controle editorial. Essa distinção é importante para efeitos de responsabilidade civil, haja vista que, havendo controle na edição das informações, o provedor será responsável pelo que for veiculado em seu *site*.

Se o provedor de conteúdo exercer controle editorial prévio sobre as informações disponibilizadas, como é o caso dos portais de notícia dos grandes veículos de comunicação, haverá implicação quanto à responsabilidade. Neste caso haverá responsabilidade do provedor de conteúdo e do autor efetivo da informação[7].

É preciso lembrar que o provedor de conteúdo já foi conhecido como provedor de produtos e serviços, pois é aquele que, na internet, coloca à disposição do usuário a possibilidade de adquirir diversos produtos (materiais, como de equipamentos eletrônicos, ou imateriais, por exemplo, *software*) e serviços (como o acesso a informações e cursos *on-line*). Às vezes, pode ocorrer de um provedor prestar mais de um serviço, como o de acesso e de conteúdo, sendo que neste caso a terminologia empregada é de provedor de internet.

Vale lembrar que o Marco Civil da Internet – Lei n. 12.965/2014 – ao referir-se ao provedor de acesso o denomina como "provedor de conexão"; já o provedor de conteúdo é chamado de "provedor de aplicações de in-

---

[6] LEONARDI, Marcel. "Internet: elementos fundamentais". In: SILVA, Regina Beatriz Tavares da; SANTOS, Manoel J. Pereira dos (Coords.). *Responsabilidade civil na internet e nos demais meios de comunicação*, cit., p. 84-85.

[7] LEONARDI, Marcel. "Responsabilidade dos provedores de serviços de internet por seus próprios atos". In: SILVA, Regina Beatriz Tavares da; SANTOS, Manoel J. Pereira dos (Coords.). *Responsabilidade civil na internet e nos demais meios de comunicação*. São Paulo: Saraiva, 2012 (Série GVlaw). p. 129.

ternet", sendo que as "aplicações de internet" consistem no conjunto de funcionalidades que podem ser acessadas por meio de um terminal conectado à internet (art. 5º, II e VII).

Pelos conceitos de provedores trazidos até aqui, compreendemos que os *sites* que realizam intermediação no comércio eletrônico enquadram-se no conceito de provedor de conteúdo. Recentemente, sobretudo a partir de desde 2013, encontramos decisões judiciais que confirmam isso, como, por exemplo, o Recurso Especial n. 1.383.354-SP[8].

Marcel Leonardi reforça nossa opinião, pois considera que são tidos como provedores de conteúdo os *sites* da rede mundial de computadores realizadores de atividades de intermediação de negócios comerciais, não podendo ser equiparados às empresas jornalísticas, pois enquanto estas recebem apenas uma quantia pelo anúncio publicitário, os intermediários também recebem uma comissão sobre as vendas[9].

Pensamos que realmente os *sites* da internet, que fazem intermediação de compras de produtos ou de prestação de serviços, podem ser enquadrados como provedores de conteúdo. No entanto, em sede de responsabilidade civil, colocar todas as hipóteses de intermediação pela internet no mesmo regramento jurídico nos parece insuficiente e até injusto, haja vista as peculiaridades de cada tipo de intermediação, como veremos a seguir.

Manoel J. Pereira dos Santos divide os modelos de negócios pela internet em: *sites* de fornecedores, portais empresariais e *sites* facilitadores. Os *sites* facilitadores são subdivididos em: (i) disponibilizadores de espaços; (ii) *shopping* virtual; (iii) leilões virtuais; (iv) classificados[10].

---

[8] Trecho da ementa: "(...) O serviço de intermediação virtual de venda e compra de produtos caracteriza uma espécie do gênero provedoria de conteúdo, pois não há edição, organização ou qualquer outra forma de gerenciamento das informações relativas às mercadorias inseridas pelos usuários. (...)". Recurso Especial n. 1.383.354-SP, STJ, Terceira Turma, Rel. Fátima Nancy Andrighi, *DJe*, 26/9/2013.

[9] LEONARDI, Marcel. *Responsabilidade civil dos provedores de serviços de internet*, cit., p. 185.

[10] SANTOS, Manoel J. Pereira dos. "Responsabilidade civil dos provedores de conteúdo pelas transações comerciais eletrônicas". In: SILVA, Regina Beatriz Tavares da; SANTOS, Manoel J. Pereira dos (Coords.). *Responsabilida-*

Os *sites* de fornecedores (lojas virtuais) consistem em empresas que utilizam a internet como canal de venda exclusivamente ou complementarmente. Já os portais empresariais são pontos [virtuais] de encontro entre empresas vendedoras e compradoras. Esses portais podem ser: verticais, quando envolvem empresários da cadeia de fornecedores; ou horizontais, quando os empresários atuam com determinado tipo de produto ou serviço. Por sua vez, os *sites* facilitadores (intermediários) são aqueles que permitem a aproximação entre vendedores e compradores em ambiente virtual.

Quanto às subcategorias dos *sites* facilitadores, os *sites* disponibilizadores de espaços são aqueles que disponibilizam em sua página eletrônica de espaços para anúncios de terceiros por meio de *banners* (imagem gráfica animada ou fixa) ou ícones a fim de que o usuário (pretenso comprador) acesse os fornecedores mediante o recurso de *linking*, sendo assim redirecionado para o *site* do anunciante para concretizar o negócio.

Por sua vez, os *sites* denominados de *shoppings* virtuais são plataformas virtuais em que as empresas vendedoras anunciam seus produtos e serviços. O *site* oferece maneiras facilitadas para a comercialização, como métodos de divulgação, sistemas mais estáveis de pagamento, espaço para ofertas e garantia de grande volume de visitantes. Via de regra, os vendedores se cadastram previamente no *shopping* virtual anunciando seus respectivos produtos e serviços a serem adquiridos eletronicamente pelos clientes ao visitarem o *site* do *shopping* virtual. O *shopping* cobra do anunciante uma taxa fixa e/ou uma comissão sobre as vendas concretizadas.

Já os *sites* de leilão virtual podem viabilizar operações semelhantes aos leilões convencionais, seja entre empresas (B2B – *business to business*), seja entre empresas e consumidores (B2C – *business to consumer*). Na primeira hipótese, o *site* de leilão virtual disponibiliza espaço para fornecedores anunciarem a venda de produtos ou serviços, assim empresas interessadas realizam cotações e pedidos. Já na segunda situação o *site* de leilão virtual também disponibiliza espaço para fornecedores efetuarem anúncios, mas nestes casos as ofertas de compra são realizadas por consumidores.

---

de civil na internet e nos demais meios de comunicação. 2. ed. São Paulo: Saraiva, 2012 (Série GVlaw). p. 146 e s.

Por último, os *sites* de classificados são também ambientes em que se podem vender e comprar bens e serviços. Neste portal há espaço para comentários, discussões, perguntas e respostas. Os anunciantes cadastram-se para anunciarem seus bens a serem adquiridos pelos internautas. A renda do *site* de classificados deriva do volume de acesso, mediante a disponibilização de *banner* no portal.

Consideramos que algumas dessas modalidades se parecem por demais, como é o caso dos *sites* de classificados, dos disponibilizadores de espaços e dos *shoppings* virtuais. Além do mais, muitas empresas que operam na internet acabam atuando em várias frentes que podem se enquadrar em mais de uma dessas categorias, como, por exemplo, o MercadoLivre. Vejamos outro exemplo, o do Buscapé, que consiste num grupo empresarial com várias plataformas, cada qual atuando em uma modalidade de negócio na internet: www.brandsclub.com.br é um *site* de venda de produtos próprios, tratando-se do comércio de roupas para o consumidor, as quais são previamente adquiridas de pontas de estoque de fabricantes; o www.quebarato.com.br é um *site* de classificados; já o www.buscape.com.br é um comparador de preços; por sua vez, o www.saveme.com.br consiste em um *site* que reúne anúncios de *sites* de compras coletivas, pois estes fazem seus anúncios na plataforma do Saveme.

É nítido que há uma grande dificuldade em se classificar e estabelecer a extensão da responsabilidade civil dos intermediários da internet. Assim, tendo em vista que no comércio eletrônico há muitas atividades empresariais envolvidas, especialmente quanto à comercialização de produtos e serviços, propomos outra classificação com o fim de encontrar o nível adequado de responsabilidade para os intermediários. Frise-se que qualquer classificação de atividades desenvolvidas na internet (e/ou que se utilizam do uso maciço da tecnologia da informação em geral) poderá sofrer alterações constantemente, na medida em que a todo momento são desenvolvidos novos mecanismos de se fazer negócios neste ambiente digital. Nossa proposta de classificação contempla: estabelecimentos virtuais (lojas de produtores ou comerciantes); compras coletivas; classificados; comparadores de preços; intermediários (facilitadores e *marketplaces*). As gestoras de pagamento até poderiam ser classificadas aqui, mas tendo em vista serem prestadoras de um serviço bem específico, o de pagamento caucionado (e não de efetiva intermediação entre vendedores e compradores), optamos por estudar tal operação em outros itens referentes aos meios de pagamento e à responsabilidade de bancos, administradores de cartão de crédito e gestoras de pagamento.

A primeira categoria é a dos estabelecimentos virtuais, que consistem em *sites* de *e-commerce* cujos titulares comercializam produtos ou serviços por meio da internet. Muitas vezes o estabelecimento virtual é de propriedade de um intermediário-comerciante; um revendedor que tem sua própria organização empresarial (com ou sem estoque). Trata-se, portanto, de uma loja virtual. Mas existem estabelecimentos virtuais cujos titulares são os próprios fabricantes/produtores objetivando a venda direta aos clientes sem intermediação; ou empresas que prestam serviço diretamente aos seus usuários, como os bancos.

Cabe esclarecer que *site* (ou sítio eletrônico) é o conjunto de informações e imagens alocadas em um servidor e disponibilizadas de forma virtual na rede mundial de computadores. O acesso virtual ao *site* é feito por meio do endereço eletrônico. Nele constam as informações de seu proprietário, ou de terceiros, além de outras que sejam necessárias, tendo em vista sua finalidade. O que identifica o endereço eletrônico do *site* na internet é o nome de domínio. No Brasil, a entidade encarregada pelos registros dos nomes de domínio é o Núcleo de Informação e Coordenação do Ponto BR (NIC.br), Resolução n. 001/2005 do Comitê Gestor da Internet no Brasil (CGI.br)[11]. O nome de domínio é um bem imaterial, um sinal distintivo que inclusive pode ser registrado como marca, de acordo com a Lei n. 9.279/1996, art. 122 e s.

No campo da atividade empresarial, o nome de domínio utilizado espelha o endereço virtual do estabelecimento. A respeito do estabelecimento virtual, são relevantes as considerações de Haroldo Malheiros Duclerc Verçosa ao ponderar que, no mundo moderno, existem os estabelecimentos virtuais que integram os elementos das empresas que operam na

---

[11] O CGI.br está vinculado ao Ministério das Comunicações e ao Ministério da Ciência, Tecnologia e Inovação, de forma conjunta, tendo sido criado por meio da Portaria Interministerial n. 147/1995. Sua finalidade é coordenar e integrar todas as iniciativas de serviços de Internet no Brasil, sendo composto por membros do governo, do setor empresarial, do terceiro setor e da comunidade acadêmica.

internet. Estes estabelecimentos são acessados pelos clientes por meio da rede mundial de computadores, sendo formados por bens imateriais, em sua quase totalidade, mas estão fixados em algum lugar geográfico os empregados que realizam serviços, controlam estoques (se for o caso) etc.[12].

É bom lembrar que estabelecimento é conjunto de bens (materiais e imateriais)[13] utilizados pelo empresário para o exercício da empresa (atividade econômica), conforme o art. 1.142 do Código Civil. Considerando que os bens que compõem o estabelecimento empresarial podem ser corpóreos e incorpóreos, parece que seria bastante razoável situar o estabelecimento virtual como um bem incorpóreo, por não ocupar lugar no espaço físico. Assim sendo, poderia ser considerado uma extensão do estabelecimento, uma vez que possibilita a comercialização de produtos e a prestação de serviços. O estabelecimento virtual pode ser uma fonte de vendas do próprio fabricante do produto ou do prestador de serviços; ou pode ser para a venda dos intermediários na comercialização de produtos feitos ou serviços prestados por terceiros.

Aldemário Araújo Castro defende que os *sites* não podem ser qualificados como estabelecimentos virtuais, devendo apenas ser considerados meras extensões dos estabelecimentos físicos[14]. Diferentemente, Fábio Ulhoa Coelho pondera que é a acessibilidade que define se o estabelecimento empresarial é físico ou virtual; se para o acesso houver deslocamento no espaço, é físico; se houver transmissão e recepção eletrônica de dados, é virtual. Porém, há elemento comum aos dois, a formação do fundo de comércio, por guardarem a mesma natureza jurídica[15].

Uma diferenciação didática é proposta por José Olinto de Toledo Ridolfo, no que ele chama de "estabelecimento empresarial digital", que pode ser "originário" ou "derivado". O primeiro é aquele em que a criação,

---

[12] VERÇOSA, Haroldo Malheiros Duclerc. *Curso de direito comercial*, cit., v. 1. p. 246.
[13] BARRETO FILHO, Oscar. *Teoria do estabelecimento comercial – fundo de comércio ou fazenda mercantil*, cit., p. 73.
[14] CASTRO, Aldemário Araújo. Os meios eletrônicos e a tributação. In: Demócrito Reinaldo Filho (Coord.). *Direito da informática – temas polêmicos*, cit., p. 259.
[15] COELHO, Fábio Ulhoa. *Curso de direito comercial: direito de empresa*, cit., v. 3. p. 34-35.

o desenvolvimento e a realização não estão vinculados a uma atividade empresarial formal e organizada que preexiste. O segundo é a expressão digital de uma atividade econômica formal e organizada que o preceda, cuja utilização da internet é complementar ao desenvolvimento da atividade, o que o configura como uma extensão do estabelecimento empresarial convencional[16].

Vê-se que a internet viabilizou o desenvolvimento de algumas atividades não conhecidas anteriormente, pelo menos não no mesmo formato, por exemplo, a possibilidade de compra e/ou entrega virtual, com uma interação total com um programa de computador. É um bom exemplo a Amazon, por se tratar de empresa que explora o ramo de livraria fundamentalmente, operando tão somente na internet. Desta forma, o interessado acessa o *site* www.amazon.com, seleciona o produto desejado, o *software* verifica a disponibilidade, informa o preço, para aí finalmente se acordar o negócio com a posterior entrega via postal. Esta situação se enquadra na espécie de estabelecimento empresarial digital originário (nunca haverá um estabelecimento puramente virtual, pois ele sempre terá uma sede física, na qual ficam os seus servidores, administradores etc.)[17].

De forma diferente, com o avanço da informática, ao empresário, dependendo de sua atividade, o uso da internet é ferramenta importantíssima no desenvolvimento de sua atividade mercantil, sendo uma forma complementar que auxilia na busca do lucro. É o caso das lojas de departamentos. Por exemplo, nos últimos anos o Magazine Luiza mantém um *site* (www.magazineluiza.com.br) por meio do qual os clientes podem adquirir os mesmos produtos que são vendidos nas lojas físicas e receber no endereço indicado, posteriormente. Nesse caso, há o enquadramento na espécie de estabelecimento empresarial digital derivado.

Quanto à segunda categoria, a das compras coletivas, como já tivemos oportunidade de verificar em detalhes em item específico, trata-se de *sites* que anunciam promoções de fornecedores de produtos e serviços,

---

[16] RIDOLFO, José Olinto de Toledo. Aspectos da valoração do estabelecimento comercial de empresas da nova economia. In: DE LUCCA, Newton; SIMÃO FILHO, Adalberto (Coords.). *Direito e internet* – aspectos jurídicos relevantes. 2. ed. São Paulo: Quartier Latin, 2005. p. 296-297.
[17] TEIXEIRA, Tarcisio. *Direito digital e processo eletrônico*, cit., p. 168.

os quais são ofertados com preços bastante reduzidos a fim de atrair clientes para o estabelecimento (normalmente físico) do fornecedor. Por meio do *site* de compra coletiva adquirem-se cupons que são trocados por produtos ou serviços junto ao fornecedor anunciante. Exemplos, www.peixeurbano.com.br e www.grupon.com.br.

No que se refere à terceira categoria, a dos classificados, consiste em *sites* que listam ofertas realizadas por terceiros mediante cadastro prévio. Os anúncios são feitos por usuários (particulares ou profissionais), podendo ser concretizados de forma gratuita ou onerosa, sendo classificados e apresentados no *site* por categorias, como: veículos, imóveis, eletrodomésticos etc. Os *sites* de classificados não chegam a comparar preço, apenas enumeram os anúncios de acordo com a categoria escolhida pelo internauta. Por exemplo, www.estantevirtual.com.br, www.bomnegocio.com, www.olx.com.br e www.quebarato.com.br. Sua remuneração se dá mediante anúncios publicitários em suas páginas ou pelas ofertas onerosas, não recebendo comissão pelos negócios concretizados. Assemelham-se aos classificados de jornais e revistas impressas, televisão e rádio, pois os negócios são concretizados sem a sua intermediação (fora de sua plataforma), uma vez que fornecem os dados do vendedor para o comprador entrar em contato diretamente com o fim de negociarem e concluírem a compra e venda, ou mesmo a troca de bens. Por isso, os *sites* de classificados são meros veiculadores de anúncios.

Nesta categoria de classificados podem ser formatados os mais variados tipos de negócios, com diversos tipos de agentes econômicos, como, por exemplo: negócios entre empresas (*B2B – business to business*), entre fornecedor e consumidor (B2C – *business to consumer*), entre particulares no âmbito da contratação civil (C2C – *consumer to consumer*) etc. Existem classificados especializados por seguimento, como, por exemplo, no ramo de veículos o www.webmotors.com.br; em compras coletivas como o *site* www.saveme.com.br – cuja finalidade é reunir os anúncios do maior número possível de *sites* de compras coletivas, os quais pagam ao Saveme pelos anúncios.

A quarta categoria seria a dos comparadores de preço. Trata-se de *sites* cuja finalidade é buscar na rede mundial de computadores as ofertas que estão sendo realizadas em outros *sites* de *e-commerce* para assim apresentar ao internauta de forma comparativa. Estes anúncios que são encontrados pelo *software* do *site* comparador de preços não precisam necessariamente estar previamente cadastrados em sua plataforma, ainda que isso ocorra em grande parte dos casos. Ele encontra produtos ofertados em outros *sites* de *e-commerce* e/ou *sites* cadastrados em sua base de dados. O comparador de preços lista as ofertas que estão sendo realizadas na internet permitindo que o usuário por meio de *link* vá para o estabelecimento virtual do vendedor, por isso o negócio é concretizado fora da plataforma do comparador de preços. Sua remuneração pode ser por anúncios publicitários ou mesmo por quantidade de *clicks* no *link* referente ao anúncio e/ou *site* do vendedor, não recebendo comissão sobre os negócios efetivados. A atividade do comparador de preço, quando busca ofertas que estão sendo realizadas em *sites* que não constam de sua base de dados, acaba por assemelhar-se a outros tipos de buscadores; como, por exemplo, o www.google.com.br, o qual, a princípio, não tem a finalidade de comparar, mas sim de buscar na internet qual tipo de informação, notícia, produto, serviço etc.

Para o consumidor, além de o serviço de busca/pesquisa e comparação de preços ser gratuito, facilita o processo de compra abrindo a oportunidade de saber quais os melhores preços praticados usando um só instrumento, não precisando visitar vários estabelecimentos virtuais ou físicos. Exemplos: www.buscape.com.br, www.bondfaro.com.br e www.shopfacil.com.br. Podemos dizer que sua atividade assemelha-se à de um corretor, no entanto, sua remuneração não se dá diretamente por uma comissão sobre o valor do negócio, mas sim indiretamente pelos anúncios realizados. Portanto, ele aproxima o comprador do vendedor, podendo ser tido como um intermediário-aproximador. A princípio, os comparadores não são lojas virtuais, pois não vendem seus próprios produtos, mas sim oferecem informações sobre produtos e lojas com o fim de ajudar o comprador sobre o que comprar e onde comprar.

Já a quinta categoria, a dos intermediários (facilitadores e *marketplaces*), consiste em *sites* cuja atividade é permitir a intermediação entre vendedores (fabricantes, produtores, importadores e principalmente varejistas) e compradores, ligando-os. Trata-se de uma atividade tipicamente comercial-empresarial, a de "circular bens ou serviços" (de acordo com a parte final do art. 966, *caput*, do Código Civil). Nestes *sites* os vendedores/prestadores cadastram-se e anunciam seus produtos e serviços a serem adquiridos pelos clientes, sendo que a negociação pode se dar na própria plataforma do intermediário ou não. Isso vai depender do formato do *site* de intermediação ou dependerá da opção do comprador em finalizar a negociação diretamente com o vendedor quanto à forma de pagamento, de entrega etc.

Na categoria dos facilitadores, a remuneração é uma comissão sobre o valor anunciado para o produto ou serviço (não o valor efetivamente negociado); pode ser também por anúncios realizados ou por quantidade de *clicks* no anúncio do vendedor. Como exemplos, temos o www.mercadolivre.com.br, www.decolar.com e www.tanlup.com. Neste último exemplo, a negociação é feita totalmente na plataforma eletrônica da Tanlup, a qual fornece espaço virtual para que os vendedores criem suas lojas virtuais dentro da plataforma Tanlup para assim comercializar seus produtos. No caso do modelo adotado pela Decolar, poderia se dizer que é um *site* equiparado a uma agência de viagens, a qual realiza busca de destinos solicitados pelo internauta listando as opções disponibilizadas pelas companhias aéreas, sendo a compra realizada na sua própria plataforma. Diferencia-se do modelo anterior (como da Tanlup) por não haver disponibilização de espaço para lojas virtuais de seus fornecedores. Atua como um agente com poderes para concretização do negócio. Já no caso do MercadoLivre, a negociação inicia-se em sua plataforma, sem que as partes, comprador e vendedor, tenham os contatos um do outro. Somente após o consumidor ter manifestado sua opção de compra é que as partes recebem mutuamente os contatos um do outro, tendo assim a faculdade de efetuar contato e finalizar o negócio diretamente com o vendedor. Diferentemente dos *sites* buscadores, os *sites* intermediários interferem diretamente na negociação entre comprador e vendedor. Isso acontece de forma parcial, se o negócio começa na sua plataforma eletrônica de negócio e termina fora dela, ou total, quando realizado exclusivamente em sua plataforma.

Podem ser tidos como *sites* de intermediação comercial, pois realizam efetivamente a mediação entre comprador e vendedor ligando-os por meio da veiculação em suas páginas eletrônicas de anúncios dos vendedores de produtos ou prestadores de serviços. Pode haver o anúncio inverso, ou seja, de compradores interessados em certo produto ou serviço.

Estes *sites* intermediários ou facilitadores são também conhecidos como *shoppings* virtuais por disponibilizarem grande variedade de produtos e serviços. Marcel Leonardi adverte que esses *sites* intermediários são com certa frequência impropriamente denominados de "leilões virtuais"[18]. Em complemento, Paulo Roberto Binicheski alerta que, embora a expressão "leilão *on-line*" tenha se consagrado, ela não deve ser confundida com o leilão convencional[19].

A terminologia "leilão" empregada não pode ser tida como a dos leilões realizados por leiloeiros oficiais. Isso porque, como vimos anteriormente, os leilões podem ser forçados ou voluntários. Os forçados podem ocorrer judicialmente (determinação judicial) ou administrativamente (quando realizados, exemplificativamente, pelas repartições fiscais ou aduaneiras). Já os leilões voluntários são realizados por leiloeiros oficiais, cuja profissão é regulamentada pelo Decreto n. 21.981/1932, os quais devem ser matriculados na Junta Comercial, conforme o art. 1º do Decreto n. 21.981/1932 e art. 32, I, da Lei n. 8.934/1994.

Ainda que possa haver alguma semelhança, pelo fato deste tipo de venda na internet ser realizada publicamente, os *sites* intermediários não desenvolvem atividade própria de leiloeiro, ainda que tecnicamente seja possível um *site* oferecer produtos a serem arrematados pelo maior valor oferecido pelo comprado. Mas, neste caso, não havendo a participação de um leiloeiro oficial pode se configurar exercício ilegal da profissão. Tecnicamente também é possível haver pregão eletrônico privado (ou leilão reverso), em que uma pessoa aponta uma necessidade de um produto ou serviço vencendo o fornecedor que oferecer o melhor preço e demais condições. Assim, se houver *sites* que operem mediante lances de comprador ou vendedor estes poderiam compor uma sexta categoria de *sites* de comercialização; entretanto não se enquadrariam como atividade de leiloeiro. Contudo, é importante expressar que muitos leiloeiros oficiais já

---

[18] LEONARDI, Marcel. *Responsabilidade civil dos provedores de serviços de internet*, cit., p. 185.
[19] BINICHESKI, Paulo Roberto. *Responsabilidade civil dos provedores de internet*: direito comparado e perspectivas de regulamentação no direito brasileiro. Curitiba: Juruá, 2011. p. 269.

estão realizando suas hastas por meio da rede mundial de computadores, sendo que nestes poderiam ser chamados de "leilões eletrônicos ou virtuais".

Além de tudo o que foi exposto até aqui, na internet as operações dos agentes econômicos são muito dinâmicas, por isso é comum encontrarmos *sites* que operam de diversas maneiras, como, por exemplo, o www.mercadolivre.com.br, sendo que cada tipo de serviço o caracterizará, ora como facilitador, ora como classificado etc.

4.1.1. Enquadramentos jurídicos

Tomada a classificação realizada a pouco para fins de comercialização pela internet, podemos nos perguntar: qual é a natureza jurídica dessas atividades descritas, ou seja, aquelas realizadas no ambiente digital? Elas podem se enquadrar nas modalidades de intermediação convencionais ou já existentes no direito empresarial (as quais foram tratadas anteriormente: mandato mercantil, comissão mercantil, agência, distribuição, representação comercial, corretagem)? Como já dito, não é atividade de leiloeiro, salvo se estiver como responsável pelo *site*.

No que se refere à primeira categoria, parece-nos que os estabelecimentos virtuais podem ser tidos como lojas convencionais, mas no formato eletrônico, ou seja, os titulares destes *sites* exercem efetivamente um ofício de comerciante ao vender os produtos de sua propriedade, independentemente de serem *sites* dos próprios fabricantes ou revendedores (distribuidores, atacadistas ou varejistas), respondendo pelas obrigações daí decorrentes, ou seja, como fabricante ou como comerciante; ou se for o caso, como prestador de serviço.

Já os *sites* de compras coletivas, embora possam ser enquadrados como atividade comercial em razão da venda de cupons, no fundo vendem um produto ou serviço a ser entregue ou prestado por terceiro. Parece-nos que não seria o caso de mandato mercantil, pois o titular deste *site* vende em nome próprio e não de outrem. Poderia ser uma comissão mercantil, pois o *site* vende em nome próprio, mas não o é em vista da impossibilidade de ação do comprador contra o preponente neste tipo de operação mercantil. Também não se enquadraria na distribuição, pois não tem efetivamente à sua disposição o bem a ser entregue (apenas disponibiliza um cupom). Além disso, não se enquadram como classificados, tema que veremos a seguir.

A operação de compra coletiva se assemelha com a agência, quando o agente tem poderes para concluir o negócio, mas que será executado pelo preponente. Neste caso, via de regra, o agente e o preponente não são solidariamente responsáveis. A responsabilidade civil, sobretudo por defeito, é do preponente perante o contratante prejudicado, uma vez que o agente é um "tirador" de pedidos. Ainda que o agente tenha poderes para concluir o negócio, sua natureza jurídica será de representante do preponente, não descaracterizando sua figura de comerciante-intermediário.

Entretanto, pode ser aplicável o regramento jurídico da promessa de fato de terceiro, que conforme o art. 439 do Código Civil, quem tiver prometido fato de terceiro responderá por perdas e danos caso este terceiro não cumpra a promessa. Assim, a empresa de compra coletiva pode ser responsabilizada por não ter o fornecedor do produto ou do serviço cumprido o que foi comercializado no *site*.

Haroldo Malheiros Duclerc Verçosa lembra que aquele que tiver prometido fato de terceiro responderá por perdas e danos quando este não executar a prestação. Não tendo sido parte originária do contrato, o terceiro não pode ser demandado pelo favorecido a cumprir a promessa, pois a pretensão indenizatória deve ser dirigida ao promitente. Não há impedimento para que o promitente venha a oferecer a execução do contrato de outra maneira, desde que haja a concordância da parte favorecida. Conforme a legislação, não haverá nenhuma obrigação para quem se comprometeu por outrem se este, depois de ter se obrigado, faltar à prestação contratual[20]. Essa última passagem se refere ao que dispõe o art. 440 do Código Civil.

Com efeito, ao que se refere aos *sites* de classificados e aos anúncios por eles realizados, compreendemos que por exercerem função semelhante a de jornais, revistas, rádios e emissoras de televisão, eles têm a mesma natureza jurídica (enquadramento) destes meios de comunicação, portanto. Assim, não poderão ser considerados comerciantes ou intermediários, na medida em que não têm qualquer controle sobre os anunciantes. Logo, a eles não poderá haver atribuição de responsabilidade pelo comprador, via de regra.

---

[20] VERÇOSA, Haroldo Malheiros Duclerc. *Curso de direito comercial*, cit., v. 4. T. I. p. 476.

No que se refere aos comparadores de preços, sua atividade de aproximação se assemelha ao trabalho do corretor quando ele se propõe a encontrar um bem para a pessoa que lhe procura e utiliza seu serviço (corretagem atípica). A princípio, a ausência de remuneração sobre o valor da venda poderia desqualificar esse serviço de comparação de preço *on-line* como de corretagem; todavia, esta ausência é de remuneração direta, pois sua remuneração se dá indiretamente em razão dos anúncios publicitários que são realizados em suas páginas eletrônicas. Assim, os comparadores de preço poderiam ser equiparados a corretores sem regulamentação legal (atípicos), pois o corretor é um intermediário aproximador, não sendo um elo da cadeia distributiva como os revendedores. Dessa forma, a eles não poderia ser atribuída a responsabilidade de comerciante revendedor, uma vez que sua responsabilidade ficaria restrita ao trabalho que realizar, no caso o de busca e comparação.

Embora a atividade do corretor pudesse ser considerada como de circulação (intermediação) de bens ou de serviços, a atividade de busca e comparação realizada pelos comparados da internet, perante o consumidor, enquadra-se como uma prestação de serviços. Ou seja, essa atividade de busca e comparação se aproxima mais do prestador de serviços do que do corretor, porque o corretor tem o dever de prestar ao cliente todos os esclarecimentos sobre a segurança e o risco do negócio, bem como alterações de valores (de acordo com o art. 723 do Código Civil). Esse fato não é compatível com o serviço de busca e comparação de preços na internet. Além disso, o corretor realiza uma mediação ativa, que vai das tratativas até a conclusão do contrato; o comparador não, apenas realiza o serviço de busca.

Dito isto, ao exercerem um serviço de busca/pesquisa, estes *sites* comparadores são considerados prestadores de serviço, conforme os arts. 593 e 594 do Código Civil, os quais preveem que toda a espécie de serviço ou trabalho lícito, material ou imaterial, que não esteja regulamentado por lei trabalhista ou lei especial, pode ser objeto de contrato de prestação de serviço.

Para fins de relação de consumo, dispõe o Código de Defesa do Consumidor (CDC), art. 3º, § 2º, que serviço é qualquer atividade fornecida no mercado de consumo, mediante remuneração. Ressalta-se que a remuneração do prestador de serviços pode se dar de forma indireta (por terceiro, que não o consumidor), como, por exemplo, pelos anúncios publicitários que são realizados em seu *site*.

Serviço significa um fazer; sendo que o CDC alcança qualquer tipo de serviço, entendido como uma utilidade usufruída pelo consumidor e prestada por um fornecedor[21]. Quanto à responsabilidade, os arts. 14 e 20 do CDC dispõem que o prestador de serviços responde por defeito ou vício decorrente do serviço que se propõe a executar; neste caso o de pesquisa e comparação de preços anunciados por terceiros, em sua base de dados ou não. Sob este prisma, os comparadores de preços não desenvolveriam atividade de comerciante, ou seja, de circulação de bens ou de serviços.

Esses comparadores capturam e divulgam ofertas derivadas de inúmeros anunciantes, não sendo considerados intermediários e não podendo ser responsabilizados pelas informações dispostas pelos anunciantes, sobretudo quando não estiverem previamente cadastrados em seu *site* de comparação. Bem como não respondem pela negociação entre comprador e vendedor, haja vista não terem controle sobre as informações que constem em *sites* de terceiros para os quais o consumidor optou por ser redirecionado por *link*. No entanto, sendo considerados prestadores de serviços, arcam com as responsabilidades decorrentes do trabalho que se comprometeram a realizar.

Já no que refere à categoria dos intermediários (facilitadores), consideramos que são efetivos comerciantes, pois comercializam bens alheios ("circulação de bens ou de serviços"), os quais são previamente cadastrados pelos fornecedores (dos produtos e dos serviços) em sua base de dados, sendo que os negócios podem ser realizados totalmente em sua plataforma ou não.

Independentemente de o negócio ser concretizado na plataforma do intermediário ou não, este não tem a posse e/ou propriedade sobre os bens. Além disso, teoricamente, intervém apenas na negociação, não na entrega do produto ou na execução do serviço. Sua remuneração se dá por comissão sobre o valor do bem. Estes intermediários, tidos por comerciantes, não são meros aproximadores (como os buscadores), mas

---

[21] FILOMENO, José Geraldo Brito. *Manual de direitos do consumidor*, cit., p. 42.

também não são revendedores, pois não vendem os bens próprios após tê-los comprado objetivando a revenda. Quando o negócio for concluído totalmente na plataforma do intermediário este será tido como agente com poderes para concluir o negócio. Se ocorrer fora de sua plataforma será considerado um mandatário mercantil ao cumprir os poderes outorgados pelo vendedor para aproximá-lo de compradores. Essas peculiaridades vão refletir no campo da responsabilidade civil, como será tratado adiante.

Contudo, entendemos que é possível classificar a atividade de intermediação de compras pela internet como de provedor de conteúdo, mas isso não encerra o problema dadas as peculiaridades apontadas que implicarão a responsabilidade civil dos intermediários, como veremos adiante. Insistimos na dificuldade em estabelecer o nível de responsabilidade para esses operadores (intermediários) do comércio eletrônico, sendo que para efeito desta obra é extremamente relevante demonstrar quais as atividades de intermediação que podem ser classificadas como efetivas atividades comerciais, haja vista a aplicação dos arts. 927, parágrafo único, e 931 do Código Civil, e principalmente dos arts. 12 e 13 do CDC.

5
Fundamentos da responsabilidade civil

Se existe um assunto jurídico que continua tormentoso, ainda que haja transcorrido um tempo considerável desde que foram iniciadas as discussões a seu respeito, é o da responsabilidade civil, pois há muitas divergências, começando pelo seu conceito, até os demais aspectos que o permeiam, como o fato de que a responsabilidade civil pressupõe um dano e, consequentemente, uma vítima[1].

Responsabilidade vem do latim *respondere*, significando: responder a alguma coisa; a necessidade de alguém ser responsabilizado por atos que causaram algum tipo de dano. Trata-se de uma imposição da sociedade pela qual seus integrantes têm o dever de responder por seus atos[2]. Dano é uma lesão a um bem jurídico de natureza patrimonial ou moral.

E é justamente nesta seara que se insere a questão da extensão da responsabilidade nos negócios realizados pela internet, sobretudo dos intermediários. Para tanto se torna relevante o exame da responsabilidade civil, passando pela responsabilidade contratual e extracontratual,

---

[1] MAZEAUD, Henri y Léon; TUNC, André. *Tratado teórico y práctico de la responsabilidad civil delictual y contractual*. Traducción de la quinta edición por Luis Alcalá-Zamora y Castillo. Buenos Aires, Ediciones Jurídicas Europa-América. 1977. v. 1. T. 1. p. 1-2.

[2] STOCO, Rui. *Tratado de responsabilidade civil*. 6. ed. São Paulo: RT, 2004. p. 118.

bem como dos fundamentos da responsabilidade subjetiva e objetiva e a diferença entre responsabilidade por defeito e por vício do produto e do serviço.

A responsabilidade civil tem a função de estimular comportamentos mais prudentes, para assim evitar danos a outrem. Já a não responsabilização estimula comportamentos despreocupados com bens alheios[3], como também comportamentos oportunistas, dando margem ao *moral hazard* (risco moral: o risco de uma pessoa mudar seu comportamento de acordo com o contexto). A responsabilidade civil é a efetividade em concreto da reparação abstrata do dano quanto ao sujeito passivo de uma relação jurídica que se forma[4].

José Reinaldo de Lima Lopes aponta que as funções da responsabilidade civil são: de ressarcir; de restabelecer o equilíbrio original entre as partes; de reafirmar o poder de o Estado impor sanções; e de inibir (prevenir) transgressões à norma jurídica[5].

Nas palavras de Geneviève Viney a responsabilidade civil tem sido considerada uma forma de realizar a sanção de atos praticados com culpa que resulta dano à vítima. Ela tem a função de assegurar o respeito aos direitos de terceiros[6].

Por sua vez, G. Marton conceitua a responsabilidade como a situação de quem viola qualquer norma ficando assim exposto às consequências do ato. Estas são traduzidas em medidas impostas pela autoridade competente de velar pelo preceito desrespeitado[7].

---

[3] GARCIA, Enéas Costa. *Responsabilidade civil dos meios de comunicação*. São Paulo: Juarez de Oliveira, 2002. p. 403-413.
[4] PEREIRA, Caio Mário da Silva. *Responsabilidade civil*. 2. ed. Rio de Janeiro: Forense, 1991. p. 1216.
[5] LOPES, José Reinaldo de Lima. A *responsabilidade civil do fabricante por fato do produto*, cit., p. 75.
[6] VINEY, Geneviève. Les obligations – la responsabilité: conditions. *Traité de droit civil*, sour la direction de Jacques Ghestin. Paris: LGDJ, 1982. T. IV, p. 5055 *apud* VERÇOSA, Haroldo Malheiros Duclerc. *Responsabilidade civil especial nas instituições financeiras e nos consórcios em liquidação extrajudicial*. São Paulo: RT, 1993. p. 97.
[7] MARTON, G. *Fondements de la responsabilité civile: revision de la doctrine, essai d'un systeme unitaire*. Paris: Recueil Sirey, 1938. p. 304.

Dessa forma, a responsabilidade civil é o instituto cuja finalidade é aplicar medidas que obriguem alguém a reparar dano patrimonial e/ou moral causado a outra pessoa. O exame da responsabilidade civil pode ser visto, basicamente, em duas situações. A primeira, pela questão do não cumprimento do contratual (inadimplemento), em que está presente a responsabilidade contratual; a segunda, pela questão da prática de ato ilícito (violação da lei) que acarreta a responsabilidade extracontratual. Apesar de muitos considerarem superada esta divisão de regimes em contratual e aquiliana, como Fábio Konder Comparato, G. Marton e Jorge Bustamante Alsina ao narrarem a tendência do direito moderno em superar tal dicotomia[8].

A responsabilidade civil desempenha uma função de caráter social, sendo um instituto indispensável para o bom funcionamento da produção e da circulação de bens e serviços em uma sociedade, por gerar certa eticidade[9].

No campo do comércio eletrônico, como uma extensão do comércio convencional, é possível a ocorrência de fatos que gerem a aplicação da responsabilidade civil, não havendo nenhum obstáculo para a aplicação do instituto conforme o Código Civil e o Código de Defesa do Consumidor[10], o que passamos a estudar a partir de agora objetivando a análise da responsabilidade dos agentes que operam pela internet.

5.1. FALTA CONTRATUAL

À margem da discussão da necessidade ou não da permanência de um regramento diverso entre a responsabilidade contratual e extracon-

---

[8] COMPARATO, Fábio Konder. *Essai d'analyse dualiste de l'obligation em droit prive*. Paris: Dalloz, 1964. p. 9 e s.; MARTON, G. *Fondements de la responsabilité civile: revision de la doctrine, essai d'un systeme unitaire*, cit., p. 3 e s.; ALSINA, Jorge Bustamante. *Teoria general de la responsabilidad civil*. Octava edición. Buenos Aires: Abeledo-Perrot, 1993. p. 81 e s.
[9] LOPES, José Reinaldo de Lima. *A responsabilidade civil do fabricante por fato do produto*, cit., p. 75.
[10] No mesmo sentido, BARBAGALO, Erica Brandini. "Aspectos da responsabilidade civil dos provedores de serviços na internet". In: LEMOS, Ronaldo; WAISBERG, Ivo (Orgs.). *Conflitos sobre nomes de domínio*. São Paulo: RT/Fundação Getúlio Vargas, 2003. p. 344.

tratual, o fato é que o Código Civil segue o modelo da divisão. Ambas estão previstas na Parte Especial do Código, Livro I – Do Direito das Obrigações. A responsabilidade contratual está no Título IV – Do Inadimplemento das Obrigações, art. 389 e s.; já a responsabilidade extracontratual, no Título IX – Da responsabilidade civil, art. 927 e s., combinados com o art. 186 e s.[11].

Conceitualmente, a responsabilidade contratual decorre do não cumprimento (inadimplemento) de prestação contratual, sendo uma violação da norma fixada pelas partes em contrato; uma falta contratual, portanto. O instituto está assentado na força obrigatória dos contratos (*pacta sunt servanda*) e na liberdade de contratar (Código Civil, art. 421). Dessa forma, a responsabilidade do contratante fundamenta-se no fato de não ter executado (cumprido) o contrato[12].

Por isso, ocorrendo um dano pelo descumprimento da obrigação, total ou parcialmente, ele poderá ser reparado por uma indenização. Vale ter em conta que o não cumprimento de um contrato compromete o funcionamento da relação existente entre os contratantes, uma vez que viola o dever de cumprir a prestação obrigacional assumida no negócio jurídico estabelecido. É o descumprimento da prestação devida, em que a indenização correspondente deve ser sempre proporcional ao prejuízo experimentado, não podendo haver enriquecimento de uma parte em detrimento da outra. Assim, de acordo com o art. 389 do Código Civil, em razão da não realização de obrigações espontaneamente firmadas, responderá o devedor da obrigação por perdas e danos, acrescidas de juros e correção monetária.

A indenização por perdas e danos envolve a reparação do prejuízo efetivo – dano emergente – e o que o prejudicado razoavelmente deixou de ganhar – lucro cessante – (Código Civil, arts. 402 e 403). O dano emergente e o lucro cessante estão ligados a prejuízos de ordem econômica. As regras sobre o não cumprimento contratual do Código Civil de

---

[11] No mesmo sentido, SIMÃO, José Fernando. "*Estudo crítico dos vícios do produto no direito civil e no direito do consumidor*". Dissertação (Mestrado em Direito) – Faculdade de Direito da Universidade de São Paulo, São Paulo, 2002. p. 191.

[12] PEREIRA, Caio Mário da Silva. *Responsabilidade civil*, cit., p. 265-267.

2002 não prevê expressamente a reparação de dano extrapatrimonial (dano moral), como o abalo psíquico ou a reputação. No entanto, a partir da doutrina de Agostinho Alvim, a indenização por dano moral por violação contratual passou a ser admitida[13], tanto pela doutrina como pela jurisprudência, quando não se tratar de mero aborrecimento [simples dissabor] pelo descumprimento. Em razão do não cumprimento de contratos realizados na rede mundial de computadores é muito usual o pedido de indenização de ordem patrimonial e moral.

5.2. FALTA EXTRACONTRATUAL (ATO ILÍCITO E ABUSO DE DIREITO)

Quanto à responsabilidade extracontratual (aquiliana), trata-se de violação de uma norma legal que implica ao seu infrator o dever de reparar o dano. Neste caso, não há necessariamente relação contratual entre as partes, mas sim um vínculo obrigacional decorrente de ato ilícito ou abuso de direito, havendo assim uma falta extracontratual.

Ao tratar da responsabilidade civil, Caio Mário da Silva Pereira afirma que não há distinção ontológica entre culpa extracontratual e culpa contratual, embora se confundam, inclusive, nos seus efeitos. Em ambas as situações, o contraventor está sujeito a responder civilmente pelos prejuízos causados, porém a distinção estaria nas exigências probatórias. Na extracontratual o demandante deve demonstrar todos os elementos da responsabilidade: o dano, a infração da norma e o nexo de causalidade entre eles. Já na contratual não, invertendo-se o ônus da prova. Outra distinção estaria nos deveres, pois enquanto na primeira é necessário invocar o dever negativo ou a obrigação de não prejudicar, na segunda há um dever positivo de cumprir o objeto do contrato[14].

A responsabilidade aquiliana fundamenta-se no dever de não causar dano a ninguém; ou, na obrigação de reparar o dano causado a outrem por ter cometido ato ilícito. Ato ilícito é uma violação de direito, por ação

---
[13] ALVIM, Agostinho. *Da inexecução das obrigações e suas consequências*. 5. ed. São Paulo: Saraiva, 1980. p. 240.
[14] PEREIRA, Caio Mário da Silva. *Responsabilidade civil*, cit., p. 264-265.

ou omissão voluntária, negligência ou imprudência, causando dano patrimonial e/ou moral a outrem (Código Civil, art. 186).

São elementos do ato ilícito: o ato humano e a contrariedade ao Direito. O ato ilícito acontece quando há a violação de uma regra jurídica. Está presente uma contrariedade a um direito; ou então se está ferindo um bem da vida que o ordenamento jurídico protege, independentemente do vínculo entre o ofensor e o ofendido[15].

Assim, a reparação do dano decorrente de ato ilícito ocorre em razão da ação ou omissão do agente, ou por força de lei (conforme veremos adiante); sendo que se a ofensa tiver mais de um autor, todos serão solidariamente responsáveis pela reparação do dano causado (Código Civil, art. 942).

Frise-se que o alcance do conceito de ato ilícito é mais amplo, podendo configurar-se por meio do abuso de direito, ou seja, quando o titular de um direito, ao exercê-lo, excede manifestamente os limites impostos, por seu fim econômico ou social, pela boa-fé ou pelos bons costumes. Assim, quem abusa no exercício de um direito também comete ato ilícito, de acordo com o art. 187 do Código Civil.

Manuel Inácio Carvalho de Mendonça pondera que a reparação dos danos causados por ato ilícito deve ser a mais abrangente possível, devendo contemplar danos emergentes e lucros cessantes. A diferença entre a reparação civil e as perdas e danos está no fato de aquela ser decorrente de ato ilícito e esta decorrente do não cumprimento contratual. A reparação civil deve ser a mais extensa e completa possível; já as perdas e danos têm um limite natural em razão da cláusula contratual não cumprida e nos prejuízos calculados pela inexecução[16].

Diversamente do Código Civil, o Código de Defesa do Consumidor (CDC) tratou da responsabilidade civil, a partir do seu art. 12, sem adotar essa clássica divisão em responsabilidade contratual e extracontratual, criando nas palavras de José Fernando Simão uma terceira espécie, a responsabilidade legal. Assim, para o autor, havendo relação de consumo,

---

[15] PONTES DE MIRANDA, Francisco Cavalcanti. *Tratado de direito privado*. Parte geral. Rio de Janeiro: Borsoi, 1954, t. II, p. 213.

[16] CARVALHO DE MENDONÇA, Manuel Inácio. *Doutrina e prática das obrigações*. 4. ed. aumentada e atualizada por José de Aguiar Dias. Rio de Janeiro: Forense, 1956. T. II. p. 443-445.

é irrelevante a questão de a responsabilidade ser contratual ou aquiliana, pois o que basta é o enquadramento como responsabilidade pelo fato (defeito) do produto ou do serviço ou como responsabilidade por vício (de qualidade ou quantidade) do produto ou do serviço[17].

No âmbito das relações de consumo, Zelmo Denari alude à superação da velha dicotomia entre responsabilidade contratual e aquiliana pelo CDC, ensejando um regime unificado de responsabilidade neste diploma legal[18].

João Calvão da Silva explica que essa unidade de fundamento na responsabilidade civil se dá em razão de que o fenômeno produzido pelos danos dos produtos é sempre o mesmo, seja credor contratual ou terceiro, não havendo razão de diferenciação normativa da pessoa lesada. Trata-se, portanto, de uma unificação de regime da responsabilidade civil a fim de proteger de forma igualitária as vítimas expostas aos mesmos riscos[19]. Conforme expressamos anteriormente, tendo em vista o ordenamento jurídico brasileiro, as relações empresariais e civis não são passíveis de aplicação do CDC, independentemente de haver uma unificação do regime de responsabilidade civil.

Diante do relatado, e como veremos adiante com maior profundidade, acerca da responsabilidade pelo fato (defeito) do produto ou serviço, notadamente nas relações de consumo, fica dispensada a demonstração de relação contratual direta entre consumidor e fabricante, sendo que a cadeia de revendedores e intermediários não é mais um obstáculo para a responsabilização direta do produtor.

5.3. RESPONSABILIDADE SUBJETIVA (TEORIA DA CULPA)

O instituto jurídico da responsabilidade civil tem seu fundamento na teoria da culpa (doutrina subjetiva) e na teoria do risco (doutrina objetiva), podendo a responsabilidade ser subjetiva ou objetiva.

---

[17] SIMÃO, José Fernando. *"Estudo crítico dos vícios do produto no direito civil e no direito do consumidor"*, cit., p. 199-200.
[18] DENARI, Zelmo. "Capítulo IV – Da qualidade de produtos e serviços, da prevenção e da reparação dos danos". In: GRINOVER, Ada Pellegrini [et. al.]. *Código Brasileiro de Defesa do Consumidor: comentados pelos autores do anteprojeto*, cit., p. 152.
[19] SILVA, João Calvão da. *Responsabilidade civil do produtor*, cit., p. 478.

A responsabilidade subjetiva (decorrente da teoria da culpa) consiste no fato de que cabe à vítima o dever de comprovar a culpa do infrator da norma para se buscar a reparação do dano. Von Ihering observa que sem culpa não há reparação[20].

Alvino Lima explica que culpa é um erro de conduta imputável a um agente que não seria praticado por uma pessoa avisada, em iguais circunstâncias de fato[21].

Vale dizer que a ideia de culpa parte da concepção de um fato violador de uma obrigação ou dever preexistente. No geral, a culpa é a base do ato ilícito ou conduta reprovável. A esse respeito há uma divisão: o dolo, enquanto vontade direta do agente de prejudicar; e culpa em sentido estrito, negligência e imprudência[22].

Dessa forma, a concepção genérica de culpa se desdobra, então, em dolo e culpa propriamente dita. No dolo, há um elemento interno, que reveste o ato da intenção de causar o resultado, ao passo que a culpa, no sentido estrito, é a vontade dirigida ao fato causador da lesão, mas o resultado não é desejado pelo agente, havendo uma falta de diligência na observância da norma de conduta[23]. A culpa pode ser vista como um descumprimento do dever de cuidado que a pessoa deveria conhecer e observar.

Sílvio de Salvo Venosa noticia que, doutrinariamente, a culpa pode ter três graus: grave, leve e levíssima. A culpa grave é uma manifestação grosseira, uma culpa em que o agente assume o risco de dano, aproximando, portanto, do dolo. Já a culpa leve é uma infração a um dever de conduta referente ao homem médio, que a seu turno não praticaria a transgressão. Por último, a culpa levíssima é uma falta de atenção extraordinária, que somente alguém muito atento ou com conhecimento especializado para o caso poderia ter. O autor entende que em todos os

---

[20] Citado por DIAS, José de Aguiar. *Da responsabilidade civil*. 10. ed. Rio de Janeiro: Forense, 1995. v. I. p. 42.
[21] LIMA, Alvino. *Culpa e risco*. São Paulo: RT, 1960. p. 76.
[22] CHIRONI, G. P. *La colpa nel diritto civile odierno*. Colpa extracontrattuale. 2. ed. Turim, 1903, n. 11, v. I, p. 38 *apud* DIAS, José de Aguiar. *Da responsabilidade civil*, cit., v. I. p. 121-122.
[23] DIAS, José de Aguiar. *Da responsabilidade civil*, cit., v. I. p. 136.

graus há a obrigação de indenizar, pois a intensidade da culpa não gradua o dano, mas o efetivo valor do prejuízo[24].

Conforme Fernando de Sandy Lopes Pessoa Jorge a culpa em sentido amplo pode ser classificada em: 1 – dolo direto, no caso de o agente atuar para atingir um fim ilícito, isto é, com a finalidade de omitir o comportamento correto; 2 – dolo necessário, se o agente pretende alcançar um fim lícito, porém está ciente de que sua atitude resultará necessariamente em um resultado ilícito; 3 – dolo eventual, quando o agente objetiva um fim lícito, mas sabe que eventualmente poderá gerar um resultado ilícito; 4 – culpa consciente, se o agente prevê a possibilidade de resultado ilícito, porém atuou para atingir um objetivo lícito esperando que o primeiro não se produzisse (distingue-se do dolo eventual, pois neste se o agente tivesse a certeza do resultado ilícito ainda assim desejaria o ato; já na culpa consciente, o agente não teria atuado); 5 – culpa inconsciente, caso o agente não tenha consciência que do ato poderia decorrer um resultado ilícito, muito embora esse resultado fosse objetivamente previsível. As três primeiras integram o conceito genérico de dolo; as duas últimas o conceito de culpa em sentido estrito, ou simplesmente culpa[25].

Cabe salientar que para o Código Civil essa classificação dos atos ilícitos em dolosos ou culposos não apresenta maior importância, tendo em vista que nosso ordenamento veda o gênero do ato ilícito. Além do mais, o *caput* do art. 944 assevera que "a indenização mede-se pela extensão do dano." Mas considera-se que alguma relevância há de ter quanto à indenização, pois o parágrafo único do art. 944 expressa que, havendo desproporção entre a gravidade da culpa e o dano, o juiz poderá reduzir a indenização de forma equitativa. Dessa forma, se o agente por culpa, tida como levíssima, causasse um grande dano, o Judiciário poderia reduzir o valor da indenização; o que não seria possível hipote-

---

[24] VENOSA, Sílvio de Salvo. *Direito civil: responsabilidade civil*. 13. ed. São Paulo: Atlas, 2013. v. 4. p. 28.
[25] JORGE, Fernando de Sandy Lopes Pessoa. *Ensaio sobre os pressupostos da responsabilidade civil*. Lisboa: Cadernos de Ciência e Técnica Fiscal – Ministério das Finanças, 1972. p. 321-323.

ticamente no caso de dolo[26]. Essa hipótese legal seria algo como uma reparação proporcional à culpa e não reparação integral.

Contudo, no texto do art. 186 do Código Civil de 2002, pode-se vislumbrar as duas espécies: dolo (ação ou omissão voluntária) e culpa (negligência ou imprudência). Ação significa um ato positivo (ação comissiva – culpa *in comittendo*), um agir ou uma execução; já a omissão, um ato negativo (ação omissiva – culpa *in omittendo*), no qual se deixa de praticar um ato que no fundo cuida-se de um dever. Negligência é uma falta de cuidado preventivo e anterior a um acontecimento (ato negativo – omissão); por sua vez, a imprudência trata de um descuido durante a execução de um ato (ato positivo – ação). A culpa em sentido estrito é mensurada com base no comportamento ou grau de diligência considerado comum, do "homem médio".

Ainda existe a culpa *in eligendo*, derivada da má escolha de representantes, prepostos, empregados ou colaboradores em geral que não tenham aptidão para o ato praticado. E também a culpa *in vigilando*, quando há ausência ou insuficiência de fiscalização do responsável acerca da conduta de alguém sob seus cuidados.

No Brasil a regra sempre foi a da responsabilidade civil subjetiva (Código Civil, art. 927, *caput*). A base da responsabilidade subjetiva está no fato de saber o quanto a prática do ato contribuiu para o prejuízo sofrido pela vítima. A teoria que baliza essa responsabilidade considera o comportamento culposo (culpa *stricto sensu* ou dolo) do agente como pressuposto da indenização[27]. A culpa, uma vez configurada, pode produzir resultado danoso ou não. Entretanto, deverá ser reparada quando houver consequência no plano patrimonial ou moral.

É preciso ter em conta que a finalidade essencialmente indenizatória da responsabilidade apoia-se na ideia de que não se deve reparar os danos somente quando se possa prever o dano (pela falta de diligência), mas também quando não há possibilidade de preveni-lo. Dessa forma, o fundamento do direito à indenização não é uma falta na origem do dano,

---

[26] No mesmo sentido, SIMÃO, José Fernando. "*Estudo crítico dos vícios do produto no direito civil e no direito do consumidor*", cit., p. 205.

[27] PEREIRA, Caio Mário da Silva. *Responsabilidade civil*, cit., p. 35.

mas a superveniência do dano nas circunstâncias em que seja injusto deixar a vítima suportar o seu ônus[28].

5.4. RESPONSABILIDADE OBJETIVA (TEORIA DO RISCO)

Outro fundamento da responsabilidade civil é a teoria do risco ou doutrina objetiva, por isso a terminologia muito utilizada "responsabilidade objetiva". A responsabilidade objetiva se dá em razão da teoria do risco na qual fica abstraída a culpa, sendo, portanto, uma espécie de responsabilidade sem culpa. Assim, haverá a obrigação de alguém reparar o dano a outrem "independentemente de culpa".

Dessa forma, se na responsabilidade civil subjetiva a vítima precisa demonstrar a culpa (ação ou omissão), o dano e o nexo de causalidade entre a culpa e o dano, na responsabilidade objetiva a culpa é um elemento dispensável.

Alvino Lima e Rui Stoco informam que a necessidade de maior proteção às vítimas implicou o surgimento da culpa presumida, para assim inverter o ônus da prova e solucionar a grande dificuldade de quem sofreu um dano em demonstrar a culpa do responsável pelo ato (ação ou omissão). Assim, nos casos previstos em lei, passou-se a desconsiderar a culpa como elemento necessário, surgindo a responsabilidade objetiva, a qual não questiona se o ato é culpável[29].

A responsabilidade objetiva teve suas primeiras aplicações em acidentes do trabalho e transportes ferroviários, sofrendo bastante resistência para sua aplicação[30]. Foram nestes campos, portanto, que surgiram os primeiros preceitos legais sobre a responsabilidade objetiva, estendendo-se para outras áreas no decorrer do século XX, associados ao desenvolvimento de outras atividades consideradas de risco.

Ao tratar do tema do desenvolvimento e da aplicação da teoria do risco, Caio Mário da Silva Pereira afirma que isso se deu em razão da

---

[28] REINALDO FILHO, Demócrito Ramos. Responsabilidade por publicações na internet. Rio de Janeiro: Forense, 2005. p. 237.
[29] LIMA, Alvino. *Culpa e risco*, cit., p. 117 e s.; STOCO, Rui. *Tratado de responsabilidade civil*, cit., p. 157.
[30] DIAS, José de Aguiar. *Da responsabilidade civil*. cit., v. I. p. 82.

expansão da solidariedade humana, pois a vítima do evento, muitas vezes, não conseguia superar as barreiras processuais, não convencendo o juiz da responsabilização do agente causador do dano, o que a fazia não obter a efetiva reparação do dano. O autor defende que a regra geral deve ser a da responsabilidade civil fundamentada na culpa, mas, sendo essa insuficiente em razão do progresso, cabe ao legislador fixar as hipóteses em que é cabível a responsabilidade independente de culpa (responsabilidade objetiva), como acontece com outros ordenamentos jurídicos, a exemplo do italiano. Para o autor, no Brasil caminha-se para uma inversão, pois se a responsabilidade com culpa era a regra, pode-se afirmar que está se tornando exceção, passando a regra para a responsabilidade sem culpa. Isso ao se referir ao Código Civil e ao Código de Defesa do Consumidor[31].

Especialmente sobre a responsabilidade objetiva do produtor, Alberto do Amaral Júnior pondera que a fabricação em larga escala introduziu uma nova dimensão para o dano, pois até então a teoria da culpa se fundamentava na prática de atos isolados em que o risco de dano era menor. Por isso, com a passagem da produção artesanal para a industrial ampliou o risco de dano que passou a acompanhar o produto por todo o processo de sua circulação. Assim, a dicotomia da responsabilidade contratual e aquiliana se revelaram insuficientes para a responsabilização do produtor, especialmente pela impossibilidade prática de a vítima provar a culpa do fabricante haja vista a complexidade e tecnicidade que envolvem o processo produtivo[32].

Há um reconhecimento de presunção de culpa pela doutrina objetiva, a qual surgiu por uma razão de ordem prática e social, tendo em vista o risco exacerbado desenvolvido por algumas atividades (teoria do risco do empreendimento), além da dificuldade encontrada muitas vezes pela vítima em demonstrar a antijuridicidade da conduta do agente. Além disso, o crescimento das oportunidades e causas de danos evidencia que

---

[31] PEREIRA, Caio Mário da Silva. *Instituições de direito civil.* 12. ed. Rio de Janeiro: Forense, 2006. v. III (Fontes das obrigações). p. 560-563.

[32] AMARAL JÚNIOR, Alberto do. *A proteção do consumidor no contrato de venda (reflexões sobre a transformação do direito privado moderno).* Tese (Doutorado em Direito) – Faculdade de Direito da Universidade de São Paulo, São Paulo, 1991. p. 61-62.

muitas vezes a responsabilidade subjetiva apresenta-se inadequada para alcançar todos os casos de reparação de danos[33].

Álvaro Villaça Azevedo classifica a responsabilidade objetiva em pura e impura. A responsabilidade objetiva pura é aquela que implica o dever de indenizar mesmo que não haja culpa do agente ou de terceiro subordinado a ele, sendo, portanto, uma determinação legal ainda que o ato praticado seja lícito e derive do desenvolvimento de atividade empresarial. Já a responsabilidade objetiva impura é aquela em que há culpa de um terceiro subordinado àquele que deve suportar a indenização em razão do exercício de sua atividade, cabendo neste caso o direito de regresso contra o terceiro que ocasionou o dano efetivamente[34].

Vale destacar que a responsabilidade objetiva tem lugar (i) nos casos específicos em lei, ou (ii) quando a atividade normalmente desenvolvida pelo autor do dano implicar, por sua natureza, risco para os direitos de outrem, o que o torna obrigado à reparação (Código Civil, art. 927, parágrafo único).

Quanto aos "casos específicos lei", um deles está no próprio Código Civil, art. 931, ao prever que os empresários individuais e as empresas respondem independentemente de culpa pelos danos causados por produtos colocados em circulação (este dispositivo, que será examinado adiante, não menciona serviços). Também é hipótese de previsão legal de responsabilidade objetiva o expressado pelo § 2º do art. 5º da Lei n. 11.795/2008 (norma que regulamenta os consórcios), ao prever a responsabilidade pessoal e solidária, independentemente da verificação de culpa, de diretores, gerentes, prepostos e sócios com função de gestão na administradora de consórcio pelas obrigações perante os consorciados. Mais um exemplo está na Lei n. 12.414/2011 (Lei de Proteção ao Crédito), art. 16 (cuja redação foi alterada pela Lei Complementar n. 166/2019),

---

[33] PEREIRA, Caio Mário da Silva. *Responsabilidade civil*, cit., p. 24 e 283.
[34] AZEVEDO, Álvaro Villaça. "Proposta de classificação da responsabilidade civil objetiva: pura e impura". *Revista dos Tribunais*. v. 698. São Paulo: RT, dez. 1993. p. 10; AZEVEDO, Álvaro Villaça. "Jurisprudência não pode criar responsabilidade objetiva, só a lei. Análise das Súmulas 341, 489 e 492, do Supremo Tribunal Federal, e 132 do Superior Tribunal de Justiça". *Revista dos Tribunais*. v. 743. São Paulo: RT, set. 1997. p. 111-112.

ao prever que o banco de dados, a fonte e o consulente são responsáveis, objetiva e solidariamente, pelos danos materiais e morais que causarem ao cadastrado.

Outra hipótese é a do Código de Defesa do Consumidor, especialmente nos arts. 12 e 14, ao prever a responsabilidade dos fornecedores, independentemente de culpa, pela reparação de danos causados aos consumidores pelo defeito de produto e serviço. Sergio Cavalieri Filho lembra que o CDC adotou a teoria do risco da atividade ou empreendimento[35], sendo que o explorador de atividade econômica deverá arcar com os danos provocados pelo seu empreendimento, mesmo que para tanto não tenha agido com culpa. A teoria do risco da atividade ou do empreendimento impõe responsabilidade objetiva ao fornecedor por ele estar em uma posição de superioridade em relação ao consumidor, sendo este presumidamente considerado vulnerável no mercado de consumo.

Pela teoria do risco, todo aquele que se disponha a exercer alguma atividade no mercado (produção, estocagem, distribuição) tem o dever de responder por vícios e defeitos dos produtos e dos serviços fornecidos, independentemente de culpa; respondendo como um garantidor pela qualidade e segurança dos bens, não podendo o consumidor arcar sozinho com os prejuízos decorrentes de acidentes de consumo. Dessa forma, o fornecedor, via mecanismos de preço, procede à repartição dos custos sociais dos danos, sendo, portanto, uma justiça distributiva[36].

É imprescindível externar que para haver a aplicação do Código de Defesa do Consumidor é preciso haver configurada uma relação de consumo, ou seja, o liame entre consumidor e fornecedor de produto e serviço, conforme os arts. 2º e 3º do referido diploma legal, tema que será objeto de estudo posteriormente.

Voltando ao Código Civil (art. 927, parágrafo único), quanto à expressão "quando a atividade normalmente desenvolvida pelo autor do dano implicar, por sua natureza, risco para os direitos de outrem", trata-se de uma cláusula geral. As cláusulas gerais são princípios gerais do direito que guardam certa flexibilidade. Elas estão previstas na lei e têm

---

[35] CAVALIERI FILHO, Sergio. *Programa de responsabilidade civil*, cit., p. 497.
[36] CAVALIERI FILHO, Sergio. *Programa de responsabilidade civil*, cit., p. 181.

a função de dar um direcionamento na aplicação legal. Esses princípios necessitam de uma posição doutrinária e jurisprudencial para serem definidos no tempo e no espaço. Dessa forma, caberá à doutrina e à jurisprudência firmarem o significado do que venha a ser tido por "atividade" que implique, por sua natureza, risco para os direitos alheios. Isso porque, grande parte das atividades humanas pode gerar algum risco para outrem.

Sobre essa questão, especificamente a interpretação jurisprudencial do vocábulo atividade, Caio Mário da Silva Pereira opina na direção de que a lei não restringiu as hipóteses à atividade econômica, pois expressamente utilizou apenas a expressão "atividade". Isso significa que dirigir automóvel pode constituir atividade que põe em risco os direitos de outras pessoas, levando à responsabilidade objetiva[37].

Ao comentar o parágrafo único do art. 927 do Código Civil, Roger Silva Aguiar explica que o princípio geral tratado pela norma inicia-se com a palavra "quando", refletindo que o legislador compreendeu que nem toda a atividade humana implicará perigo para terceiros[38].

Comparativamente, o Código Civil italiano trata da responsabilidade objetiva no seu art. 2.050[39] ao prever que aquele que causar dano a outrem pelo desenvolvimento de atividade perigosa, por sua natureza ou pela natureza dos meios empregados, é obrigado a indenizar, salvo se provar ter adotado todas as medidas idôneas para evitar o dano. Essa parte final figura como uma excludente de responsabilidade que não se vislumbra em nosso ordenamento jurídico.

O parágrafo único do art. 927 do Código Civil brasileiro é uma cláusula geral de responsabilidade objetiva tão ampla que, se interpreta-

---

[37] PEREIRA, Caio Mário da Silva. *Instituições de direito civil*, cit., v. III (Fontes das obrigações). p. 563.

[38] AGUIAR, Roger Silva. *Responsabilidade civil objetiva: do risco à solidariedade*. São Paulo: Atlas: 2007. p. 50.

[39] Art. 2.050 – "*Chiunque cagiona danno ad altri nello svolgimento di un'attività pericolosa, per sua natura o per la natura dei mezzi adoperati, è tenuto al risarcimento, se non prova di avere adottato tutte le misure idonee a evitarei il danno*". Qualquer pessoa que causar dano a outro no desenvolvimento de uma atividade perigosa, por sua natureza ou pela natureza dos meios utilizados, é obrigada a pagar uma indenização, a menos que possa provar que tomou todas as medidas razoáveis para evitar o dano (tradução livre).

da literalmente, todos que exercem uma atividade responderão objetivamente, como dirigir um carro particular de passeio. Isso porque na sociedade moderna quase tudo o que se faz representa um risco. Essa cláusula geral precisa de uma adequada interpretação doutrinária e jurisprudencial, especialmente quanto às expressões "atividade normalmente desenvolvida" e "implicar, por sua natureza, risco". Por atividade deve-se compreender não a conduta isolada e individual, mas a conduta reiterada, habitualmente exercida, organizada de maneira profissional ou empresarial para alcançar fins econômicos. O vocábulo atividade inclui os serviços em geral, mesmo os públicos[40].

Compreendemos que essa cláusula geral deve ser interpretada de forma que a responsabilidade seja objetiva para as atividades que de fato são perigosas por si só, isto é, que representem risco por sua natureza; não para quaisquer atividades.

Quanto à expressão "risco", é preciso se fazer uma distinção entre risco inerente e risco adquirido. O risco inerente é aquele intrínseco e pertencente à própria natureza de certos serviços, como, por exemplo, o serviço médico-hospitalar durante a realização de cirurgia em pessoa idosa, que por sua natureza representa risco, mesmo com o emprego das melhores técnicas e recursos. Esse risco não pode ser transferido ao prestador, pois seria um ônus insuportável que inviabilizaria sua atividade. Já o risco adquirido se dá quando produtos ou serviços, que ordinariamente não apresentam riscos superiores aos que legitimamente deles são esperados, tornam-se perigosos em razão de haver algum defeito. Deve-se concluir que os danos relacionados a uma 'periculosidade-risco inerente' não dão ensejo ao dever de indenizar, respondendo o fornecedor pelos danos causados pela "periculosidade-risco adquirido"[41].

A classificação de periculosidade para Antônio Herman V. Benjamin é mais ampla: periculosidade inerente ou latente (pelo risco intrínseco), periculosidade adquirida (em razão de um defeito) e periculosidade exagerada (o potencial danoso é tamanho que o requisito da previsibili-

---

[40] CAVALIERI FILHO, Sergio. *Programa de responsabilidade civil*, cit., p. 172-174.
[41] CAVALIERI FILHO, Sergio. *Programa de responsabilidade civil*, cit., p. 174-176.

dade não consegue ser totalmente preenchido pelas informações prestadas pelo fornecedor). No caso da periculosidade exagerada os bens não podem ser colocados no mercado para o consumidor. São considerados defeituosos por ficção, como um brinquedo que apresenta chance de sufocar as crianças. Neste caso a informação não é muito relevante, pois o risco não compensa[42].

Comentando sobre a proteção do consumidor, Antônio Herman V. Benjamin explica que a proteção dos consumidores toma por base a noção da legítima expectativa, em que produtos e serviços colocados no mercado devem atender às expectativas de segurança que deles são esperadas. As expectativas são legítimas quando colocadas em confronto com o estado da técnica e as condições econômicas da época, sendo que o desvio deste parâmetro é o que transforma a periculosidade inerente em periculosidade adquirida. A periculosidade integra a zona de expectativa do consumidor (periculosidade inerente), mas deve preencher dois requisitos. O requisito objetivo está relacionado com o fato de que a periculosidade deve estar de acordo com o tipo específico do produto ou serviço. Já o segundo, requisito subjetivo, aponta para o fato de que o consumidor deve estar total e perfeitamente apto a prever a periculosidade, não podendo ser surpreendido pelo risco. Assegurados os dois requisitos, qualifica-se o risco-periculosidade como inerente, não havendo, portanto, vício de qualidade por insegurança, como regra geral. Essa principiologia de segurança tem limites, pois, exemplificativamente, não pode o vendedor de corda ser responsável pela vítima de enforcamento[43].

Quando se tratar de responsabilidade contratual decorrente de prestação de serviço, pode-se ainda considerar a natureza da obrigação assumida: de meio ou de resultado. A obrigação de meio tem a característica de o devedor se obrigar tão somente a empregar sua habilidade,

---

[42] BENJAMIN, Antônio Herman V. "Fato do produto e do serviço". In: BENJAMIN, Antônio Herman V.; MARQUES, Cláudia Lima; BESSA, Leonardo Roscoe. *Manual de direito do consumidor*. 2. ed. São Paulo: RT, 2009. p. 119-121.

[43] BENJAMIN, Antônio Herman V. "Fato do produto e do serviço". In: BENJAMIN, Antônio Herman V.; MARQUES, Cláudia Lima; BESSA, Leonardo Roscoe. *Manual de direito do consumidor*, cit., p. 117.

técnica e diligência para alcançar um resultado, mas sem, contudo, garantir o sucesso na obtenção dele; sendo que a inexecução se dá pelo desvio de conduta ou pela omissão de certas precauções. Já na obrigação de resultado o devedor assume a obrigação de obter um resultado certo e determinado, como a obrigação do transportador em levar o passageiro ou a carga ao seu destino. Assim, enquanto o conteúdo da obrigação de resultado é a consequência em si mesma, o conteúdo da obrigação de meio é a realização da atividade do devedor, não se considerando o resultado final. Por isso, quando a natureza do serviço prestado (atividade desenvolvida) implicar obrigação de resultado, não de meio, sua responsabilidade será objetiva[44].

O art. 14, § 4º, do CDC assevera que a responsabilidade dos profissionais liberais prestadores de serviço se dá mediante aferição de culpa. Esse dispositivo prevê, portanto, a responsabilidade subjetiva para esses casos, excepcionando a regra geral de responsabilidade objetiva para as relações de consumo, prevista pelo CDC.

No que tange à adoção de uma teoria subjetiva ou objetiva no plano legal da responsabilidade civil, Rui Stoco aponta que a razão essencial tem a ver com o nível de garantia que se deve fixar, conforme o anseio social e a necessidade de proteção das pessoas[45].

Especificamente, no que se refere à responsabilidade civil na relação entre empresa (fabricante, revendedor etc.) e consumidor, o valor da indenização/reparação de danos é contabilizado como custo de produção ou de circulação, sendo assim repassado para o preço do produto, que em última análise será arcado pelo consumidor (nem sempre desestimulando a fabricação de produtos defeituosos)[46] ou desestimulará a produção ou circulação daquele tipo de mercadoria. Obviamente, esses argumentos não podem implicar a não indenização do consumidor enquanto ví-

---

[44] CAVALIERI FILHO, Sergio. *Programa de responsabilidade civil*, cit., p. 176.
[45] STOCO, Rui. "A responsabilidade por vício de qualidade e quantidade no Código de Defesa do Consumidor é objetiva ou subjetiva?". *Revista dos Tribunais*. v. 774. São Paulo: RT, abr. 2000. p. 137.
[46] Nesse sentido, em análise da responsabilidade civil na relação entre fabricante e consumidor, LOPES, José Reinaldo de Lima. *A responsabilidade civil do fabricante por fato do produto*, cit., p. 76.

tima, sob pena de não se cumprir outra função da responsabilidade civil, a de reparar e reequilibrar o estado das partes.

Dessa forma, a responsabilidade civil objetiva da empresa pode demonstrar-se útil para fins de reparação de dano *a posteriori*; no entanto, se a empresa contabiliza seu risco e o inclui em seus custos de produção, a responsabilidade torna-se menos eficaz quanto ao desestímulo de produzir mercadorias danosas ou prevenir falhas na fabricação[47]. O mesmo raciocínio pode ser aplicado quanto aos comerciantes, que podem incluir as indenizações em seu custo de circulação, não havendo desestímulo à circulação de bens danosos.

A melhor lucratividade de uma empresa não significa a produção (ou circulação) sem riscos, pois uma produção lucrativa inclui custos, entre os quais as indenizações. A extinção total de riscos pode implicar a inviabilidade de produção lucrativa[48], o que significará provavelmente o desestímulo à produção de certo bem. Além disso, a eliminação total de riscos talvez não seja possível.

Contudo, hoje um dos grandes atrativos da compra pela internet é o menor preço. Muitos produtos têm diferença sensível de preço na comparação entre a venda em loja física e loja virtual. Logo, na medida em que os intermediários-comerciantes virtuais começaram a experimentar o pagamento de indenizações em situações que não deram causa e/ou não deveriam arcar com o ônus (por falta de previsão expressa na lei ou por equidade), eles automaticamente vão repassar esses custos aos seus preços, o que minimizará o referido atrativo da internet (preços menores).

5.5. FATO (DEFEITO) DO PRODUTO

Para se estudar questões envolvendo a extensão da responsabilidade civil nas compras pelo comércio eletrônico, compreendemos ser imprescindível o exame das regras da responsabilidade pelo fato (defeito) do produto e do serviço.

---

[47] LOPES, José Reinaldo de Lima. *A responsabilidade civil do fabricante por fato do produto*, cit., p. 76.
[48] LOPES, José Reinaldo de Lima. *A responsabilidade civil do fabricante por fato do produto*, cit., p. 77.

Como visto anteriormente, a doutrina aponta que o CDC seguiu uma linha distinta em relação à clássica divisão da responsabilidade civil contratual e extracontratual. No entanto, pode-se expressar que a responsabilidade pelo fato do produto ou do serviço tem uma conotação de responsabilidade aquiliana, isso porque o fornecedor é responsável pelos acidentes de consumo independentemente de contrato, pois alcança não apenas o consumidor adquirente do bem, mas igualmente terceiros por ele prejudicado. Já a responsabilidade por vício do produto ou serviço estaria mais relacionada ao não cumprimento contratual.

"Fato do produto" significa um acontecimento que causa dano, sendo este evento consequência de um defeito em um produto ou serviço[49]. Por isso, a responsabilidade pelo fato significa a responsabilidade por defeito do produto ou do serviço.

A responsabilidade se dá pelo simples "fato" da existência e colocação no mercado do produto, o que representa um risco, portanto[50].

O defeito de um produto (ou serviço) gera o que se denomina "acidente de consumo", que por sua vez pode ser derivado de problemas no projeto, na construção, na manipulação, no acondicionamento, nas informações insuficientes ou inadequadas sobre a utilização e o risco do produto. Também, o defeito está ligado com o fato de o produto não oferecer segurança adequada ao consumidor, tendo este, por conseguinte, o direito de reclamar indenização contra o fornecedor. Defeito relaciona-se com a potencialidade de causar dano à saúde ou à segurança do consumidor; são os danos decorrentes de acidentes de consumo (CDC, art. 12).

Em razão da responsabilidade objetiva imposta pelo CDC, demonstrada a existência do defeito do produto e o nexo de causalidade entre ele e o dano da vítima haverá a obrigação do fornecedor de indenizar.

Alberto do Amaral Júnior externa que os defeitos podem ser classificados em três grupos[51]. A primeira categoria é a dos "defeitos provenientes

---

[49] CAVALIERI FILHO, Sergio. *Programa de responsabilidade civil*, cit., p. 182.
[50] FILOMENO, José Geraldo Brito. *Curso fundamental de direito do consumidor*. São Paulo: Atlas, 2007. p. 148.
[51] AMARAL JÚNIOR, Alberto do. *A proteção do consumidor no contrato de venda (reflexões sobre a transformação do direito privado moderno)*, cit., p. 216-217.

da fase de fabricação do produto e que atingem apenas alguns exemplares de determinada série". Nesta modalidade estão inclusos os defeitos derivados da mão de obra ou falhas apresentadas pelos equipamentos utilizados. Os defeitos podem surgir na fase de elaboração, montagem ou controle de qualidade dos produtos, os quais podem ser mensurados estatisticamente mesmo quanto à potencialidade de dano.

Já a segunda modalidade é a dos "defeitos oriundos da concepção técnica do produto e que afetam toda a série de produção", os quais são decorrentes de problemas no projeto, na escolha dos insumos ou das técnicas de produção ou no teste inadequado do produto. Esses defeitos podem ocorrer na elaboração do projeto do produto ou durante a execução do projeto, bem como pode se dar pelo mau acondicionamento do produto para a sua comercialização, o que resulta em deterioração ou contaminação.

Na terceira espécie estão os "defeitos decorrentes da falta de informação ou instrução adequada sobre os riscos oferecidos por certos produtos". Consistem na insuficiência de informações necessárias sobre o uso e os riscos do produto quando ele é colocado no mercado.

Defeitos de comercialização ou de informação ocorrem quando um produto ou serviço é comercializado sem o fornecedor informar o consumidor sobre o seu uso adequado, os riscos inerentes e outras características importantes[52].

É pertinente esclarecer que o defeito é um vício acrescido de um problema extra, algo extrínseco, causador de um dano maior que simplesmente o funcionamento anormal ou o não funcionamento do bem, ou a quantidade equivocada ou a perda do seu valor[53].

Por isso, o defeito (relacionado à segurança do bem) é tudo que gera um dano além do vício (inadequação em relação às finalidades do bem). O defeito pressupõe a existência do vício, podendo haver vício sem

---

[52] BENJAMIN, Antônio Herman V. "Fato do produto e do serviço". In: BENJAMIN, Antônio Herman V.; MARQUES, Cláudia Lima; BESSA, Leonardo Roscoe. *Manual de direito do consumidor*, cit., p. 128.
[53] NUNES, Rizzatto. *Comentários ao Código de Defesa do Consumidor*. 4. ed. São Paulo: Saraiva, 2009. p. 183.

defeito. Contudo, se houver irregularidade que resulte tão somente em deficiência no funcionamento do produto ou serviço, mas não colocando em risco a saúde ou a segurança do consumidor, temos um vício e não um defeito.

Dessa maneira, "fato do produto ou do serviço" é um defeito tão grave que compromete a segurança do produto ou serviço provocando assim um acidente que afeta o consumidor, podendo causar-lhe dano de ordem patrimonial e/ou moral. Já o vício também é um defeito, porém menos grave, que fica limitado ao produto ou ao serviço em si mesmo (algo intrínseco), que provoca apenas o não funcionamento ou um funcionamento precário[54].

Aqui não se trata de investigar se o produto é apto ao uso, mas sim verificar se ele tem a segurança que dele se espera. Se o produto atende ou não a finalidade das partes não é o relevante, mas sim quais os danos que ele pode causar. Diversamente, o vício é algo inerente ao produto que afeta a sua utilidade ou diminui o seu valor, uma vez que é uma desconformidade que afeta a qualidade ou quantidade do bem. Essa distinção é relevante em razão do sistema de responsabilidade do fornecedor adotado pelo CDC. A responsabilidade pelo fato (defeito) protege a integridade física e psicológica dos consumidores, já a responsabilidade por vício (de qualidade e quantidade) tutela o patrimônio dos consumidores. A responsabilidade pelo fato persegue a reparação por perdas e danos, a responsabilidade por vício oferece ao consumidor outras possibilidades, como solucionar o prejuízo verificado no produto ou serviço (e eventualmente perdas e danos)[55]. Hipoteticamente, uma televisão adquirida pode não ter a variação no volume do áudio (vício); outra televisão pode gerar um curto-circuito na rede elétrica provocando um incêndio (defeito).

Os acidentes de consumo supõem primeiramente uma manifestação de um defeito do produto ou do serviço e, posteriormente, um evento

---

[54] CAVALIERI FILHO, Sergio. *Programa de responsabilidade civil*, cit., p. 497-498.
[55] AMARAL JÚNIOR, Alberto do. *A proteção do consumidor no contrato de venda (reflexões sobre a transformação do direito privado moderno)*, cit., p. 217-218.

danoso. O defeito é um pressuposto da indenização pelos danos, podendo ser um defeito intrínseco (defeito de montagem) ou extrínseco (defeito de informação)[56].

Vale explicitar que a fabricação de um produto defeituoso ou viciado não implica, por si só, a responsabilidade do fornecedor. Além da fabricação é necessário que o produto seja colocado no mercado, pois a possibilidade de dano ocorre tão somente a partir do momento em que o produto defeituoso ou viciado está disponível ao público. Por isso, os produtos postos no mercado devem ser livres de defeitos e vícios, pois o simples fato de estarem à disposição para aquisição produtos impróprios caracteriza-se a responsabilidade do fornecedor, sem a necessidade de o consumidor provar a ocorrência de má-fé ou negligência na produção ou circulação do bem[57].

Pelos termos do art. 12 do CDC, que trata do fato do produto, podem classificar-se os defeitos em: defeito de concepção (criação, projeto ou fórmula); defeito de produção (fabricação, construção ou montagem) ou defeito de comercialização (informações, publicidade, apresentação etc.). Os defeitos se materializam por meio das consequências externas que eles produzem podendo atingir o patrimônio e/ou a moral do consumidor, independentemente de vínculo contratual com o fornecedor (fabricante, produtor, construtor ou importador), que tem responsabilidade objetiva. O defeito poderia ser conceituado como a falta de capacidade do fabricante de eliminar os riscos de um produto sem subtrair-lhe a utilidade[58].

Com efeito, a proteção dos direitos extrapatrimoniais do consumidor é o fundamento da responsabilidade pelo fato do produto e do serviço, pois neste caso o consumidor é vítima de ofensa à vida, à saúde ou à

---

[56] DENARI, Zelmo. "Capítulo IV – Da qualidade de produtos e serviços, da prevenção e da reparação dos danos". In: GRINOVER, Ada Pellegrini [et al.]. *Código Brasileiro de Defesa do Consumidor*: comentados pelos autores do anteprojeto, cit., p. 165.
[57] AMARAL JÚNIOR, Alberto do. *A proteção do consumidor no contrato de venda* (reflexões sobre a transformação do direito privado moderno), cit., p. 229.
[58] CAVALIERI FILHO, Sergio. *Programa de responsabilidade civil*, cit., p. 498-499.

segurança, tendo por isso direito à reparação de dano moral, independentemente de ter havido dano patrimonial[59].

Tratando especificamente acerca da responsabilidade do fabricante pelo fato do produto, é referência a obra de Luiz Gastão Paes de Barros Leães, o qual, ao fazer um estudo de direito comparado sobre a responsabilidade do fabricante pelo fato do produto em França, observa que a responsabilidade do vendedor-fabricante do produto é tratada no Código Civil francês pelas regras do contrato de compra e venda, arts. 1.641 e s. Nos termos do art. 1.645, se o vendedor conhece os vícios do produto, escondendo maliciosamente do comprador, ele responderá por perdas e danos. Mas, conforme o art. 1.646, se o vendedor desconhece os vícios, responde apenas pelo preço e pelas despesas provocadas pela venda. Essa distinção entre vendedor ciente e vendedor ignorante, quanto ao vício, estabelece dois regimes de responsabilidade, pois enquanto o vendedor de boa-fé pode invocar o benefício de limitação ou exclusão de responsabilidade, o vendedor malicioso não. Assim, embora ambos tenham o dever de restituir o preço e gastos ocasionados pelo negócio ao comprador, o vendedor de má-fé está obrigado a reparar todas as perdas e danos decorrentes do produto defeituoso[60].

O autor pondera que se fosse considerado apenas o texto legal estaria presente quase que uma exoneração da responsabilidade dos fabricantes-vendedores, pois seria difícil demonstrar a boa ou má-fé. Em razão disso, a jurisprudência francesa evoluiu ao interpretar de forma mais ampla os referidos dispositivos em duas frentes. A primeira admitindo a inclusão nas despesas do comprador com o negócio, os gastos realizados em virtude da lesão provocada pelo vício do produto (causada ao comprador, familiares ou terceiros). Já a segunda frente jurisprudencial estabeleceu uma distinção entre vendedor ocasional e vendedor profissional.

---

[59] LISBOA, Roberto Senise. *Responsabilidade civil nas relações de consumo*, cit., p. 222.
[60] LEÃES, Luiz Gastão Paes de Barros. *Responsabilidade do fabricante pelo fato do produto*, cit., p. 89-90.
No mesmo sentido, também analisando o direito francês, ALPA, Guido; BESSONE, Mario. *La responsabilità del produttore*. Terza edizione. Milano: Giuffrè, 1987. p. 179-180.

A responsabilidade do vendedor ocasional deve ser apurada pelo direito comum, enquanto o vendedor profissional é sempre tido como de má-fé por se pressupor o seu conhecimento acerca dos vícios do produto, por isso obrigado a reparar todos os danos. Luiz Gastão Paes de Barros Leães externa que é melhor afirmar que a jurisprudência consagra, não a presunção do conhecimento do vício (a má-fé do vendedor), mas um dever de conhecer e eliminar o vício, sendo por isso uma obrigação de segurança diante do público[61].

Esse sistema tem se mostrado eficaz em relação ao comprador imediato do bem, quanto à proteção dos sucessores adquirentes que pertencem à cadeia de circulação da mercadoria. Isso porque é uma característica do sistema francês de responsabilidade a possibilidade de o demandado liberar-se de uma reparação de danos, transferindo os seus efeitos a outra pessoa, por meio do chamamento ao processo do vendedor anterior. Por este mecanismo processual o vendedor demandado chama ao processo aquela pessoa (vendedor anterior da cadeia) que lhe deve a garantia pelos vícios do bem vendido, ficando este vendedor anterior com o ônus da reparação pelos danos. Isso pode ser feito em cascata até o fabricante, primeiro vendedor da mercadoria. Contudo, é algo que pode tornar a efetividade da reparação extremamente lenta. Por isso, a jurisprudência francesa evoluiu para admitir a possibilidade de o consumidor propor a ação indenizatória diretamente contra o fabricante (vendedor originário do bem), apontando a tendência de responsabilidade do fabricante para o campo da responsabilidade aquiliana. Por fim, Luiz Gastão Paes de Barros Leães explica que a responsabilidade pelo fato do produto de natureza aquiliana pode se dar concomitantemente com uma falta contratual, exemplificando que se a compra é feita pelo consumidor diretamente com o produtor a responsabilidade é contratual; se realizada com intermediário, a ação contra o fabricante ocorre pela responsabilidade extracontratual[62].

---

[61] LEÃES, Luiz Gastão Paes de Barros. *Responsabilidade do fabricante pelo fato do produto*, cit., p. 90-92 e 184.

[62] LEÃES, Luiz Gastão Paes de Barros. *Responsabilidade do fabricante pelo fato do produto*, cit., p. 93-97 e 192.
No mesmo sentido, ALPA, Guido; BESSONE, Mario. *La responsabilità del produttore*, cit., p. 194-196.

José Reinaldo de Lima Lopes sintetiza a posição da jurisprudência francesa que passou a considerar os vendedores-fabricantes e, posteriormente, os vendedores-revendedores (não fabricantes) equiparados aos vendedores que tinham ciência de defeito no produto. Assim, interpretando os arts. 1.645 e 1.646 do Código Civil, as cortes francesas passaram a considerar os problemas dos produtos como vícios redibitórios conhecidos pelos vendedores, pois o caráter profissional de sua atividade não poderia implicar presunção de ignorância[63].

Ugo Carnevali, comentando a posição da jurisprudência francesa, aponta que ela ultrapassou os limites de uma responsabilidade subjetiva por culpa do intermediário, para lhe impor uma responsabilidade objetiva[64].

Sobre a responsabilidade do produtor na Itália, Ugo Carnevali, em 1979, já chamava a atenção para o fato de que considerava um absurdo o fato de o consumidor poder tomar medidas diretas contra os produtores quando tinham comprado produtos defeituosos diretamente deles, por via da sua própria rede de distribuição, e não podiam agir contra este produtor se tivessem comprado os produtos de revendedores-intermediários. O autor defendia uma solução que permitisse a ação direta do destinatário final contra o produtor, mesmo quando adquirido o produto de intermediário[65].

Guido Alpa e Mario Bessone, ao estudarem a responsabilidade pelo fato do produto, afirmam que a jurisprudência italiana e a jurisprudência francesa evoluíram ao longo das décadas do século XX para afirmar a culpa presumida do fabricante pelos danos causados aos consumidores[66].

Após ter sido disseminada em vários países, em 1985, a responsabilidade pelo fato do produto foi objeto de uma Diretiva da Comunidade Econômica Europeia, a Diretiva n. 85/374/CEE, cujo art. 1º expressa a responsabilidade do produtor pelo defeito do produto.

---

[63] LOPES, José Reinaldo de Lima. A *responsabilidade civil do fabricante por fato do produto*, cit., p. 74.
[64] CARNEVALI, Ugo. *La responsabilità del produtore*, cit., p. 335.
[65] CARNEVALI, Ugo. *La responsabilità del produtore*, cit., p. 11-12.
[66] ALPA, Guido; BESSONE, Mario. *La responsabilità del produttore*, cit., p. 197.

No Brasil, diversamente do CDC, o Código Civil não prevê um tratamento específico para a responsabilidade pelo fato do produto e do serviço, como uma clara divisão em relação aos vícios. O que há é um tratamento para os vícios redibitórios (ocultos), arts. 441 a 446, em que há uma menção a defeitos ocultos no *caput* do art. 441, mas que neste caso tem o mesmo sentido de vício oculto. Assim, para as relações empresariais e civis, a responsabilidade pelo fato do produto, pelo seu caráter extracontratual, seguirá o regime da responsabilidade civil aquiliana, especialmente com a aplicação dos arts. 927 e 931 do Código Civil (objeto de análise em outro item deste livro).

Mas, para fins de relação de consumo, a responsabilidade do fato do produto e do serviço encontra um regramento jurídico específico no CDC, arts. 12 a 17. Neste diploma legal, a noção de defeito também não tem necessariamente relação com vínculo contratual, uma vez que a vítima pode ser um terceiro que não tenha qualquer relação derivada de contrato com o fornecedor. Tanto é verdade que o art. 17 do CDC prevê que todas as vítimas do evento (acidente de consumo) são equiparadas aos consumidores[67]. Para efeitos da responsabilidade pelo fato do produto ou do serviço, a lei consumerista asseverou a responsabilidade independentemente de culpa do fornecedor (teoria do risco) como regra geral.

Como já visto, a responsabilidade civil do fabricante assume um viés diferente da teoria clássica de responsabilidade civil. Enquanto a responsabilidade civil subjetiva pressupunha dois indivíduos em igualdade de força e capacidade econômica desempenhando uma função reparadora e preventiva de comportamentos, a responsabilidade objetiva, imposta às empresas, considera pessoas em desigualdade de força e capacidade econômica, sendo que a empresa não age por opções sentimentais ou morais, mas movida pelo lucro[68].

A responsabilidade por defeito do produto, prevista no CDC, implica a responsabilização direta do fabricante, produtor, construtor e

---

[67] Nesse sentido, AMARAL JÚNIOR, Alberto do. *A proteção do consumidor no contrato de venda (reflexões sobre a transformação do direito privado moderno)*, cit., p. 217.
[68] LOPES, José Reinaldo de Lima. *A responsabilidade civil do fabricante por fato do produto*, cit., p. 73.

importador que, em geral, não se relaciona diretamente com o consumidor; por isso a denominação de fornecedor mediato ou indireto. Já o fornecedor imediato ou direto é o comerciante, que se relaciona com o consumidor[69].

Especificamente sobre o fato (defeito) do produto, de acordo com o art. 12, *caput*, o fabricante (bem como o produtor, o construtor e o importador) responde, independentemente de haver culpa, pela reparação dos danos causados aos consumidores por defeitos dos seus produtos. Estes defeitos podem ser decorrentes de projeto, fabricação, construção, montagem, fórmulas, manipulação, apresentação ou acondicionamento dos produtos; ou por informações insuficientes ou inadequadas sobre sua utilização e riscos destes produtos.

Vale chamar a atenção para o fato de que o art. 12 do CDC, ao tratar da responsabilidade pelo fato do produto, não expressou solidariedade entre todos os possíveis fornecedores; apenas menciona a responsabilidade do fabricante, do produtor, do construtor e do importador, ficando o comerciante (varejista ou atacadista) como responsável subsidiário (CDC, art. 13), conforme trataremos adiante.

Quanto às terminologias fabricante, produtor, construtor e importador vale a passagem de José Reinaldo de Lima Lopes. Para ele produtor é um gênero que abrange as espécies fabricante (aquele que manufatura uma coisa), prestador de serviços e empresas em geral. Por isso, a expressão produtor poderia ser equiparada a empresa ou empresário[70].

Compreendemos que o CDC procurou ampliar ao máximo as possibilidades daqueles que são responsáveis pela criação de bens. O sentido que o CDC quis empregar seria o seguinte: o fabricante está relacionado com quem manufatura, faz ou monta certos bens móveis (industrializados ou artesanais); o produtor está relacionado com a realização de atividade agropecuária ou extrativista; construtor quer dizer aquele que realiza edificações imobiliárias; e, importador é que internaliza no país os bens produzidos no exterior.

---

[69] LISBOA, Roberto Senise. *Responsabilidade civil nas relações de consumo*, cit., p. 289.
[70] LOPES, José Reinaldo de Lima. A *responsabilidade civil do fabricante por fato do produto*, cit., p. 71.

Fornecedor fabricante é aquele que fabrica produtos a serem colocados no mercado, sendo que fabricar tem o sentido de criar ou processar produtos em qualquer nível de escala, industrial ou artesanal. Pode ser fabricante que cria o produto final, peças ou matérias-primas a serem empregadas no produto acabado. Também é fabricante aquele que terceiriza a produção [montador], sendo um fornecedor aparente. Fornecedor produtor é aquele que produz bens tidos como da natureza, em razão do desenvolvimento de atividade agrícola, de criação ou de pesca. Ele fornece produtos *in natura* ou processados. Fornecedor construtor é o que constrói ou reforma imóveis. E fornecedor importador aquele que coloca no mercado brasileiro produto de qualquer natureza derivado de outro país[71].

O CDC não distingue construtor de incorporador. Incorporador é aquele que se obriga a viabilizar a construção e as vendas de unidades autônomas, sendo sua responsabilidade maior do que a do construtor, pois, além de responder por defeitos da construção (por ser ele o próprio construtor ou por ter contratado outro construtor), responde por danos derivados de problemas na concepção do projeto arquitetônico e inadequada escolha do terreno a ser edificado[72]. Podemos incluir neste caso a má escolha dos materiais empregados na construção.

Poder-se-ia dizer que a atividade de incorporação é mais ampla do que a de construção, sendo que nem toda construtora realiza incorporação, mas toda incorporadora é uma construtora, ainda que a efetiva construção seja terceirizada a outra empresa, ou seja, uma construtora de fato. Assim, pode haver a figura do construtor e do incorporador, hipótese em que o construtor responderia pela construção e o incorporador pela incorporação e pela construção. No entanto, essa é uma divisão contratual e empresarial que para o consumidor não terá grande relevância, na medida em que o CDC considera como construtor também o incorporador. De qualquer forma, o incorporador pode ser tido como fabricante de bens imóveis.

---

[71] ANDRADE, Ronaldo Alves de. *Curso de direito do consumidor.* Barueri: Manole, 2006. p. 157-160.
[72] ROCHA, Silvio Luís Ferreira da. *Responsabilidade civil do fornecedor pelo fato do produto no direito brasileiro.* 2. ed. São Paulo: RT, 2000 (Biblioteca de direito do consumidor). v. 4. p. 48.

Conforme o art. 12 do CDC, o produto é considerado defeituoso quando não oferecer a segurança que legitimamente dele se espera, devendo ser consideradas circunstâncias relevantes como a forma de sua apresentação, o tempo em que foi colocado no mercado e o uso e os riscos que razoavelmente dele se esperam. Se outro produto de qualidade superior for colocado em circulação no mercado, o anterior não será tido por defeituoso. Além disso, não haverá culpa do produtor, construtor, fabricante ou importador quando provar que houve culpa exclusiva do consumidor ou de terceiro, que não colocou o produto em circulação ou que, tendo colocado-o, não existe defeito.

5.6. FATO (DEFEITO) DO SERVIÇO

Quanto ao fato (defeito) do serviço, o art. 14, *caput*, do CDC estabelece que o fornecedor de serviços responde, independentemente da existência de culpa, pela reparação dos danos causados aos consumidores por defeitos relativos à prestação do serviço; também é responsável por informações insuficientes ou inadequadas sobre sua fruição (uso, aproveitamento) e riscos.

Conforme o § 1º do art. 14, o serviço é tido como defeituoso se não fornecer a segurança que o usuário dele pode esperar. Para tanto deve ser considerado, entre outras circunstâncias importantes, o modo como foi prestado à época do fornecimento, o resultado e os riscos que dele razoavelmente se esperam.

Por "fornecedor de serviços" deve-se entender "prestador de serviços". Isso porque a expressão "fornecedor" é o gênero do qual são espécies produtor, montador, criador, construtor, transformador, importador, exportador, distribuidor e comerciante; o que a propósito coaduna com a redação do art. 3º, *caput*.

Essa ideia é compartilhada por Rizzatto Nunes, o qual afirma que o CDC falhou, pois o vocábulo adequado seria prestador, uma vez que fornecedor é um termo genérico em que prestador, fabricante, importador, comerciante etc. são espécies[73].

---

[73] NUNES, Rizzatto. *Comentários ao Código de Defesa do Consumidor*, cit., p. 205.

O tratamento de responsabilidade estabelecido pelo CDC quanto ao fato do produto e do serviço mostra-se semelhante, mas possui alguns pontos distintivos importantes. A primeira diferença está na designação dos agentes econômicos responsáveis (fornecedores). O art. 12, ao tratar do fato do produto, especificou a responsabilidade do fabricante, construtor, produtor ou importador, excluindo o comerciante da responsabilidade direta. Já o art. 14, sobre o fato do serviço, expressa apenas a palavra "fornecedor", ou seja, pela possível imprecisão terminológica da lei, os intermediários de serviço (comerciante) são tão responsáveis quanto o prestador.

Neste caso, Sergio Cavalieri Filho fala que o CDC tratou do gênero fornecedor que inclui todos os participantes da cadeia de prestação de serviço, logo, havendo dano por defeito do serviço todos os partícipes são solidariamente responsáveis. Há serviços que são prestados pelo próprio fornecedor exclusivamente, como no caso de eletricistas, marceneiros etc., mas há outros mais complexos envolvendo a participação de terceiros, como os serviços médico-hospitalares. Há ainda outros serviços que vão incluir o fornecimento de produtos, como o serviço de manutenção com troca de peças em veículos[74].

Pela letra da lei, na responsabilidade dos fornecedores por defeitos nos serviços, havendo mais de um fornecedor, como no caso de o serviço ser comercializado por intermediário (por exemplo, agentes de viagens ou corretores de seguros) ou em caso de terceirização de serviços, todos serão solidariamente responsáveis. Consideramos que o legislador teria agido melhor se tivesse dado ao intermediário de serviços (aquele que comercializa os serviços a serem prestados por outrem – o prestador contratado) tratamento equivalente ao intermediário-comerciante de produtos. Isso porque a intermediação é uma atividade própria de comerciante, não sendo este um prestador de serviços em sentido estrito. Como veremos de forma mais aprofundada, o comerciante responde por defeito do produto tão somente quando não se puder identificar adequadamente o fornecedor anterior (fabricante, produtor, construtor ou importador) ou não conservar adequadamente os bens perecíveis. De forma

---

[74] CAVALIERI FILHO, Sergio. *Programa de responsabilidade civil*, cit., p. 506.

semelhante, entendemos que o comerciante de serviços deveria responder pelo fato do serviço apenas quando não fosse possível identificar claramente aquele que prestou o serviço contratado.

Outra diferença se dá quanto às excludentes de responsabilidade. O art. 12, § 3º, prevê que o fabricante (construtor, produtor ou importador) não será responsabilizado pelo defeito do produto apenas se comprovar que: não colocou o produto no mercado; o defeito inexiste; a culpa é exclusiva do consumidor ou de terceiro. Por sua vez, o art. 14, § 3º, prevê tão somente como excludente de responsabilidade do fornecedor de serviços as hipóteses de que: o defeito inexiste; ou, a culpa é exclusiva do consumidor ou de terceiro.

Também, pode-se apontar mais uma distinção: ela está assentada na responsabilidade dos profissionais liberais (profissionais que exercem sua atividade, normalmente de natureza intelectual, de forma independente, sem vínculo de exclusividade). O art. 14, § 4º, prevê que a responsabilidade pessoal dos profissionais liberais prestadores de serviços será examinada mediante a comprovação de culpa. Isso significa dizer que a estes a lei atribuiu um regime de responsabilidade subjetiva, não objetiva como para os demais prestadores de serviços, que não atuem como profissionais liberais. No que tange à responsabilidade pelo fato do produto, não há expressamente um tratamento distintivo dessa ordem, pois qualquer fabricante, construtor, produtor e importador é responsável independentemente de culpa (responsabilidade objetiva) pelo defeito do produto, não havendo relevância se são constituídos como sociedades empresárias, empresas individuais de responsabilidade limitada ou atuam como empresário individual.

Não menos importante, é o tratamento diferenciado promovido pelo art. 13, *caput* e incisos I a III, do CDC. Muito embora o referido preceito legal seja objeto de estudo no item sobre a responsabilidade subsidiária e objetiva do intermediário, vale adiantar que conforme essa disposição legal, o comerciante também é responsável pelos defeitos dos produtos, independentemente de culpa, quando: o fabricante, o construtor, o produtor ou o importador não puderem ser identificados; o produto for fornecido sem identificação clara do seu fabricante, produtor, construtor ou importador; não conservar adequadamente os produtos perecíveis (o que pode ser tido como responsabilidade subsidiária, como será visto adiante). Essa regra não existe na responsabilidade pelo fato do serviço, pois o art. 14

estabelece que a responsabilidade é do fornecedor de serviço genericamente, incluindo-se aí tanto o prestador do serviço propriamente dito, quanto aquele que comercializa esse serviço.

Contudo, a responsabilidade pelo fato do produto ou do serviço no CDC tem seu fundamento na teoria do risco (doutrina objetiva), isso porque tanto o art. 12 como o art. 14 expressam a responsabilidade por defeitos "independentemente de culpa" do fabricante, do produtor, do construtor e do importador de produtos, bem como a do fornecedor de serviços. A responsabilidade por defeito do produto alcança o produtor pelo caráter extracontratual existente nesta situação, independentemente de haver relação contratual direta entre ele e o consumidor (haja vista a cadeia de intermediários). Além disso, o intermediário/comerciante, no regime da responsabilidade pelo fato do produto, tem responsabilidade objetiva, em caráter subsidiário, apenas para as hipóteses de não identificação adequada do fornecedor antecedente ou má-conservação do produto. Por sua vez, nos termos do art. 14, *caput*, o intermediário de serviço não goza dessa prerrogativa legal, sendo sua responsabilidade objetiva por defeito do serviço (ressaltando nossa oposição a esse fato).

5.7. VÍCIO DO PRODUTO

Sem prejuízo da distinção já apontada anteriormente entre defeito e vício, o primeiro destinado à segurança, o segundo quanto à adequação em relação às finalidades dos bens, muitas vezes eles são tidos como sinônimos. O Código Civil, na Seção V – Dos Vícios Redibitórios, arts. 441 a 446, estabelece um regramento jurídico para os vícios ocultos (redibitórios), não havendo uma seção específica para os defeitos; distinguindo-se, portanto, do CDC que estabelece regimes diversos em seções separadas. No fundo o art. 441 do Código Civil emprega a expressão vícios ou defeitos ocultos com o mesmo sentido, ou seja, que torne a coisa imprópria ao uso a que é destinada, ou lhe diminua o valor.

No campo de aplicação do Código Civil, tendo em vista que os vícios fazem parte da responsabilidade contratual, são também aplicáveis as regras sobre não cumprimento contratual (inadimplemento), arts. 389 a 420[75].

---

[75] SIMÃO, José Fernando. "*Estudo crítico dos vícios do produto no direito civil e no direito do consumidor*", cit., p. 192.

De acordo com a combinação dos arts. 442, 443 e 445, *caput*, do Código Civil, se o alienante conhecia o vício (portanto, de má-fé) deverá devolver o valor recebido, além de perdas e danos; se desconhecia o problema, apenas restituirá o valor mais as despesas do contrato. O adquirente pode rejeitar a coisa viciada ou pedir abatimento no preço. O direito de rejeitar a coisa ou reclamar o abatimento no preço decai no prazo de trinta dias se a coisa for móvel, e de um ano se imóvel, contado da tradição; ou da alienação se já estava na posse do bem – neste último caso o prazo é reduzido à metade.

Já o CDC separa a responsabilidade dos fornecedores em responsabilidade pelo "fato" – defeito (Seção II – arts. 12 a 17) – e responsabilidade por "vício" do produto e do serviço (Seção III – arts. 18 a 25). Se "fato" está relacionado aos defeitos que podem ter os produtos ou serviços, "vício" está ligado à qualidade ou quantidade do produto ou à qualidade do serviço. O defeito está relacionado com a potencialidade de causar dano à saúde ou à segurança do consumidor; já o vício pode causar dano ao patrimônio do consumidor[76].

Enquanto o Código Civil ocupa-se dos vícios redibitórios (ocultos), o CDC, fundamentado na teoria da qualidade, trata dos vícios de qualidade dos produtos e serviços procurando afastar as insuficiências da norma civilista, buscando dessa forma favorecer o consumidor pela ampliação do conceito de vício e impondo responsabilidade solidária aos fornecedores. No Código Civil o conceito de vício está limitado ao de vício oculto, já no CDC o vício também pode ser aparente ou de fácil constatação; apresentando-se pelo fato do produto estar impróprio ao consumo, ter seu valor diminuído ou pela disparidade das características do bem em relação à oferta[77].

Os vícios podem ser classificados em: vícios ocultos e vícios aparentes. Os vícios ocultos ou redibitórios são aqueles que não podem ser co-

---

[76] Nesse sentido, STOCO, Rui. A responsabilidade por vício de qualidade e quantidade no Código de Defesa do Consumidor é objetiva ou subjetiva?. *Revista dos Tribunais*. v. 774, cit., p. 137.

[77] BESSA, Leonardo Roscoe. Vício do produto e do serviço. In: BENJAMIN, Antônio Herman V.; MARQUES, Cláudia Lima; BESSA, Leonardo Roscoe. *Manual de direito do consumidor*. 2. ed. São Paulo: RT, 2009. p. 142 e 147-148.

nhecidos por simples exame do produto ou serviço, ou seja, não é acessível ao consumidor. Já os vícios aparentes ou de fácil constatação são aqueles que podem ser conhecidos ao se usar ou consumir o produto ou serviço, não necessitando de exame especializado para a constatação. Essa classificação entre outros efeitos, implica a contagem do prazo para o consumidor reclamar pelos vícios do produto ou do serviço.

De acordo com o art. 26 do CDC, o prazo para reclamar vícios de produtos e serviços duráveis é de noventa dias, como no caso de um aparelho celular ou um serviço realizado por um pedreiro, pois são bens cujo uso não implica sua imediata destruição ou inutilização – são duráveis, portanto. Para produtos e serviços não duráveis o prazo é de trinta dias, por exemplo, no caso de bens consumíveis, ou seja, aqueles cujo uso implica seu esgotamento, destruição ou inutilização imediata, como os do gênero alimentício em que ao se romper a embalagem impedir-se-ia sua comercialização. Se for o caso de um produto perecível cuja validade é inferior a trinta dias, este deverá ser o prazo de validade, e não o prazo de trinta dias fixados pela lei. Corte de cabelo ou maquiagem são exemplos de serviços não duráveis que não se submeteriam ao prazo de trinta dias tendo em vista suas características de pouca durabilidade. O início do prazo para os vícios aparentes é contado a partir da entrega do produto ou do término da execução do serviço. Já para os vícios ocultos o prazo começa a contar do momento em que se constatar o problema.

Diversamente, o Código Civil, art. 445, tratando dos vícios redibitórios, estabelece que o comprador tem direito de reclamar no prazo de trinta dias se for bem móvel e um ano se for bem imóvel, contados da data da entrega ou, se já na posse, da alienação.

Haroldo Malheiros Duclerc Verçosa explica que vício oculto não se confunde com o erro na celebração do contrato. No erro não existe vício em relação ao bem objeto do negócio, mas é a convicção formada pelo declarante que difere da realidade. Dito isto, enquanto o vício é externo ao declarante, o erro é interno[78].

A responsabilidade do fornecedor por vício do produto deriva de um prejuízo econômico [dano emergente] experimentado pelo consumidor,

---

[78] VERÇOSA, Haroldo Malheiros Duclerc. *Curso de direito comercial*, cit., v. 4. T. I. p. 483.

por ter adquirido ou utilizado um bem que não lhe concede a adequação que ordinariamente se poderia esperar[79].

Conforme o art. 18, *caput*, do CDC, os fornecedores de produtos de consumo (duráveis ou não duráveis) respondem solidariamente pelos vícios de qualidade ou quantidade que os tornem impróprios ou inadequados ao consumo a que se destinam ou lhes diminuam o valor. Essa responsabilidade também é aplicável quanto àqueles vícios decorrentes da disparidade entre o conteúdo do produto e as indicações constantes da embalagem ou mensagem publicitária (vício de comercialização). Trata-se de um direito do consumidor exigir a substituição das partes viciadas.

Especificamente quanto aos produtos, os vícios podem ser classificados em três modalidades: vício de qualidade, vício de quantidade e vício de informação. O vício de qualidade do produto é o que existe ao tempo da sua aquisição pelo consumidor junto ao fornecedor, tornando o bem inadequado para o fim ao qual normalmente se destina. Já o vício de quantidade ocorre quando um produto apresenta-se com peso, medida ou quantidade de unidades diversa da que consta em sua embalagem. Por último, o vício de informação deriva da boa-fé objetiva, à qual o vendedor tem o dever de prestar informações prévias ao consumidor sobre os aspectos relevantes sobre o produto, como composição, origem, riscos, validade, além de outras características essenciais[80].

Para os efeitos da lei são impróprios ao uso e ao consumo: os produtos com data de validade expirada; os produtos inadequados ao fim que se destinam; os produtos deteriorados, alterados, falsificados, nocivos à vida ou à saúde, em desacordo com as normas regulamentadoras de fabricação, distribuição e falsificação (CDC, art. 18, § 6º).

Aqui não se trata, necessariamente, de propor ação de reparação de danos do consumidor contra o fornecedor, como na responsabilidade pelo fato do produto, pois, no regime da responsabilidade por vício do produto as alternativas do consumidor são diferentes. Primeiramente, o

---

[79] Nesse sentido, LISBOA, Roberto Senise. *Responsabilidade civil nas relações de consumo*, cit., p. 193.

[80] LISBOA, Roberto Senise. *Responsabilidade civil nas relações de consumo*, cit., p. 194-202.

fornecedor (fabricante, importador, comerciante etc.) pode prontificar a solucionar o problema no prazo máximo de trinta dias, por meio de assistência técnica ou solução junto ao seu fornecedor, por exemplo, o fabricante de certo componente. A partir daí surgem as opções do consumidor, pois não sendo o vício sanado, e decorrido o prazo de até trinta dias, cabe ao consumidor exigir, conforme o que melhor lhe aprouver: a substituição por outro produto da mesma espécie; o abatimento proporcional de preço; a complementação do peso ou medida; restituição imediata da quantia paga. Nesta última hipótese, de restituição, cabe ação por perdas e danos se houver prejuízo de ordem patrimonial ou moral ao consumidor (CDC, arts. 18, § 1º, e 19, incisos I a IV).

A responsabilidade por vício do produto é solidária entre todos os fornecedores que compõem a cadeia produtiva, haja vista a previsão expressa dos arts. 18 e 19 do CDC. Todavia, existem situações excepcionais de vício do produto, as quais têm relevantes implicações para o comerciante quanto à sua responsabilidade. A primeira está prevista no § 5º do art. 18 ao asseverar que, no caso de fornecedor de produtos *in natura* (não industrializados), será responsável perante o consumidor o fornecedor imediato (vendedor-comerciante), salvo se houver identificação clara do produtor. A segunda exceção está prevista pelo § 2º do art. 19, cuja regra é a de que no caso de vício de quantidade de produto, o fornecedor imediato (vendedor-comerciante) será responsável quando fizer a pesagem ou medição do produto, bem como se o instrumento utilizado para tanto estiver em desacordo com os padrões oficiais.

5.8. VÍCIO DO SERVIÇO

O CDC, art. 20, *caput*, ao tratar da responsabilidade por vício do serviço, expressa que o fornecedor de serviço responde pelos vícios de qualidade, que são aqueles que tornam os serviços impróprios ao consumo ou lhes diminuam o valor; bem como responde pelos vícios de disparidade, que consistem na divergência existente entre o serviço prestado e as indicações constantes da mensagem publicitária (vício de comercialização).

Além disso, o serviço é impróprio quando se mostrar inadequado para o fim que razoavelmente dele se espera ou por não atender as normas regulamentadoras de prestabilidade (CDC, art. 20, *caput* e § 2º).

Também, como regra geral, no caso de vício de serviço as alternativas do consumidor não coincidem integralmente com a solução para defeito do serviço (perdas e danos). O consumidor tem a faculdade de exigir, conforme a sua escolha: o abatimento proporcional de preço, a reexecução do serviço sem custo adicional; ou a restituição imediata da quantia paga – neste caso, cabíveis eventuais perdas e danos (CDC, art. 20, *caput*, I a III).

Os vícios dos serviços podem ser classificados em três categorias: vício de qualidade, vício de informação e vício do serviço público. O vício de qualidade [ou de inadequação] do serviço é aquele que deriva da não obtenção da finalidade que motivou a aquisição do serviço fornecido. Já o vício de informação do serviço está relacionado com a divergência entre a informação da oferta ou anúncio publicitário (ou assemelhado) e o resultado efetivo do serviço prestado. Por último, o vício do serviço público é aquele decorrente dos serviços prestados pelo Estado (diretamente ou indiretamente por meio de concessões, autorizações etc.)[81] que se apresentam inadequados, ineficientes, inseguros ou descontínuos, quando se tratar de serviços essenciais.

Apesar de muitas vezes o prestador do serviço ser o único fornecedor da cadeia de consumo, se houver mais de um prestador todos respondem solidariamente pelo vício do serviço, cabendo ao prestador que arcou com as despesas o regresso contra o que efetivamente deu origem ao dano do consumidor (CDC, art. 25, § 1º). No caso de vício, o prestador de serviço, fornecedor, responde objetivamente pelos danos patrimoniais experimentados pelo consumidor, independentemente de exercer seu ofício como profissional liberal ou não[82]. O que o referido autor está tentando dizer é que a responsabilidade subjetiva do profissional liberal é uma exceção prevista apenas para danos por defeito do serviço, não de vício (CDC, art. 14, § 3º).

A responsabilidade por vício do serviço também é solidária (como no caso de vício do produto), pois apesar de o art. 20 não expressar a

---

[81] LISBOA, Roberto Senise. *Responsabilidade civil nas relações de consumo*, cit., p. 205-215.
[82] Nesse sentido, LISBOA, Roberto Senise. *Responsabilidade civil nas relações de consumo*, cit., p. 204.

solidariedade, mencionando apenas a palavra "fornecedor", ela se dá por força do art. 25, § 1º. Além disso, como regra geral, também é aplicável a solidariedade prevista no parágrafo único do art. 7º do CDC.

5.9. NATUREZA DA RESPONSABILIDADE POR VÍCIO

Rui Stoco chama a atenção para a divergência existente quanto à natureza da responsabilidade por vício do produto ou do serviço, tendo em vista a omissão do legislador nos arts. 18 a 25 do CDC. O autor pondera que a responsabilidade por vício tem natureza objetiva, e que o fato de o legislador não ter se utilizado da expressão "independentemente da existência de culpa" não interferiria nisso, pois o sentido do CDC é ser uma norma protetiva ao consumidor, não tendo cabimento a responsabilidade ser objetiva nos casos relacionados à potencialidade de dano à saúde ou à segurança do consumidor; e não para os casos de variação de qualidade ou quantidade afetos ao patrimônio do consumidor, pois isso significaria impor ao consumidor um desfecho negativo nos litígios envolvendo vícios dada a dificuldade da aferição da culpa neste tipo de processo. Segundo o autor, fato e vício não são situações distintas, não podendo ser essa a conclusão pela simples razão de haver duas seções no CDC tratando uma sobre "fato (defeito)" e outra de "vício". Para Rui Stoco vício é uma espécie do gênero fato, pois também causa dano; então se o vício está contido no fato deve-se aplicar a mesma regra, a da responsabilidade objetiva[83].

Já Alberto do Amaral Júnior afirma que a responsabilidade do fornecedor por vício do produto ou serviço se funda na presunção absoluta de culpa do fornecedor, uma vez que o fornecedor deveria conhecer o vício, ou pelo menos não poderia legitimamente ignorá-lo. A consequência da adoção do princípio da culpa presumida está no fato de o consumidor não precisar provar a culpa do fornecedor quanto aos vícios do produto ou serviço. A fundamentação do autor está no fato de que a responsabilidade do fornecedor por vício (prevista no CDC) ser uma

---

[83] STOCO, Rui. "A responsabilidade por vício de qualidade e quantidade no Código de Defesa do Consumidor é objetiva ou subjetiva?". *Revista dos Tribunais*. v. 774, cit., p. 135-137.

obrigação de resultado, em que o mero adimplemento da prestação é suficiente para se alcançar o efetivo resultado, mas a falta do resultado constituirá o devedor em mora, ficando a cargo deste o ônus de provar a exoneração de sua responsabilidade. Diversamente, nas obrigações de meio o devedor somente será responsável se houver a falta de um comportamento esperado ou se não for diligente, neste caso caberá ao credor o ônus da prova[84].

É importante outra passagem de Alberto do Amaral Júnior no sentido de que os vícios de qualidade e quantidade ensejam a responsabilidade do comerciante, distribuidor ou varejista, para tanto o consumidor precisará provar o vício, o dano e o nexo de causalidade entre o vício e o dano. Dessa forma, a presunção absoluta de culpa do fornecedor não tem o significado de que o CDC tenha adotado a teoria objetiva quanto aos vícios. A responsabilidade continua sendo de natureza subjetiva, mas com a inversão do ônus da prova. Apesar de o fornecedor não poder alegar ausência de culpa, ele poderá exonerar-se da responsabilidade que lhe é atribuída se provar ter ocorrido uma das hipóteses excludentes. O autor admite que as excludentes de responsabilidade previstas para o fato (defeito) do produto (CDC, art. 12, § 3º) possam ser aplicadas por analogia à responsabilidade por vício, quais sejam: culpa exclusiva da vítima ou de terceiro; não tenha colocado o produto no mercado; ou embora tenha colocado o produto no mercado, o defeito não existe[85].

Zelmo Denari traz outra visão ao explicar que, a responsabilidade por vícios de qualidade e quantidade não se identifica com a responsabilidade por danos (fato do produto) de caráter objetivo, nem se socorre a fatores externos para a apuração da culpa do fornecedor. A responsabilidade por vício é resultado do descumprimento contratual, em que o fornecedor tem o dever de assegurar a plena execução do contrato, colocando no mercado o produto ou serviço em perfeitas condições de uso[86].

---

[84] AMARAL JÚNIOR, Alberto do. A proteção do consumidor no contrato de venda (reflexões sobre a transformação do direito privado moderno), cit., p. 228-230.
[85] AMARAL JÚNIOR, Alberto do. A proteção do consumidor no contrato de venda (reflexões sobre a transformação do direito privado moderno), cit., p. 230-231.
[86] DENARI, Zelmo. Capítulo IV – Da qualidade de produtos e serviços, da prevenção e da reparação dos danos. In: GRINOVER, Ada Pellegrini [et.

Caso prevalecesse a tese de que a responsabilidade por vício do produto ou do serviço está relacionada à responsabilidade contratual, assim como a responsabilidade pelo fato (defeito) do produto ou do serviço à responsabilidade aquiliana, ter-se-ia a clássica divisão de regimes da responsabilidade civil, contratual e extracontratual.

Pode-se até chegar a afirmar que, no CDC, para os efeitos de vícios tratar-se-ia de não cumprimento contratual. Entretanto, como ficaria o direito de terceiro que, apesar de não ter contratado com o fornecedor a aquisição do produto ou a prestação do serviço, foi favorecido pela doação de um presente pelo efetivo contratante? E, se o bem que o terceiro ganhou tiver algum vício, quais serão seus direitos perante o fornecedor se não houve relação contratual entre eles? Seria um caso de consumidor por equiparação?

As categorias de consumidor por equiparação, previstas nos arts. 2º, parágrafo único, art. 17 e 29 do CDC, têm um campo próprio de aplicação que, a princípio, não alcançaria a presente situação. Isso pois, a hipótese do art. 29 configura-se pela simples exposição às práticas comerciais e contratuais previstas no CDC, não sendo necessário o estabelecimento da convencional relação de consumo (seriam os potenciais consumidores). O parágrafo único do art. 2º prevê que a coletividade de pessoas, ainda que indetermináveis, é considerada consumidor, pois pode ser prejudicada mesmo que não necessariamente exposta às práticas comerciais e contratuais. No art. 17 a proteção se dá para a vítima de acidente de consumo (originado por defeito), mesmo não tendo participado diretamente da relação de consumo.

Mas a proteção dos terceiros em razão de vícios pode ser sustentada pela aplicação por analogia da tutela dos consumidores por equiparação. Ou, ainda, pode-se compreender que recebendo um bem por doação haveria uma cessão de direitos, cuja proteção por vício seria derivada de uma cessão de crédito com a respectiva transferência da garantia. Ou seja, garantia legal e contratual por vício acompanharia o bem. Por isso,

---

al.]. *Código brasileiro de defesa do consumidor: comentados pelos autores do anteprojeto*, cit., p. 178.

afirmar que o sistema da responsabilidade civil no CDC trata-se de responsabilidade legal não é um absurdo.

José Fernando Simão externa que o CDC optou pela teoria do risco em detrimento da teoria da culpa. No entanto, assim não o fez quanto à responsabilidade por vícios do produto ou serviço, por ausência de previsão legal. Mas o autor aceita a tese de presunção absoluta de culpa aplicável ao caso, expondo que o fornecedor não poderá defender-se sob o argumento da culpa, nem mesmo tentar fazer prova de sua diligência a fim de afastar sua responsabilidade por vício[87].

De fato, acerca do regime da responsabilidade por vício do produto e do serviço, o CDC, nos arts. 18 a 25, não expressa a responsabilidade objetiva. Álvaro Villaça Azevedo explica que a fixação da responsabilidade objetiva (principalmente a pura, ou seja, aquela que implica o dever de indenizar mesmo que não haja culpa do agente ou de terceiro subordinado a ele) é atribuição exclusiva do legislador como medida indispensável de segurança; esse pesado ônus não pode surgir de interpretação judicial, uma vez que traria insegurança no campo das obrigações e riscos não previstos e incontornáveis aos interessados. Assim, pela necessidade de segurança, é a lei que deve fixar o que é atividade perigosa para fins de responsabilidade objetiva[88].

Contudo, entendemos que se por um lado o legislador não externou a responsabilidade objetiva para os casos de vícios do produto ou do serviço, por outro, um sistema de responsabilidade subjetiva seria quase que impor ao consumidor uma enorme dificuldade de ver seu pleito atendido por solução referente aos vícios. Por isso, nos parece adequada a ideia de descumprimento contratual do fornecedor nos casos de vícios de produtos e serviços.

---

[87] SIMÃO, José Fernando. *Estudo crítico dos vícios do produto no direito civil e no direito do consumidor*, cit., p. 211.
[88] AZEVEDO, Álvaro Villaça. "Proposta de classificação da responsabilidade civil objetiva: pura e impura". *Revista dos Tribunais*. v. 698, cit., p. 11; e, AZEVEDO, Álvaro Villaça. Jurisprudência não pode criar responsabilidade objetiva, só a lei. Análise das Súmulas 341, 489 e 492, do Supremo Tribunal Federal, e 132 do Superior Tribunal de Justiça. *Revista dos Tribunais*. v. 743, cit., p. 113.

5.10. NEXO CAUSAL E EXCLUDENTES DE RESPONSABILIDADE

Nexo de causalidade ou nexo causal é a relação entre a causa e o efeito, ou seja, é a ligação entre ação/omissão do causador e o dano gerado. O nexo causal é um dos pressupostos (ao lado da culpa/risco e da ação/omissão lesiva) para a caracterização da obrigação de reparar o dano, pois se o ato realizado não foi o responsável pelo dano, não há nexo de causalidade, logo, não há obrigação de reparar o dano.

Para Sergio Cavalieri Filho o conceito de nexo de causalidade consiste no vínculo, ligação ou relação de causa e efeito entre a conduta e o resultado. Trata de um conceito que não é jurídico, mas decorre das leis naturais[89].

A relação de causalidade é um elemento do ato ilícito ou do não cumprimento contratual que vincula o dano com o ato. É o fator aglutinante que une o dano à culpa, ou se for o caso ao risco, sendo a fonte da obrigação de indenizar. Trata-se, portanto, do vínculo entre o dano e o ato de uma pessoa ou fato de uma coisa[90].

O nexo causal indica que o fato lesivo deve ser decorrente da ação danosa. São vários os danos que afetam as pessoas; no entanto, o dever de indenizar nasce apenas quando for possível estabelecer um nexo de causalidade entre a conduta do agente e o resultado danoso. Por isso, para que se configure a obrigação de indenizar, não basta que o agente tenha atentado contra uma norma ou criado um risco; é preciso verificar se há um nexo causal que ligue a conduta do agente, ou sua atividade, ao dano injustamente experimentado pela vítima. Na esfera da responsabilidade civil, o nexo de causalidade tem a função de permitir determinar a quem se deve atribuir um resultado danoso[91].

Sobre as excludentes de responsabilidades, são possibilidades previstas pelo Direito (legislação, doutrina e jurisprudência) que extinguem a

---

[89] CAVALIERI FILHO, Sergio. *Programa de responsabilidade civil*, cit., p. 46.
[90] ALSINA, Jorge Bustamante. *Teoria general de la responsabilidad civil*, cit., p. 261.
[91] CRUZ, Gisele Sampaio da. *O problema do nexo causal na responsabilidade civil*. Rio de Janeiro: Renovar, 2005. p. 4 e 22.

responsabilidade do agente. As excludentes afastam a responsabilidade, pois eliminam o nexo causal entre o dano e a conduta do agente.

O CDC para efeitos de excludentes de responsabilidade do fornecedor (fabricante, produtor, construtor e importador) pelo fato – defeito – do produto prevê três possibilidades: culpa exclusiva da vítima ou de terceiro; não tenha colocado o produto no mercado; ou, embora tenha colocado o produto no mercado, o defeito não existe (CDC, art. 12, § 3º).

Primeiramente, é bom salientar que se houver culpa concorrente da vítima ou de terceiro ainda assim o fornecedor será responsável pelo dano. Neste caso, havendo culpa concorrente da vítima, é aplicável a regra do art. 945 do Código Civil ao estabelecer que a indenização deve ser fixada considerando a gravidade da culpa da vítima em confronto com a do autor do dano.

Alguns não admitem a atenuação da responsabilidade por culpa concorrente do consumidor, como Zelmo Denari, ao compreender que em razão de o CDC expressar apenas culpa exclusiva não se admitiria a culpa concorrente. Ele explica que a culpa exclusiva não se confunde com a culpa concorrente, pois a primeira é excludente de responsabilidade e a segunda apenas atenuante, sendo que o CDC admite apenas a culpa exclusiva do consumidor com hipótese de exclusão[92].

Diferentemente, Sergio Cavalieri Filho aponta que havendo concorrência de culpa entre consumidor e fornecedor poderá aplicar-se tal atenuante, mesmo diante da responsabilidade objetiva do CDC, mas desde que fique comprovado que o defeito do produto (ou serviço) não tenha sido a causa principal do acidente de consumo[93]. Essa última tese foi acatada no julgamento proferido no Recurso Especial n. 287.849-SP do STJ [94].

---

[92] DENARI, Zelmo. Capítulo IV – Da qualidade de produtos e serviços, da prevenção e da reparação dos danos. In: GRINOVER, Ada Pellegrini [et. al.]. *Código Brasileiro de Defesa do Consumidor: comentados pelos autores do anteprojeto*, cit., p. 166.

[93] CAVALIERI FILHO, Sergio. *Programa de responsabilidade civil*, cit., p. 509-511.

[94] Ementa: "CÓDIGO DE DEFESA DO CONSUMIDOR. Responsabilidade do fornecedor. Culpa concorrente da vítima. Hotel. Piscina. Agência de

A culpa exclusiva do consumidor pode dar-se por ação ou por omissão, ou seja, o seu ato é a causa do dano; ou quando ele tem acesso a meios para afastar seu próprio prejuízo e não o faz, mesmo que por simples descuido omissivo.

Também, obviamente, e por questão de Justiça, que se o fabricante, produtor, construtor ou importador não colocou o produto no mercado não poderá por ele ser responsabilizado; o mesmo vale quando o fornecedor conseguir provar que não há defeito (potencialidade de dano à saúde ou à segurança do consumidor) no produto. Neste último caso, ainda que o consumidor tenha experimentado algum prejuízo, este não pode ser atribuído à existência do produto, na medida em que ficou comprovado que ele não é defeituoso.

Quando a lei expressa que não há responsabilidade do fornecedor, caso ele demonstre que não colocou o produto no mercado, é porque a norma presume que o fornecedor colocou o produto no mercado[95].

Haverá responsabilidade do fornecedor mesmo nos casos de produtos subtraídos das dependências do fornecedor (culpa *in vigilando*) ou durante o transporte (culpa *in eligendo*); no entanto, se for o caso de produtos pirateados (falsificados) estará configurada a exclusão de responsabilidade por não ter colocado o produto no mercado; sendo responsável o vendedor do bem objeto da contrafação[96].

No que se refere à hipótese de exclusão da responsabilidade por culpa exclusiva de terceiro, para a sua aplicação este terceiro não pode ser alguém que mantenha qualquer tipo de relação com o fornecedor (como

---

viagens. – Responsabilidade do hotel, que não sinaliza convenientemente a profundidade da piscina, de acesso livre aos hóspedes. Art. 14 do CDC. – A culpa concorrente da vítima permite a redução da condenação imposta ao fornecedor. Art. 12, § 2º, III, do CDC. – A agência de viagens responde pelo dano pessoal que decorreu do mau serviço do hotel contratado por ela para a hospedagem durante o pacote de turismo. Recursos conhecidos e providos em parte" (STJ, Recurso Especial n. 287.849-SP, Quarta Turma, Relator Min. Ruy Rosado de Aguiar, *DJ*, 13-8-2001).

[95] SILVA, João Calvão da. *Responsabilidade civil do produtor*, cit., p. 718.
[96] NUNES, Rizzatto. *Comentários ao Código de Defesa do Consumidor*, cit., p. 198.

comerciantes-intermediários, agentes, funcionários, prepostos em geral etc.). Zelmo Denari pondera que o terceiro é uma pessoa que não se identifique com os participantes da relação de consumo, ou seja, o fornecedor (fabricante, produtor, construtor ou importador) e o consumidor[97].

Tratando do tema, Sergio Cavalieri Filho explica que o terceiro deve ser uma pessoa que não mantenha vínculo com o fornecedor, isto é, completamente estranho à cadeia de consumo. Por hipótese, o comerciante que distribui os produtos não pode ser tido como terceiro. O mesmo vale para prepostos, empregados e representantes porque os riscos da atividade econômica são do fornecedor, sendo por essa assunção de riscos que o CDC, art. 34, estabelece que o fornecedor é solidariamente responsável pelos atos de seus prepostos ou representantes[98].

Antônio Herman V. Benjamin explicita que essa hipótese de exclusão por ação de terceiro não pode recair sobre o comerciante, seja ele atacadista ou varejista. Isso porque, apesar de o comerciante ter responsabilidade subsidiária (art. 13), ele é parte fundamental nas relações de consumo, e por isso não pode ser considerado terceiro. Dessa forma, o fabricante (ou produtor, construtor, importador) não pode se esquivar do dever indenizatório, sob o fundamento do art. 12, III, argumentando que o dano fora causado por culpa exclusiva do comerciante, pretendendo impor a esse a condição de terceiro. Caberá a este fabricante a responsabilidade pela indenização, sendo que este custo poderá ser pleiteado junto ao comerciante causador do dano ao exercer seu direito regressivo. O fabricante, produtor, construtor ou importador é quem escolhe, ou pode escolher, seus revendedores, tendo assim um dever duplo, colocar no mercado produtos sem vícios e impedir que os comerciantes maculem a qualidade dos seus produtos[99].

---

[97] DENARI, Zelmo. Capítulo IV – Da qualidade de produtos e serviços, da prevenção e da reparação dos danos. In: GRINOVER, Ada Pellegrini [et. al.]. *Código Brasileiro de Defesa do Consumidor: comentados pelos autores do anteprojeto*, cit., p. 166.
[98] CAVALIERI FILHO, Sergio. *Programa de responsabilidade civil*, cit., p. 513.
[99] BENJAMIN, Antônio Herman V. Fato do produto e do serviço. In: BENJAMIN, Antônio Herman V.; MARQUES, Cláudia Lima; BESSA, Leonardo Roscoe. *Manual de direito do consumidor*, cit., p. 130.

Zelmo Denari discorda desse posicionamento ao compreender que se o art. 12, III, não faz distinção entre terceiros não caberá ao intérprete fazê-lo. O fornecedor poderá excluir-se da responsabilidade desde que faça prova da culpa exclusiva do comerciante. Para ele a responsabilidade subsidiária do comerciante, estabelecida no art. 13, é distinta da responsabilidade principal do art. 12. O autor pondera que nos acidentes de consumo o comerciante pode ser responsabilizado de duas formas. A primeira pela responsabilidade subsidiária, prevista no art. 13, quando o fornecedor não puder ser identificado ou não houver adequada conservação dos produtos. Já a segunda seria a responsabilidade do comerciante enquanto terceiro, conforme o art. 12, III, quando ficar demonstrada a exclusividade de sua culpa no evento danoso. O autor exemplifica essa hipótese com as seguintes situações: uma concessionária de veículos que substitui indevidamente peça de veículo novo sem consultar a fabricante; comerciante que adultera a composição dos produtos utilizados por agropecuaristas[100].

Pensamos que essa segunda hipótese é muito discutível, pois estes exemplos levariam a problemas da seguinte ordem: como o consumidor teria conhecimento de que o defeito se deu por força da atuação indevida do comerciante? Normalmente o consumidor proporia uma ação contra o fabricante (produtor, construtor ou importador), havendo a inversão do ônus da prova, e comprovada a atitude culposa do comerciante a ação se voltaria contra ele? Processualmente qual seria o ganho do consumidor? Até porque normalmente os fabricantes têm um porte financeiro maior do que os comerciantes para arcar com as indenizações. O que nos parece ter sido tratado pelo CDC (ao incluir estas hipóteses de atuação indevida do comerciante) é que a responsabilidade é do fabricante (produtor, construtor ou importador), cabendo a este o direito de regresso contra o comerciante. Sem dizer que é o caminho mais célere e justo para o consumidor.

---

[100] DENARI, Zelmo. Capítulo IV – Da qualidade de produtos e serviços, da prevenção e da reparação dos danos. In: GRINOVER, Ada Pellegrini [et. al.]. *Código Brasileiro de Defesa do Consumidor*: comentados pelos autores do anteprojeto, cit., p. 167-169.

Ao apreciar a possibilidade de se atribuir culpa exclusivamente ao vendedor, com o fim de excluir a responsabilidade do fabricante, Luiz Gastão Paes de Barros Leães expressa que seria necessário ter presentes as características do caso fortuito, algo imprevisível e irresistível, sendo sua conduta culposa pela possibilidade de se prever o fato de terceiro. A jurisprudência americana não exime a responsabilidade do fabricante de indenizar o consumidor em razão da negligência do vendedor, pois o fabricante, mesmo podendo, nada fez para evitar o comportamento culposo do vendedor[101].

Quanto às exclusões de responsabilidade para o fato (defeito) do serviço, o art. 14, § 3º, prevê apenas como excludente de responsabilidade do fornecedor de serviços as hipóteses de que: o defeito inexiste; ou, a culpa é exclusiva do consumidor ou de terceiro. Por isso, nos valemos dos mesmos comentários feitos anteriormente acerca das hipóteses de exclusão de responsabilidade pelo fato do produto.

Sergio Cavalieri Filho pondera que mesmo nos casos de responsabilidade objetiva, como do CDC, é indispensável o nexo causal, por se tratar de uma regra universal de responsabilidade civil, sendo excepcionada nos raríssimos casos em que a responsabilidade é fundamentada no risco integral, não sendo esse o caso do CDC. Por isso, não havendo relação de causa e efeito aplicam-se as hipóteses exonerantes de responsabilidade previstas nos arts. 12, § 3º, e 14, § 3º, do referido diploma consumerista[102].

Roberto Senise Lisboa explica que tão somente a culpa exclusiva do consumidor ou de terceiro é efetivamente excludentes de responsabilidade, pois as demais hipóteses previstas no CDC (arts. 12, § 3º, I e II, 14, § 3º, I) não são excludentes, mas hipóteses de ausência de nexo de causalidade. Dessa forma, se o explorador de atividade de risco comprovar que não foi ele quem colocou o produto no mercado, a responsabilidade recairá sobre quem concretamente o fez[103].

---

[101] LEÃES, Luiz Gastão Paes de Barros. *Responsabilidade do fabricante pelo fato do produto*, cit., p. 168.
[102] CAVALIERI FILHO, Sergio. *Programa de responsabilidade civil*, cit., p. 508.
[103] LISBOA, Roberto Senise. *Responsabilidade civil nas relações de consumo*, cit., p. 270.

Além das hipóteses previstas expressamente no CDC, existem outras espécies de excludentes de responsabilidade não estabelecidas pela referida lei, o que abre margem a discussão da admissão ou não delas como formas de excluir a responsabilidade objetiva dos fornecedores em relações de consumo. Seriam elas: o caso fortuito e a força maior, o risco do desenvolvimento e o fato príncipe (ou fato do príncipe).

Há divergências quanto à possibilidade de o fornecedor esquivar-se de responsabilidade perante o consumidor pela aplicação do caso fortuito e da força maior como excludentes de responsabilidade, haja vista que tais hipóteses não estão expressamente tratadas pelo CDC; porém estão previstas no Código Civil, art. 393.

Apesar da falta de consenso sobre a distinção ou não quanto aos conceitos de caso fortuito e força maior, partiremos do seguinte: o caso fortuito decorre de fato ou ato alheio à vontade das partes envolvidas, como, por exemplo, greve ou guerra; já a força maior deriva de fenômenos naturais, como terremoto ou a queda de um raio. Para a configuração dessas excludentes é preciso haver as seguintes características: 1 – o fato deve ser necessário, não determinado por culpa do devedor; 2 – o fato deve ser superveniente e inevitável; 3 – o fato deve ser irresistível, fora do alcance do poder humano[104].

Rizzatto Nunes expressa que o CDC estabeleceu risco integral ao fornecedor não prevendo o caso fortuito e a força maior como excludentes de responsabilidade; por isso, não pode o fornecedor alegá-las em sua defesa a fim de afastar sua responsabilidade[105].

Tratando da responsabilidade dos provedores de acesso por danos causados aos consumidores em razão de invasão do *site* ou da rede, Newton De Lucca explica que as meras alegações de caso fortuito ou de força maior não excluem a responsabilidade objetiva estabelecida no CDC. Isso mesmo na hipótese de esforço do provedor em aumentar seu sistema de segurança, pois em favor do consumidor pesa a teoria do risco, inerente à atividade empresarial[106].

---

[104] GONÇALVES, Carlos Roberto. *Direito civil brasileiro. Responsabilidade civil*, cit., p. 473.
[105] NUNES, Rizzatto. *Comentários ao Código de Defesa do Consumidor*, cit., p. 195.
[106] DE LUCCA, Newton. Alguns aspectos da responsabilidade civil no âmbito da internet. In: DINIZ, Maria Helena; LISBOA, Roberto Senise (Coords.). *O direito civil no século XXI*. São Paulo: Saraiva, 2003. p. 450.

Roberto Senise Lisboa pondera que, pelo fato de o CDC não ter fixado expressamente como excludentes de responsabilidade o caso fortuito e a força maior, não se pode admiti-las nas relações de consumo, nem mesmo sob o argumento da aplicação subsidiária do Código Civil, por considerar que o microssistema consumerista é incompatível com as normas do sistema civil, que exoneram a responsabilidade por caso fortuito e força maior[107].

Por sua vez, Sílvio de Salvo Venosa explica que a questão de o CDC deixar de prever expressamente o caso fortuito e a força maior não significa que não possam ser exonerantes de responsabilidade, pois do contrário estaríamos diante da responsabilidade pelo risco integral do fornecedor, o que não é o caso do CDC[108].

Antônio Herman V. Benjamin explica que o caso fortuito e a força maior excluem a responsabilidade civil, sendo que o CDC não as elencou entre suas causas excludentes, mas não as nega. Logo, não sendo afastadas pelo CDC aplica-se o direito tradicional e suas excludentes a fim de impedir o dever indenizatório[109].

Zelmo Denari aponta que a doutrina tem aceitado o caso fortuito e a força maior como excludentes de responsabilidade para as relações de consumo, sendo essa a sua posição. O autor pondera que, se o caso fortuito e a força maior advirem antes de o produto entrar na cadeia de consumo, não há a exclusão de responsabilidade, pois o fornecedor tem o dever de garantir a qualidade do produto. Mas, se ocorrem após a entrada do produto no mercado, haverá a exclusão de responsabilidade, pois haverá uma ruptura do nexo causal que liga o defeito ao evento danoso. Neste caso, os acontecimentos imprevisíveis criam obstáculos ao fornecedor que, mesmo de boa vontade, não poderá afastar seus efeitos em

---

[107] LISBOA, Roberto Senise. *Responsabilidade civil nas relações de consumo*, cit., p. 270-271.
[108] VENOSA, Sílvio de Salvo. *Direito civil: responsabilidade civil*, cit., v. 4. p. 167.
[109] BENJAMIN, Antônio Herman V. Fato do produto e do serviço. In: BENJAMIN, Antônio Herman V.; MARQUES, Cláudia Lima; BESSA, Leonardo Roscoe. *Manual de direito do consumidor*, cit., p. 130.

produtos que não estão mais sob seu controle; sendo que nesta hipótese o produto não pode ser tido por defeituoso[110].

Compreendemos que o caso fortuito e a força maior são princípios do Direito, independentemente de previsão no Código Civil, art. 393, ou em outras normas jurídicas; por isso são aplicáveis a todos os tipos de relações jurídicas incluindo as de consumo. Não seriam aplicáveis somente em situações excepcionadas por lei de forma clara e expressa. Assim, aplicando-se o diálogo das fontes entre o CDC e o Código Civil, o caso fortuito e a força maior são cabíveis como excludente de responsabilidade para as relações de consumo. Ambos os institutos são excludentes por afetarem o nexo de causalidade entre conduta e dano ocasionado à vítima.

Agostinho Alvim classifica essas excludentes de responsabilidade em fortuito interno e fortuito externo. O fortuito interno estaria ligado à ação da pessoa, da coisa ou da empresa do agente; já o fortuito externo ligado à força maior (como os fenômenos da natureza). Para o autor, no regime da responsabilidade objetiva, somente o fortuito externo, como causa ligada a fenômenos naturais (bem como a culpa da vítima, o fato do príncipe e outras situações invencíveis que não possam ser evitadas, por exemplo, guerra e revolução), excluiria a responsabilidade[111].

Tomado por essa classificação, Sergio Cavalieri Filho pondera que admitir ou não o caso fortuito e a força maior como excludentes de responsabilidade nas relações de consumo, seja porque o CDC não as previu ou em razão da aplicação do Direito clássico, é uma forma muito simplista. Por isso, compreende que a distinção entre fortuito interno e externo é muito pertinente quanto aos acidentes de consumo. Fortuito interno é fato imprevisível e inevitável, mas que ocorre no momento da fabricação do produto [ou da realização do serviço]; em razão disso não exclui a responsabilidade do fornecedor porque faz parte de sua atividade, vinculando aos riscos do negócio, submetendo-se a noção geral de defei-

---

[110] DENARI, Zelmo. "Capítulo IV – Da qualidade de produtos e serviços, da prevenção e da reparação dos danos". In: GRINOVER, Ada Pellegrini [et. al.]. *Código Brasileiro de Defesa do Consumidor: comentados pelos autores do anteprojeto*, cit., p. 167-168.
[111] ALVIM, Agostinho. *Da inexecução das obrigações e suas consequências*, cit., p. 329-330.

to de concepção do produto ou de formulação do serviço. Ou seja, se o defeito se deu antes da introdução do produto no mercado de consumo [ou durante a prestação do serviço], não importa saber o motivo que determinou o defeito; o fornecedor será sempre responsável pelas suas consequências, mesmo que derivadas de um fato imprevisível e inevitável. Isso já não ocorre com o fortuito externo, sendo esse compreendido como o fato que não guarda nenhuma relação com a atividade do fornecedor, ou seja, é totalmente estranho ao produto ou serviço. Este fato ocorre, via de regra, posteriormente à fabricação ou formulação do produto ou prestação de serviço. Por isso, neste caso, não se pode pensar em defeito do produto [ou do serviço], logo, já estaria abrangido pela excludente da inexistência de defeito. Contudo, o fortuito externo corresponde a uma efetiva força maior que não guarda relação com o produto ou serviço, sendo necessário admiti-lo como excludente de responsabilidade do fornecedor, sob pena de lhe impor uma responsabilidade fundada no risco integral a qual o CDC não adotou[112].

O Superior Tribunal de Justiça (STJ) em muitas decisões tem se pautado por essa diferenciação entre caso fortuito interno e externo, conforme, por exemplo, no Recurso Especial n. 1.199.782-PR, em que ficou estabelecido que a responsabilidade decorrente do risco do empreendimento não admite excludentes consideradas fortuito interno[113]. Este

---

[112] CAVALIERI FILHO, Sergio. *Programa de responsabilidade civil*, cit., p. 185-186 e 502-503.

[113] Ementa: "RECURSO ESPECIAL REPRESENTATIVO DE CONTROVÉRSIA. JULGAMENTO PELA SISTEMÁTICA DO ART. 543-C DO CPC. RESPONSABILIDADE CIVIL. INSTITUIÇÕES BANCÁRIAS. DANOS CAUSADOS POR FRAUDES E DELITOS PRATICADOS POR TERCEIROS. RESPONSABILIDADE OBJETIVA. FORTUITO INTERNO. RISCO DO EMPREENDIMENTO. 1. Para efeitos do art. 543-C do CPC: As instituições bancárias respondem objetivamente pelos danos causados por fraudes ou delitos praticados por terceiros – como, por exemplo, abertura de conta corrente ou recebimento de empréstimos mediante fraude ou utilização de documentos falsos –, porquanto tal responsabilidade decorre do risco do empreendimento, caracterizando-se como fortuito interno. 2. Recurso especial provido" (STJ, Recurso Especial n. 1.199.782-PR. Segunda Seção, rel. Min. Luis Felipe Salomão, *DJe*, 12-9-2011).

tribunal também editou a Súmula n. 479: "As instituições financeiras respondem objetivamente pelos danos gerados por fortuito interno relativo a fraudes e delitos praticados por terceiros no âmbito de operações bancárias".

O fortuito interno não rompe o nexo de causalidade por ser um fato que se liga à organização da empresa, relacionando-se com os riscos da própria atividade desenvolvida, por isso não afasta a responsabilidade. Não basta que o fato de terceiro seja inevitável para a exclusão de responsabilidade do fornecedor, é preciso que seja indispensavelmente imprevisível (no mesmo sentido, Recurso Especial n. 685.662-RJ[114]).

Assim entendemos que o fortuito interno está relacionado a algo que integra o processo produtivo ou de prestação de serviço, não excluindo a responsabilidade do agente; já o fortuito externo é derivado de um fato alheio ou extrínseco à produção do bem ou à execução do serviço, por isso é uma excludente de responsabilidade.

Quanto ao risco do desenvolvimento Antônio Herman V. Benjamin explica que se trata de defeitos que eram desconhecidos em face do estado da ciência e da técnica ao tempo da colocação do produto ou serviço no mercado, ou seja, não eram conhecidos nem previsíveis; sendo revelados ("descobertos") posteriormente. O CDC, ao adotar a respon-

---

[114] Ementa: "Direito processual civil e do consumidor. Recurso especial. Roubo de talonário de cheques durante transporte. Empresa terceirizada. Uso indevido dos cheques por terceiros posteriormente. Inscrição do correntista nos registros de proteção ao crédito. Responsabilidade do banco. Teoria do risco profissional. Excludentes da responsabilidade do fornecedor de serviços. art. 14, § 3º, do CDC. Ônus da prova. – Segundo a doutrina e a jurisprudência do STJ, o fato de terceiro só atua como excludente da responsabilidade quando tal fato for inevitável e imprevisível. – O roubo do talonário de cheques durante o transporte por empresa contratada pelo banco não constituiu causa excludente da sua responsabilidade, pois trata-se de caso fortuito interno. – Se o banco envia talões de cheques para seus clientes, por intermédio de empresa terceirizada, deve assumir todos os riscos com tal atividade. – O ônus da prova das excludentes da responsabilidade do fornecedor de serviços, previstas no art. 14, § 3º, do CDC, é do fornecedor, por força do art. 12, § 3º, também do CDC. Recurso especial provido" (STJ, Recurso Especial n. 685.662-RJ, Terceira Turma, rel. Min. Fátima Nancy Andrighi, DJ, 5-12-2005).

sabilidade objetiva fundada na teoria do risco, não exonera o fabricante, o produtor, o construtor e o importador pelo risco do desenvolvimento. O autor esclarece que os sistemas que aceitam o risco do desenvolvimento como excludente de responsabilidade adotam como critério, não a informação apenas do fornecedor isoladamente, mas as informações de toda a comunidade científica. Os defeitos decorrentes do risco do desenvolvimento são do gênero defeito de concepção, mas neste caso uma consequência da falta de conhecimento científico. Mesmo que o fabricante prove que desconhecia o defeito ao tempo da produção ainda assim terá responsabilidade pelo risco assumido. Mais grave é a situação do fabricante que, após a inserção do produto no mercado, descobre o defeito e se omite. Neste caso, ao defeito de concepção soma-se um defeito de informação[115].

Roberto Senise Lisboa pondera que o Brasil não adotou a excludente do risco do desenvolvimento, razão pela qual o consumidor pode obter indenização pelos danos provocados por produtos que o estado da técnica não considerava prejudiciais aos interesses físicos, psíquicos ou morais, o que são tidos por danos personalíssimos[116].

Conforme relato de Sergio Cavalieri Filho, há aqueles que defendem que o risco do desenvolvimento deveria ser suportado pelo consumidor, pois se o fornecedor tiver que responder por isso o desenvolvimento do setor produtivo poderia se tornar insuportável, a ponto de inviabilizar a pesquisa e o progresso tecnológico, diminuindo o lançamento de novos produtos, pois não conhecendo os defeitos não teriam como incluir isso no preço. Em sentido contrário, outros defendem que o progresso não pode ser suportado pelos consumidores, o que seria um retrocesso à responsabilidade objetiva, cujo fundamento é a socialização do risco, sendo que o setor produtivo pode utilizar-se de mecanismo de aumento de preço e de seguros, mesmo que venha a refletir no valor final do bem. O referido autor entende que os riscos do desenvolvimento devem ser

---

[115] BENJAMIN, Antônio Herman V. Fato do produto e do serviço. In: BENJAMIN, Antônio Herman V.; MARQUES, Cláudia Lima; BESSA, Leonardo Roscoe. *Manual de direito do consumidor*, cit., p. 131-132.
[116] LISBOA, Roberto Senise. *Responsabilidade civil nas relações de consumo*, cit., p. 290.

enquadrados como fortuito interno, ou seja, um risco que integra a atividade do fornecedor, que não exonera sua responsabilidade[117].

No que tange à excludente pelo fato do príncipe ou fato príncipe, esse fenômeno trata-se de um ato derivado do poder público, sem qualquer interferência do afetado, que obriga alguém a fazer ou deixar de fazer algo. Esse conceito genérico aplicado à atividade empresarial pode ser, por exemplo, uma norma jurídica que determina detalhadamente como se deve fabricar certo produto.

Se a norma estabelece de forma estrita como se deve industrializar determinado bem, indicando com precisão os componentes, as quantidades, os métodos do processo fabril etc. sem deixar espaço para a liberdade criativa do empresário; e se por conta disso o produto apresentar algum defeito, nos parece razoável que o fabricante possa ter esse fato como uma excludente de responsabilidade. Ou seja, o fornecedor poderia se esquivar de responsabilização se comprovar que foi o cumprimento fiel da norma que originou o defeito[118].

Diversamente, há muitos produtos que são fabricados mediante o cumprimento de certos padrões de conformidade e qualidade, com a aplicação de técnicas e/ou de insumos estabelecidos pelo poder público, que, entretanto, não restringem a liberdade empresarial completamente quanto à maneira de produzir o bem, pois apenas fixam regras mínimas para garantir maior segurança. O cumprimento dessas normas de conformidade ou qualidade não exclui a responsabilidade do fornecedor, pois há liberdade de empreender na maneira de fabricar e de organizar a atividade empresarial. Isso vale também para os casos de produtos que são testados, aprovados e autorizados pelo poder público, uma vez que isso comprova apenas a conformidade qualitativa dos bens[119], por meio de amostras.

---

[117] CAVALIERI FILHO, Sergio. *Programa de responsabilidade civil*, cit., p. 186-187.
[118] Nesse sentido, SILVA, João Calvão da. *Responsabilidade civil do produtor*, cit., p. 725.
[119] Nesse sentido, ROCHA, Silvio Luís Ferreira da. *Responsabilidade civil do fornecedor pelo fato do produto no direito brasileiro*, cit., p. 109-110. O autor prefere utilizar a expressão "controle imperativo administrativo" como causa excludente de responsabilidade.

Assim, consideramos que o fortuito externo e o fato do príncipe são excludentes de responsabilidade aplicáveis às relações jurídicas sujeitas ao Código de Defesa do Consumidor. O mesmo não vale quanto ao fortuito interno e ao risco do desenvolvimento, tendo em vista a incompatibilidade com a responsabilidade (teoria do risco) adotada pelo CDC.

Contudo, entendemos que as excludentes de responsabilidade admitidas para exonerar a responsabilidade do produtor, do fabricante, do construtor e do importador pelo fato do produto são também aplicáveis ao comerciante quando este for acionado pelas hipóteses do art. 13 (má conservação do produto ou não identificação adequada do fornecedor antecedente). Assim prevê o art. 13: "o comerciante é igualmente responsável nos termos do artigo anterior (...)". O artigo 12, dispositivo anterior, prevê a responsabilidade objetiva no seu *caput*; já o seu § 3º dispõe expressamente sobre as excludentes de responsabilidade: culpa exclusiva da vítima ou de terceiro, inexistência de defeito ou não colocação do produto no mercado. E considerando a admissão de outras excludentes de responsabilidade como o fortuito externo e fato do príncipe para as relações de consumo, elas são também excludentes em favor do comerciante.

6
Responsabilidade dos bancos, das administradoras de cartão de crédito e das gestoras de pagamento

6.1. BANCOS E ADMINISTRADORAS DE CARTÃO DE CRÉDITO

Como grande parte das operações de compras e de prestações de serviços na internet é paga utilizando-se dos meios bancários, de cartão de crédito e do serviço de gestão de pagamento, consideramos ser muito pertinente e útil tecermos ponderações sobre qual a responsabilidade dos bancos, das administradoras de cartão de crédito e das empresas gestoras de pagamento em compras realizadas pela internet. No entanto, não examinaremos questões de *home-banking*, no sentido de movimentações de contas bancárias à distância via internet (*internet-banking*) ou por telefone pelos correntistas, como, investimentos, transferências etc., sob pena de nos distanciarmos muito da proposta desta obra.

Dessa forma, é importante saber qual o nível de responsabilidade dos bancos e das administradoras de cartão de crédito nas compras realizadas pela internet, quando realizadas por meio de pagamento bancário (débito em conta ou até mesmo boleto bancário) ou com o uso do número do cartão de crédito. Isso porque podem surgir inúmeros problemas, como, por exemplo, a denominada "clonagem" de números de cartão bancário e de crédito, a subtração de quantias de contas bancárias, entre outras questões, que precisam ser tuteladas do ponto de vista da responsabilidade civil (no campo penal, algumas condutas vêm sendo tipificadas criminalmente, como, por exemplo, a falsificação de cartão, conforme o parágrafo único do art. 298 do Código Penal, incluído pela Lei n. 12.737/2012)¹. Vale lembrar que esses fatos implicam a desconfiança dos potenciais consumidores de bens no âmbito do comércio eletrônico; não fosse isso, certamente o crescimento do *e-commerce* seria ainda maior.

Conforme o CDC, art. 3º, § 2º, a atividade bancária, financeira, de crédito ou securitária é considerada serviço, enquanto atividade prestada no mercado de consumo, para fins de aplicação da Lei n. 8.078/1990 – Código de Defesa do Consumidor. Após longa discussão acerca da aplicabilidade ou não do CDC enquanto lei ordinária à atividade bancária, pois havia quem sustentasse que seria necessária lei complementar para submeter os bancos à norma de proteção ao consumidor, a questão restou pacificada pela aplicação do CDC à atividade bancária pelo STF e STJ. No STF, a tese firmou-se por meio da decisão proferida na Ação Direta de Inconstitucionalidade – ADI n. 2.591/DF². Já o STJ editou a

---

[1] Os múltiplos aspectos da clonagem de cartões e das invasões de servidores foram tratados em nosso: TEIXEIRA, Tarcisio. *Direito digital e processo eletrônico*, cit., p. 67 e s.

[2] Trecho da ementa: "CÓDIGO DE DEFESA DO CONSUMIDOR. ART. 5º, XXXII, DA CB/88. ART. 170, V, DA CB/88. INSTITUIÇÕES FINANCEIRAS. SUJEIÇÃO DELAS AO CÓDIGO DE DEFESA DO CONSUMIDOR, EXCLUÍDAS DE SUA ABRANGÊNCIA A DEFINIÇÃO DO CUSTO DAS OPERAÇÕES ATIVAS E A REMUNERAÇÃO DAS OPERAÇÕES PASSIVAS PRATICADAS NA EXPLORAÇÃO DA INTERMEDIAÇÃO DE DINHEIRO NA ECONOMIA [ART. 3º, § 2º, DO CDC]. MOEDA E TAXA DE JUROS. DEVER-PODER DO BANCO CENTRAL DO BRASIL. SUJEIÇÃO AO CÓDIGO CIVIL. 1. As instituições financeiras estão, todas elas, alcançadas pela incidência das normas veiculadas pelo Código de Defesa do Consumidor. 2. "Consumidor", para os efeitos do Código de Defesa do Consumidor, é toda pessoa física ou jurídica que utiliza, como destinatário final, atividade bancária, financeira e de crédito. 3. O preceito veiculado pelo art. 3º, § 2º, do Código de Defesa do Consumidor deve ser interpretado em coerência com a Constituição, o que importa em que o custo das operações ativas e a remuneração das operações passivas praticadas por instituições financeiras na exploração da intermediação de dinheiro na economia estejam excluídas da sua abrangência. 4. Ao Conselho Monetário Nacional incumbe a fixação, desde a perspectiva macroeconômica, da taxa base de juros praticável no mercado financeiro. (...)". ADI n. 2.591/DF, STF, Tribunal Pleno, Relator Min. Carlos Velloso, Relator p/ Acórdão: Min. Eros Grau, *DJ*, 29-6-2006.

Súmula n. 297: "O Código de Defesa do Consumidor é aplicável às instituições financeiras".

Ainda quanto à atividade bancária, vale lembrar o teor da Súmula n. 479 do STJ: "As instituições financeiras respondem objetivamente pelos danos gerados por fortuito interno relativo a fraudes e delitos praticados por terceiros no âmbito de operações bancárias". No que se refere ao contrato bancário de abertura de crédito, há a Súmula n. 233 do STJ: "O contrato de abertura de crédito, ainda que acompanhado de extrato de conta corrente, não é título executivo", cabendo, assim, ação monitória para a cobrança do débito junto ao cliente correntista. Especificamente sobre a nota promissória atrelada ao contrato de abertura de crédito, é a Súmula n. 258 do STJ: "A nota promissória vinculada a contrato de abertura de crédito não goza de autonomia em razão da iliquidez do título que a originou".

Cláudia Lima Marques afirma que a responsabilidade dos bancos é pacífica quanto aos deveres contratuais de cuidado e segurança quanto às retiradas, às assinaturas falsas e aos problemas em cofres. Já a falha externa do serviço bancário, como a abertura de conta fantasma com dados da vítima, bem como possível inscrição em órgão de proteção ao crédito (como Serasa), impõe responsabilidade objetiva aos bancos, pois a vítima é equiparada à consumidora tendo direito à reparação por dano material e/ou moral. Pode-se, ainda, mencionar os problemas com assaltos em agências bancárias e a descoberta de senhas em caixas eletrônicos como acidentes de consumo, como hipóteses sujeitas a aplicação do art. 14 do CDC[3].

Sergio Cavalieri Filho sintetiza o assunto ao lecionar que quanto a vícios e defeitos decorrentes da atividade desenvolvida pelos bancos, sua responsabilidade é contratual em relação aos seus clientes e extracontratual em relação a terceiros[4].

---

[3] MARQUES, Cláudia Lima. "Da responsabilidade pelo fato do produto e do serviço". In: MARQUES, Cláudia Lima; BENJAMIN, Antônio Herman V.; MIRAGEM, Bruno. *Comentários ao Código de Defesa do Consumidor*. 2. ed. São Paulo: RT, 2006. p. 291.

[4] CAVALIERI FILHO, Sergio. *Programa de responsabilidade civil*, cit., p. 417.

Na esfera das compras pela internet, os bancos – enquanto prestadores de serviços – respondem pelos vícios e defeitos decorrentes do seu serviço prestado efetivamente, especialmente pelos vícios e defeitos de seus instrumentos de pagamento. Assim, havendo problemas decorrentes da operação bancária, como débito em conta não autorizado; débito em duplicidade; não realização da ordem de pagamento feita pelo consumidor, mesmo havendo saldo positivo na conta bancária, o que implica a não concretização do negócio etc. A responsabilidade dos bancos fica limitada ao serviço que se compromete a realizar não podendo, por exemplo, ser responsabilizado pelo vício ou defeito do produto, objeto da compra e venda entre o consumidor e o titular do *site* de estabelecimento virtual, pois falta nexo de causalidade entre o dano e a conduta do banco.

Quanto à extensão da responsabilidade civil dos bancos, perante o consumidor que compra um produto ou toma um serviço pela internet, aplica-se o CDC acerca das regras de responsabilidade por defeito e por vício do serviço, conforme os arts. 14 a 25. Perante o fornecedor do bem, os bancos também são responsáveis pelos vícios e defeitos decorrentes da sua prestação de serviço[5]; mas quanto à aplicação do CDC deve-se atentar e verificar se o fornecedor pode ser considerado consumidor, ou seja, destinatário final do serviço bancário. Particularmente, compreendemos que o serviço prestado pelo banco a um profissional se trata de insumo para sua atividade de venda, prestação de serviço etc. pela internet; por isso, não poderá ser considerado consumidor por lhe faltar o caráter de destinatário final (se for um vendedor eventual – não profissional – será tido um consumidor destinatário final). Mas, como visto anteriormente, há quem possa entender que se houver vulnerabilidade aplicar-se-á o CDC em favor do profissional (ora vendedor), considerando-o um consumidor, portanto.

Quanto às administradoras de cartão de crédito, elas desempenham atividades financeira e de crédito, conforme o art. 3º, § 2º, do

---

[5] Serviço significa um fazer, ou melhor, qualquer atividade humana prestada licitamente, de forma material ou imaterial, sendo que o Código Civil, nos arts. 593 a 609, possui um regramento jurídico para o contrato de prestação de serviços.

CDC, ao prever que estas atividades são consideradas serviço, enquanto atividade prestada no mercado de consumo. A propósito, vale a transcrição da Súmula n. 283 do STJ: "As empresas de administração de cartão de crédito são instituições financeiras e, por isso, os juros remuneratórios por elas cobrados não sofrem as limitações da Lei de Usura".

Como já apontado anteriormente, o cartão de crédito é uma das formas de cumprir uma obrigação; tratando-se de um contrato inominado derivado da mistura de abertura de crédito e de prestação de serviços.

Sobre a responsabilidade civil da administradora de cartão de crédito, esta decorre da prestação de serviço que a instituição se compromete a prestar, ou seja, fornecer um cartão de crédito ao seu cliente para que este possa usar a linha de crédito junto à rede de fornecedores credenciados pela operadora. Existindo problemas derivados desta prestação de serviço, seja por vício seja por defeito, haverá a responsabilidade da administradora do cartão nos termos do CDC, arts. 20 e 14, respectivamente. Resultando de defeito, a responsabilidade da administradora do cartão é objetiva, como no caso de não realização de compras pelo cliente, havendo o indevido lançamento na fatura de pagamento e inclusão imprópria do nome do cliente em lista de proteção ao crédito, como Serasa, uma vez que implica dano de ordem moral e/ou patrimonial. Caberá à administradora para eximir-se de culpa demonstrar, por exemplo, que a compra foi concretizada em decorrência da culpa exclusiva da vítima por ter fornecido os dados do cartão de crédito a terceiro.

Mas frise que a responsabilidade da administradora do cartão limita-se ao serviço financeiro e de crédito que ela se presta a realizar, não podendo ser responsabilizada, por hipótese, pelo vício ou pelo defeito de um produto adquirido via internet pelo consumidor junto ao vendedor, por faltar nexo causal à espécie.

Nos negócios realizados pela internet (e também nos concretizados fora deste âmbito virtual), a extensão da responsabilidade civil das administradoras de cartões é fundamentada no CDC em relação ao consumidor que compra um produto ou toma um serviço. Já diante do profissional que vende o produto ou presta o serviço, a administradora também é responsável pelos vícios e defeitos decorrentes da sua prestação de serviço; porém, entendemos que o serviço prestado pela administradora de cartão de crédito junto ao profissional cuida de insumo para sua atividade realizada via internet. Logo, não pode ser considerado consumidor destinatário final do serviço prestado pela administradora do cartão (exceção seria o caso do vendedor não habitual, esporádico, tido por destinatário final).

Nesse sentido, o Tribunal de Justiça do Estado de São Paulo decidiu que a relação entre o titular de loja de venda pela internet e administradora de cartão de crédito não é uma relação de consumo, pois as partes são dois empresários que firmaram, de forma livre, contrato para fomentar seus respectivos negócios, estabelecendo entre si direitos e deveres bem definidos. Por isso, o dever da administradora consiste apenas em verificar a validade do cartão e o limite de crédito do portador, não sendo abusiva a cláusula que transfere o risco ao lojista e exime de responsabilidade a administradora[6], como no caso de o comprador não reconhecer a compra ou desistir do negócio, pois o respectivo valor não será repassado à loja ou, se for o caso, será estornado.

A clonagem do cartão de crédito é outro defeito neste tipo de prestação de serviço, impondo responsabilidade à administradora pela falta de segurança que se espera do serviço oferecido e prestado. No comércio eletrônico, é relativamente comum haver a clonagem de cartões de crédito a partir dos números fornecidos pelos clientes de compras pela internet.

Entendemos que nos negócios feitos pela internet (ou fora dela) com dados bancários ou números de cartão de crédito, cujo titular não foi quem efetuou a compra, não há ônus ao correntista ou ao titular do cartão de crédito quanto à despesa, haja vista a falha do fornecedor do bem em não conferir (e identificar) se o comprador era efetivamente a pessoa de direito que poderia realizar a compra.

---

[6] Ementa: "Compra com cartão de crédito em loja virtual. Ação de cobrança ajuizada pelo vendedor em face da administradora do cartão de crédito. Cláusula que prevê a responsabilidade do vendedor quando o titular do cartão de crédito não reconhece a compra. Ausência de abusividade. Contrato firmado entre empresários. Ausência de prova das reclamações. Incumbe à Ré demonstrar fato extintivo do direito da Autora, consistente na existência das reclamações dos clientes. Recurso desprovido". TJSP, Apelação n. 0003733-23.2011.8.26.0152, TJSP, Trigésima Câmara de Direito Privado, DJe, 18-12-2012.

Sergio Cavalieri Filho, ainda que não tratando especificamente sobre compras pela internet, explica que, neste caso, não pode o consumidor responder pela falta de cautela do titular do estabelecimento comercial[7].

Na internet, o serviço contratado pelos fornecedores funciona *on-line* com as administradoras de cartão de crédito e instituições bancárias, para que estas confiram, por meio de seus sistemas de informática, a veracidade e a "legitimidade" dos dados fornecidos pelo comprador, arcando com eventuais custos derivados de fraude.

Cláudia Lima Marques elucida que nas operações bancárias pela internet, a falsidade na ordem de pagamento ou a culpa de terceiro, como do *hacker* [*cracker*][8] não afasta a responsabilidade do banco, podendo ser aplicada por analogia a Súmula n. 28 do STF: "O estabelecimento bancário é responsável pelo pagamento de cheque falso, ressalvadas as hipóteses de culpa exclusiva ou concorrente do correntista". Caso os programas de computador e os equipamentos de informáticas utilizados pelos bancos nas operações pela internet não funcionem adequadamente, com o nível de segurança que deles se espera, há um risco profissional do banco, o que implica responsabilidade objetiva[9]. Os argumentos da autora são plenamente aplicáveis às operações com cartão de crédito.

Newton De Lucca leciona que se houver falha nos equipamentos de segurança ou nos *softwares* quanto ao processamento de dados, haverá a responsabilidade civil do banco, quer derive do risco empresarial, quer decorra do regime do CDC, quer resulte da teoria do risco do desenvolvimento. Na opinião do autor o caso fortuito e a força maior não afastam a responsabilidade estabelecida pelo CDC, mas sim a culpa do cliente, que agiu de forma negligente com relação aos seus dados bancários[10].

---

[7] CAVALIERI FILHO, Sergio. *Programa de responsabilidade civil*, cit., p. 423.
[8] Os *hackers* têm a intenção de invadir e bisbilhotar ou mesmo de impedir invasões, já os *crackers* têm o claro propósito doloso de causar prejuízo por meio da invasão e da subtração de dados objetivando alcançar vantagem para si ou para outrem.
[9] MARQUES, Cláudia Lima. "Sociedade de informação e serviços bancários: primeiras observações". *Revista de direito do consumidor*, n. 39. São Paulo: RT/ Instituto Brasileiro de Política e Direito do Consumidor, jul./set. 2001. p. 69.
[10] DE LUCCA, Newton. "Aspectos atuais da proteção aos consumidores no âmbito dos contratos informáticos e telemáticos". In: DE LUCCA, Newton;

Assim, compreendemos que havendo débitos indevidos em conta bancária do titular em razão de negócios não realizados por ele na internet ou fora dela, o banco responderá pelas consequências do dano provocado, devendo ressarcir o correntista. O mesmo se dá quanto ao lançamento em faturas de pagamento por compras não realizadas pelo cliente da administradora de cartão, seja na internet ou não. Em ambos os casos, caberá ao fornecedor de serviço (banco ou administradora de cartão) comprovar a culpa exclusiva da vítima para livrar-se da responsabilidade. Especificamente sobre as compras pela internet, as clonagens, as invasões de servidores etc. que causam prejuízos a correntistas e clientes de administradoras têm sido consideradas como fortuitos internos, não sendo admitidas como culpa exclusiva de terceiro, na medida em que ao se violar o sistema de segurança o fornecedor é corresponsável por isso.

6.2. GESTORAS DE PAGAMENTO

Sem prejuízo do que foi tratado no item sobre gestão de pagamento, no que diz respeito à responsabilidade das empresas que realizam tal operação, vale lembrar que a gestão de pagamento é serviço é oferecido por empresas especializadas ou por *sites* intermediários ao disponibilizar uma forma mais segura para a concretização do negócio pela internet. O serviço de gestão de pagamento pode ser oferecido exclusivamente por empresas especializadas em tão somente efetuar a gestão de pagamentos, como o PayPal e o PagSeguro. Eles podem ser denominados como gestoras ou caucionadoras; isso porque as gestoras de pagamento são prestadores de serviço apenas quanto à forma de pagamento, mas não intermediários enquanto facilitadores de compras e vendas. Mas, existem alguns *sites* intermediários que realizam a aproximação entre vendedores e compradores que oferecem complementarmente o serviço adicional de gestão de pagamento, como o www.mercadopago.com.br (pertencente ao grupo MercadoLivre) e o www.bcash.com.br (do grupo Buscapé).

A gestão de pagamento consiste em o consumidor efetuar o pagamento à gestora (caucionadora), que por sua vez retém o valor por certo

---

SIMÃO FILHO, Adalberto (Coords.). *Direito e internet* – aspectos jurídicos relevantes. São Paulo: Quartier Latin, 2008. v. 2. p. 61 e 70-72.

período até que o consumidor confirme que recebeu a mercadoria adequadamente, para aí sim liberar a quantia ao vendedor. Nessa hipótese, além de vendedor, comprador e intermediário há a figura da gestora de pagamento. A remuneração pela gestão do pagamento segue um padrão estabelecido contratualmente pelo fornecedor deste serviço, com preço mínimo e máximo e variações de acordo com o valor negociado, não se confundindo com a remuneração do intermediário.

Ao se utilizar o serviço de gestão de pagamento do próprio intermediário (por exemplo, o MercadoLivre oferecendo o serviço do MercadoPago), o adimplemento da obrigação é feito pelo comprador à empresa gestora – via boleto bancário, débito em conta ou cartão de crédito –, a qual retém o valor até que se confirme a entrega do bem ao consumidor (que se dá pelo silêncio deste), para ao final liberar a quantia ao vendedor, havendo assim uma relação jurídica que envolve comprador, vendedor e gestor. No entanto, é comum o comprador optar por concretizar o negócio diretamente com o vendedor, efetuando o pagamento diretamente a ele. Neste caso a relação jurídica decorrente da compra e venda fica restrita apenas a comprador e vendedor. Em ambos os casos o intermediário será remunerado por comissão, mas no primeiro caso com o acréscimo pelo serviço de gestão de pagamento.

A atividade em si realizada pelas empresas gestoras de pagamento não se enquadra como atividade comercial em sentido estrito, pois não desenvolvem atividade de circulação (intermediação) de bens ou de serviços. São empresas efetivas prestadoras de serviços que se comprometem a gerir (obrigação de fazer) o pagamento feito pelo comprador ao vendedor, respondendo pelos problemas decorrentes da má prestação do seu serviço (gestão de pagamento), conforme a responsabilidade pelo fato ou vício do serviço, fundamentada no CDC, art. 14 e 20, respectivamente. Não pode ser atribuída à gestora de pagamento responsabilidade pelo fato ou vício do produto ou serviço comercializado por terceiro, se o serviço pelo qual se comprometeu foi realizado adequadamente, ou seja, a gestão do pagamento.

Estamos diante de duas relações jurídicas, do comprador com o vendedor e do comprador com a gestora de pagamento. Apesar de a empresa gestora ser considerada fornecedora e o comprador consumidor, de acordo com o CDC, a gestora responde apenas pelos problemas decorrentes dos seus serviços efetivamente prestados, não podendo ser responsabilizado no que tange ao bem adquirido e às prestações obrigacionais do vendedor. Do ponto de vista jurídico, a responsabilidade do, agente fiduciário equipara-se à do banco no financiamento de um bem, pois são dois contratos: mútuo e compra e venda, os quais diferem entre si pela divergência entre o objeto e as partes envolvidas. Por isso, a gestora deverá estabelecer sua posição de forma clara e objetiva, esclarecendo que não está relacionada com a compra e venda em si, firmada entre comprador e vendedor do bem[11].

Contudo, entendemos que a gestão de pagamentos é uma prestação de serviços que implica ao seu prestador as responsabilidades daí derivadas, ou seja, pelo fato (defeito) ou vício do serviço, conforme os arts. 14 e 20 do CDC se houver relação de consumo (sem prejuízo da aplicação subsidiária do regime do Código Civil, arts. 593 a 609, sobre o contrato de prestação de serviço). Mas essa responsabilidade está relacionada tão somente ao serviço prestado de gestão de pagamento, não devendo ser estendida aos defeitos e vícios dos produtos e dos serviços comercializados por fornecedores e adquiridos por interessados via *site* de intermediação.

E como fica a responsabilidade da gestora de pagamento perante o vendedor do produto ou o prestador do serviço, haja vista ser uma relação entre fornecedores? Como visto anteriormente, na operação de gestão de pagamentos o consumidor compra, por exemplo, usando seu cartão de crédito; assim a gestora de pagamento avalia o negócio e pode antecipar o repasse do pagamento ao fornecedor antes mesmo de tê-lo recebido da administradora de cartão de crédito. Este repasse é feito normalmente após quatorze dias, pois se neste prazo o consumidor não se manifestar ficará entendido que ele recebeu o bem adquirido e que nenhum vício o afeta, tendo então o fornecedor atendido às especificações da contratação. Neste caso a empresa de pagamento caucionado recebe o valor da compra junto à administradora de cartão de crédito (conforme o prazo contratual, normalmente data fixa ou após trinta dias), mas pode liberar

---

[11] VERÇOSA, Haroldo Malheiros Duclerc. "Agente fiduciário do consumidor em compras pela internet: um novo negócio nascido da criatividade mercantil". *Revista de Direito Mercantil, Industrial, Econômico e Financeiro*, n. 118, cit., p. 91-92.

antecipadamente o recurso ao vendedor do produto, mediante cobrança de uma porcentagem que se adiciona a sua remuneração pela gestão do pagamento (algo semelhante ao que acontece no *conventional factoring*[12]). Esse acordo de antecipação dos recursos entre vendedor e gestora de pagamento não pode afetar em nada o consumidor que eventualmente tiver direito a devolução do valor, como, por exemplo, por vício não sanado em um produto ou pelo seu não recebimento.

Ocorre que, às vezes, estes pagamentos são liberados mesmo com o aviso do consumidor que o bem não foi entregue; ou que chegou com algum vício. Além disso, o consumidor pode exercer seu direito de arrependimento e assim desfazer o negócio, devendo ser ressarcido integralmente da quantia paga, conforme determina o art. 49 do CDC.

Sobre a questão de o vendedor enviar a mercadoria ao comprador sem confirmar a realização do pagamento, há decisão proferida pelo Tribunal de Justiça do Estado do Rio de Janeiro cujo entendimento foi o de que a fraude não teria ocorrido se o usuário tivesse atuado conforme as regras fixadas pelo fornecedor (MercadoLivre e MercadoPago). Isso porque tendo o usuário optado pela negociação via comércio eletrônico tem o dever de se familiarizar com seus meandros, dentre os quais a confirmação das operações por meio de consulta em sua conta exclusiva de usuário. Por isso, houve falta de diligência do usuário ao desprezar a

---

[12] *Conventional factoring* é a operação em que créditos são transferidos (normalmente por endosso, mas pode ser por cessão de crédito) pela empresa faturizada à faturizadora, a qual adianta o valor desses créditos à faturizada, mediante taxa de deságio, sendo a cobrança realizada pela faturizadora junto aos devedores nos respectivos vencimentos. Assim, a faturizada tem uma antecipação dos créditos, não precisando aguardar os vencimentos para recebê-los. Diversamente, no *maturity factoring* há a negociação dos créditos em que a faturizada transfere-os à faturizadora, que, por sua vez, se encarrega de cobrá-los nos respectivos vencimentos para então repassá-los (pagá-los) à faturizada (endossante ou cedente), mediante comissão. Nesse caso, a faturizadora exerce apenas uma função de cobrança e administração de crédito, podendo-se dizer que essa é uma forma de o credor terceirizar seu departamento de contas a receber.

Para maiores informações sobre contrato de *factoring*, veja nosso: TEIXEIRA, Tarcísio. *Direito empresarial sistematizado*: doutrina, jurisprudência e prática. 9. ed., cit., p. 442 e s.

ferramenta disponibilizada pelo *site* de aproximação comercial, provocando o rompimento do nexo causal entre a atividade da intermediária e o dano sofrido[13].

O STJ, ao julgar o Recurso Especial 1.107.024-DF, considerou que o MercadoLivre é responsável por fraude perpetrada no âmbito de uma compra e venda realizada com o seu serviço de gestão de pagamento denominado MercadoPago. Na hipótese, o vendedor enviou a mercadoria ao comprador após receber uma mensagem falsa do comprador, mas intitulada como do MercadoPago, afirmando que o pagamento estava confirmado podendo a mercadoria ser enviada. O ajuizamento da ação pelo vendedor contra o MercadoLivre (titular do MercadoPago) pleitea-

---

[13] Ementa: "INDENIZATÓRIA. DANOS MATERIAIS. SITE DE APROXIMAÇÃO COMERCIAL. MERCADOLIVRE E MERCADOPAGO. USUÁRIO QUE ENVIOU O PRODUTO SEM CONFIRMAR O PAGAMENTO JUNTO À FERRAMENTA DE SEGURANÇA DISPONIBILIZADA PELO SITE. Sentença que constatou que o autor não seguiu as instruções para verificar sua conta no 'MercadoPago', antes de enviar a mercadoria, a eximir o MercadoLivre de qualquer responsabilidade. Improcedência da pretensão de ressarcimento do valor do produto. Cerne da questão que consiste na existência ou não de responsabilidade civil de fornecedor de serviços – aproximação comercial pela internet – pela entrega de produto pelo consumidor-ofertante que não respeitou as devidas cautelas e não usou as ferramentas de segurança disponibilizadas no site, em especial a verificação do pagamento na conta do "MercadoPago". Atuação do consumidor que se mostra a causa exclusiva do dano, eis que se tivesse observado as regras de segurança fixadas pelo fornecedor, a fraude não teria se perpetrado. Consumidor que opta pela negociação via comércio eletrônico tem o dever de se familiarizar com os seus meandros, dentre os quais a confirmação das transações através de consulta em sua conta exclusiva de usuário. Prova dos autos a confirmar que a falta de diligência do usuário, que desprezou a ferramenta disponibilizada pelo *site* de aproximação comercial para a confirmação do pagamento, foi a causa única e adequada do evento, a romper o nexo de causalidade entre a atividade do apelado e o dano sofrido pelo apelante. Precedentes do TJRJ. Subsunção do fato na norma do artigo 14, § 3º, inciso II, do Código de Proteção e Defesa do Consumidor. Recurso em confronto com jurisprudência dominante do TJRJ. Art. 557, *caput*, do CPC. NEGATIVA DE SEGUIMENTO" TJRJ, Apelação Cível n. 2009.001.69489, Décima Oitava Câmara Cível, rel. Des. Célia Maria Vidal Meliga Pessoa, j. 23-12-2009.

va o ressarcimento do valor do produto enviado por engano. O vendedor, pessoa física, foi considerado consumidor, e o fato de ele ter descumprido uma providência (a de conferir autenticidade da mensagem supostamente gerada pelo sistema eletrônico antes do envio do produto), mencionada no *site*, mas não no contrato, não era suficiente para eximir o prestador do serviço da responsabilidade pela segurança do serviço por ele implementado, sob pena de transferência ilegal de um ônus que é próprio da atividade empresarial explorada. Neste caso aplicou-se o CDC, asseverando que qualquer estipulação pelo fornecedor de cláusula exoneratória ou atenuante fere a proibição do seu art. 25[14].

Conforme a decisão judicial, a responsabilidade da gestora de pagamento é objetiva, sendo que o sistema de intermediação não ofereceu a segurança que dele legitimamente se esperava, dando margem à fraude, que consistiu em um *e-mail* falso do comprador utilizando o nome do MercadoPago, havendo assim nexo de causalidade entre o dano e a falha

---

[14] Ementa: "DIREITO DO CONSUMIDOR. RECURSO ESPECIAL. SISTEMA ELETRÔNICO DE MEDIAÇÃO DE NEGÓCIOS. MERCADO-LIVRE. OMISSÃO INEXISTENTE. FRAUDE. FALHA DO SERVIÇO. RESPONSABILIDADE OBJETIVA DO PRESTADOR DO SERVIÇO. 1. Tendo o acórdão recorrido analisado todas as questões necessárias ao deslinde da controvérsia não se configura violação ao art. 535, II do CPC. 2. O prestador de serviços responde objetivamente pela falha de segurança do serviço de intermediação de negócios e pagamentos oferecido ao consumidor. 3. O descumprimento, pelo consumidor (pessoa física vendedora do produto), de providência não constante do contrato de adesão, mas mencionada no *site*, no sentido de conferir a autenticidade de mensagem supostamente gerada pelo sistema eletrônico antes do envio do produto ao comprador, não é suficiente para eximir o prestador do serviço de intermediação da responsabilidade pela segurança do serviço por ele implementado, sob pena de transferência ilegal de um ônus próprio da atividade empresarial explorada. 4. A estipulação pelo fornecedor de cláusula exoneratória ou atenuante de sua responsabilidade é vedada pelo art. 25 do Código de Defesa do Consumidor. 5. Recurso provido" (STJ, Recurso Especial n. 1.107.024-DF, Quarta Turma, rel. Min. Maria Isabel Gallotti, *DJe*, 14-12-2011).

No mesmo sentido, Tribunal de Justiça do Estado de São Paulo, Trigésima Câmara de Direito Privado, Apelação n. 0208520-78.2008.8.26.0100, *DJe*, 30-1-2013, rel. Des. Ana de Lourdes Coutinho Silva; e, Tribunal de Justiça do Estado de Santa Catarina, Segunda Câmara de Direito Civil, Apelação Cível n. 2012.012275-0, rel. Trindade dos Santos, *DJe*, 13-8-2012.

de segurança do serviço oferecido. Além do mais, os dados cadastrais do comprador eram falsos, não tendo assim a gestora o cuidado de identificar adequadamente o suposto fraudador (o que seria um dever de conduta).

A gestão de pagamento realizada pela gestora ao fornecedor do bem, efetivamente, é um contrato de prestação de serviço em que a gestora é tida como fornecedora. Entretanto, aquele vendedor de produtos ou prestador de serviços que se utiliza deste tipo de serviço de gestão de pagamento não pode ser considerado consumidor quando for um vendedor ou prestador habitual e profissional, em que a gestão é um insumo para o desenvolvimento de sua atividade. Neste caso aplicam-se as regras contratuais e legais do direito privado. Por exemplo, havendo o direito de arrependimento do consumidor, no prazo de sete dias, da entrega do bem, as partes podem convencionar que nada será devido à gestora de pagamento; ou o contrário, que sua remuneração será devida mesmo nestes casos. Isso porque se estará diante da autonomia privada exercida no campo negocial.

Dessa forma, o direito de arrependimento nas compras pela internet pode ser exercido, conforme o art. 49 do CDC, independentemente de justificativa, devendo a gestora de pagamento estabelecer de forma clara diante das partes, comprador e vendedor, que não se responsabiliza pelos efeitos derivados da desistência, não cabendo-lhe qualquer participação em tal situação[15].

Assim, compreendemos que a gestora de pagamento responde pelos defeitos e vícios referentes aos serviços que efetivamente presta aos seus usuários (vendedores e compradores de produtos e prestadores e tomadores de serviço), sendo que, se estes forem fornecedores profissionais e habituais, não haverá relação de consumo suscetível de aplicação do CDC, devendo, neste caso, ser aplicadas as regras contratuais e as normas ordinárias do direito privado.

---

[15] VERÇOSA, Haroldo Malheiros Duclerc. Agente fiduciário do consumidor em compras pela internet: um novo negócio nascido da criatividade mercantil. *Revista de Direito Mercantil, Industrial, Econômico e Financeiro*, n. 118, cit., p. 92-93.

7
Limites da responsabilidade civil nas compras pela internet

Realizadas as ponderações acerca da responsabilidade civil, contratual e extracontratual, bem como os fundamentos na doutrina subjetiva e objetiva e o seu regramento jurídico no Código de Defesa do Consumidor e no Código Civil, passamos agora a investigar qual é a extensão da responsabilidade civil dos intermediários de compras pela internet no Brasil, tendo em vista as várias possibilidades de negócios que existem no comércio eletrônico.

Para tanto será discorrido sobre a solidariedade passiva entre fornecedores e a posição do intermediário, as hipóteses de responsabilidade subsidiária e objetiva do intermediário, bem como as de responsabilidade subjetiva, a fim de que se possa aplicar tudo isso aos intermediários de compras pela internet, especialmente pelo fato (defeito) do produto.

Entre as raras manifestações doutrinárias, Marcel Leonardi entende que estas empresas de intermediação de negócios na internet não podem ser equiparadas às empresas jornalísticas, pois estas recebem valores apenas pela disponibilização de espaço publicitário, aquelas, além desse valor pela disponibilização publicitária em seu *site*, também recebem um valor sobre as vendas. Por isso, o recebimento da comissão ligado à concretização no negócio impõe a essas empresas o dever de fiscalizar os anúncios realizados pelos fornecedores, haja vista se beneficiarem diretamente das vendas efetivadas por seu intermédio. De acordo com o autor, caso não houvesse a cobrança da comissão, apenas o valor pelo espaço publicitário, o intermediário seria equiparado a veículo de comunicação, como um jornal que possui a seção de classificados, isentando-se de responsabilidade pelos negócios realizados, bem como do dever de fiscalizar o conteúdo dos anúncios, atribuição que caberia aos eventuais lesados. Por isso, a cobrança da comissão sobre os negócios concretizados implica responsabilidade objetiva do intermediário pelos produtos e serviços comercializados, sendo que tanto o comprador como o vendedor são tidos como consumidores dos serviços de intermediação[1].

Patricia Peck Pinheiro, empregando a terminologia leilão virtual, ainda que chame a atenção para a imperfeição da expressão, pondera que neste tipo de intermediação não há interação com um leiloeiro. Alguns *sites* cobram comissão sobre as vendas; outros lucram somente pelos anúncios publicitários. Nesta derradeira hipótese, o *site* assemelha-se a um classificado, não acarretando nenhuma responsabilidade quanto à qualidade dos produtos negociados; a responsabilidade será apenas do vendedor anunciante. Mas quando o *site* cobra uma comissão, age como se fosse um leiloeiro e, neste caso, deveria garantir todos os produtos negociados (algo difícil pelo grande volume), tornando-se, portanto, responsável perante o consumidor. Dessa forma, a empresa intermediária deveria conhecer os bens negociados, o que traria credibilidade ao seu *site*. Contudo, é a comissão recebida pelas vendas quem vai definir se o *site* é uma feira virtual (*e-market*), funcionando apenas como uma vitrine publicitária, sem responsabilidade pelos bens; ou se será um "leilão virtual", com ônus da responsabilidade daí decorrente[2].

Marcel Leonardi leciona que, se não há cobrança de comissão sobre os negócios concretizados, funcionando o *site* como classificado, não haverá ao seu titular responsabilidade, sendo esta exclusiva daquele vendedor que veiculou o anúncio, conforme o art. 30 do CDC[3].

Independentemente de o intermediário receber ou não comissão sobre as vendas, quando a compra for realizada com o uso do sistema de gestão de pagamentos (oferecido e prestado pelo *site* intermediário),

---

[1] LEONARDI, Marcel. *Responsabilidade civil dos provedores de serviços de internet*, cit., p. 185-186.
[2] PINHEIRO, Patricia Peck. *Direito digital*, cit., p. 189-190.
[3] LEONARDI, Marcel. *Responsabilidade civil dos provedores de serviços de internet*, cit., p. 187.

haverá a responsabilidade pelo serviço realizado, de gestão de pagamento, seja por defeito ou vício neste serviço de gestão. Neste caso, aplicam-se os arts. 14 e 20 do CDC.

É preciso explicitar que a jurisprudência brasileira tem divergido sobre a extensão da responsabilidade dos intermediários de compras pela internet. Vejamos, por exemplo, a posição do Tribunal de Justiça do Estado de Mato Grosso do Sul, o qual considerou que as intermediárias eram parte legítima para responder à demanda, condenando-as (Ebazar – MercadoLivre) à restituição da quantia paga e reparação de danos pela ausência de entrega do bem pelo vendedor. A decisão expressou que houve falha no serviço prestado de intermediação, pois mesmo a consumidora tendo efetuado o pagamento, não houve a entrega do produto comprado pela internet, tendo, portanto, violado a confiança depositada pelo consumidor, por isso o dever de indenizar. Conforme a decisão, ao disponibilizar informações de empresas de comércio eletrônico cadastradas no *site*, as intermediárias não apenas funcionam como meras hospedeiras dos vendedores, mas também contribuem diretamente para a realização dos negócios ofertados. As empresas intermediárias participam da cadeia negocial de compra e venda pela internet, tendo proporcionado a confiabilidade do consumidor e o incentivado a adquirir por meio de seu *site*. Aplicou-se ao caso a teoria da aparência, por não se exigir que o consumidor tenha conhecimento acerca dos limites da responsabilidade de cada elo empresarial, podendo acionar qualquer das empresas integrantes da referida cadeia. Acrescente-se que as intermediárias foram condenadas de acordo com a responsabilidade objetiva[4].

---

4 Ementa: "APELAÇÃO CÍVEL – AÇÃO DE RESTITUIÇÃO DE QUANTIA PAGA COMINADA COM REPARAÇÃO POR DANOS MORAIS – PRELIMINAR DE ILEGITIMIDADE PASSIVA – REJEITADA – MÉRITO – COMPRA DE PRODUTO PELA INTERNET – AUSÊNCIA DE ENTREGA – DANO MORAL CONFIGURADO – SENTENÇA MANTIDA PELOS PRÓPRIOS FUNDAMENTOS – APELO IMPROVIDO. Evidenciada a falha do serviço prestado pelas empresas que intermediaram a compra realizada pela internet, em que pese o pagamento efetuado pela consumidora, não havendo a entrega do produto comprado, violando a confiança depositada pelo consumidor, resta evidente o dever de indenizar. A fixação do *quantum* indenizatório deve atender ao princípio da razoabilida-

Contrariamente, o Tribunal de Justiça do Estado de São Paulo considerou que não havendo a entrega do bem comprado pela internet, mesmo tendo o consumidor efetuado o pagamento, não procede o pedido de indenização contra a empresa intermediária (MercadoLivre), haja vista a ausência de demonstração que a conduta da ré contribuiu para o prejuízo experimentado pelo autor, não tendo, portanto, havido falha na prestação de serviço. Conforme a decisão, embora a ré receba comissão pelas negociações concretizadas, há orientações sobre a disponibilidade do serviço de pagamento caucionado (MercadoPago) que implica uma compra segura, bem como o consumidor é alertado sobre os riscos de efetuar o pagamento diretamente ao vendedor antes de receber a mercadoria. Não pode a intermediária ser responsabilizada pelo risco da atividade de anunciante de produtos à venda, pois escolhida a forma de pagamento pelo consumidor, sua relação jurídica passa a ser estabelecida exclusivamente com o vendedor por meios que extrapolam os limites do espaço do *site* que a intermediária possui na rede mundial de computadores. Não foi a conduta da ré a causa do prejuízo experimentado, uma vez que sua participação limitou-se apenas a oferecer um ambiente virtual para a negociação entre vendedor e comprador. O sistema de qualificação dos vendedores, mantido pela intermediária, por meio do qual são avaliados pelos compradores, não serve para orientação do comprador, não garantindo, de modo nenhum, o sucesso da negociação[5].

Compreendemos que, apesar de o recebimento de comissão sobre as vendas possa ser um critério para se aferir a responsabilidade dos in-

---

de, pelo que se deve levar em conta as circunstâncias em que se deram o fato e os limites de sua repercussão" (TJMS, Apelação Cível n. 2012.012149-7/0000-00, Terceira Câmara Cível, rel. Des. Marco André Nogueira Hanson, *DJe*, 22-5-2012).

[5] Ementa: "COMPRA E VENDA DE BEM MÓVEL PELA INTERNET. Produto não entregue ao comprador, não obstante o pagamento de seu preço ao vendedor. Ação de indenização ajuizada em face da empresa que administra o "site" em que houve a negociação. Improcedência. Decisão que merece prevalecer. Ausência de demonstração de que a conduta da ré contribuiu para o prejuízo experimentado pelo autor. Falha na prestação do serviço não comprovada. Recurso não provido" (TJSP, Apelação n. 9143247-71.2009.8.26.0000, Trigésima Terceira Câmara de Direito Privado, rel. Sá Duarte, *DJe*, 3-10-2011).

termediários, esse não pode ser o único requisito, pois se assim fosse, um corretor de seguros ou de imóveis, por receber comissão sobre as vendas, poderia ser responsabilizado por qualquer defeito e vício decorrente do objeto contratado entre segurador e segurado (na primeira hipótese) ou entre vendedor e comprador (no segundo exemplo), o que não é o caso.

Assim, entendemos que o regramento jurídico de responsabilidade dos intermediários de compras na internet precisa observar algumas outras questões, as quais serão examinadas a seguir.

7.1. SOLIDARIEDADE PASSIVA ENTRE FORNECEDORES. DIREITO DE REGRESSO

No Direito, solidariedade quer dizer que há uma concorrência entre agentes, de credores ou de devedores. A concorrência de credores é denominada solidariedade ativa, em que cada um dos credores pode exigir do devedor o cumprimento da prestação. Já a concorrência entre devedores chama-se solidariedade passiva, na qual o credor tem a faculdade de exigir e receber de um ou de alguns dos devedores, total ou parcialmente, o valor devido, cabendo o direito de regresso do devedor que suportou o pagamento contra os demais coobrigados pelas respectivas partes (Código Civil, art. 264 e s.).

Em matéria de responsabilidade e de solidariedade passiva é importante ponderar que a palavra "solidária" significa uma responsabilidade mútua entre as pessoas envolvidas, as quais respondem individual ou concomitantemente. Difere, portanto, da responsabilidade "subsidiária" cuja responsabilidade de um é acessória à de outro, funcionando como se fosse uma espécie de garantia, ou seja, respondendo apenas quando o devedor principal não suportar o pagamento ou não tiver bens suficientes para fazer frente ao valor total da dívida.

Vale destacar que solidariedade não se presume, devendo resultar da vontade das partes ou de previsão legal, sendo que todos responderão solidariamente pela reparação dos danos (Código Civil, arts. 265 e 942). O CDC prevê a responsabilidade solidária passiva em alguns dispositivos (arts. 18, 19 e 25), mas em especial o seu art. 7º, parágrafo único, dispõe que quando a ofensa tiver mais de um autor, todos responderão pelas perdas e danos.

Fazendo uma análise do CDC, Alberto do Amaral Júnior pondera que a ampliação das hipóteses de solidariedade passiva no direito moderno ocorre em razão da maior segurança e garantia que a solidariedade oferece aos credores[6].

Considerando o ordenamento jurídico português, João Calvão da Silva explica que a solidariedade passiva representa uma garantia concedida ao credor, tendo em vista o reforço da consistência prática do seu direito à custa de vários patrimônios, sendo, portanto, uma proteção mais adequada e eficiente ao consumidor. A responsabilidade pode recair sobre o fabricante do produto acabado (produtor final), bem como sobre os fabricantes de matérias-primas e componentes (produtores parciais). Até porque, na maioria das vezes, a vítima não tem condições de identificar o provável responsável (agente causador do defeito) para demandá-lo, em razão da complexidade de certos bens que são formados por peças fornecidas por vários produtores parciais. O autor fala que há certo afrouxamento na aplicação da regra de que o lesado identifique o efetivo causador do dano, o que é algo justificado e equitativo; sendo suficiente – mas não necessária – a demonstração da razoável probabilidade de o demandado ser o causador do dano, em vista de um critério de razoabilidade, conforme as regras da experiência quanto aos possíveis responsáveis naquele caso concreto[7].

O CDC não expressa uma diferenciação ou classificação entre produtores finais de bens acabados e produtores parciais de matéria-prima ou componentes, nem qual seria o nível de responsabilidade de cada um. O art. 12 fala apenas da responsabilidade objetiva do produtor[8] de forma genérica, o que nos leva a crer estar tratando de todas as hipóteses, produtor final e produtores parciais. Mas o parágrafo único do art. 7º assevera que se a ofensa tiver mais de um autor, todos respondem solidariamente pelos danos provocados. Sendo assim, o consumidor poderia

---

[6] AMARAL JÚNIOR, Alberto do. A *proteção do consumidor no contrato de venda* (reflexões sobre a transformação do direito privado moderno), cit., p. 222.
[7] SILVA, João Calvão da. *Responsabilidade civil do produtor*, cit., p. 576-580.
[8] Para o CDC, produtor, construtor, fabricante, importador e comerciante são espécies do gênero fornecedor.

propor ação contra o produtor final (como normalmente acontece), o produtor parcial ou contra ambos. Por óbvio, a responsabilidade do produtor parcial restringe-se à matéria-prima ou ao componente por ele fornecido ao produtor final. Assim, por hipótese, diante de uma situação clara o consumidor poderia propor ação de reparação de danos contra a fabricante do pneu instalado no veículo novo, cuja aquisição ocorreu junto a uma das concessionárias da montadora do veículo.

Outras duas previsões do CDC, acerca da responsabilidade solidária dos fornecedores de produtos pelos vícios de qualidade ou quantidade do produto, estão nos arts. 18 e 19. Tanto o art. 18 como o art. 19 mencionam "fornecedores", não havendo distinção entre as espécies de fornecedores (conforme o art. 3º, *caput*: produtor, importador, comerciante, distribuidor, montador etc.). Não há qualquer menção de responsabilidade subsidiária. Na responsabilidade por vício de produto todos os fornecedores são responsáveis solidários, exceto em duas situações. A primeira está prevista no § 5º do art. 18 ao asseverar que, no caso de fornecedor de produtos *in natura*, será responsável perante o consumidor o fornecedor imediato (ou seja, o vendedor-comerciante), salvo se houver identificação clara do produtor. Outra exceção foi prevista no § 2º do art. 19, cuja regra é a de que no caso de vício de quantidade de produto, o fornecedor imediato (vendedor-comerciante) será responsável quando fizer a pesagem ou medição do produto, bem como se o instrumento utilizado para tanto estiver em desacordo com os padrões oficiais.

Quanto à responsabilidade por vício do serviço, o art. 20 do CDC expressa que o fornecedor de serviço responde pelos vícios de qualidade, não fazendo menção a uma responsabilidade solidária entre fornecedores. É bem verdade que certos serviços vão se tornando cada vez mais complexos, sendo realizados em parceria por diversos prestadores (fornecedores). No entanto, no caso de prestação de serviço a solidariedade de fornecedores se dá por força do art. 25, § 1º, bem como pode ser invocada pela regra geral da solidariedade passiva prevista no parágrafo único do art. 7º, o qual autoriza a responsabilidade solidária quando a ofensa tiver mais de um autor (o que precisaria ser verificado no caso concreto).

Como já apontado, na responsabilidade dos fornecedores por defeitos nos serviços, havendo mais de um fornecedor, exemplificativamente, pela terceirização de serviços, todos serão solidariamente responsáveis.

Sergio Cavalieri Filho destaca que o CDC tratou do gênero fornecedor, o que inclui todos os participantes da cadeia de prestação de serviço. Dessa forma, todos os partícipes são solidariamente responsáveis, pois existem serviços complexos que envolvem a participação de terceiros, como os serviços médico-hospitalares; há ainda outros serviços que vão incluir o fornecimento de produtos, como o serviço de manutenção com troca de peças em veículos[9].

Diversamente, o CDC no art. 12, acerca da responsabilidade pelo fato do produto, não dispôs sobre a solidariedade passiva entre fornecedores. O dispositivo assevera apenas a responsabilidade do fabricante, do produtor, do construtor ou do importador pela reparação de danos consequentes de defeitos dos produtos. O art. 12 expressa tão somente as seguintes espécies de fornecedor: fabricante, produtor, construtor ou importador. Em tal dispositivo não há qualquer menção ao comerciante. Conforme este artigo não haveria solidariedade entre o comerciante e o fabricante (ou: produtor, construtor ou importador), salvo se tomássemos a regra do parágrafo único do art. 7º, que prevê solidariedade quando a ofensa tiver mais de um autor.

No entanto, entendemos que, para fins de responsabilidade pelo fato (defeito) do produto, o legislador quis estabelecer outro regime quanto à responsabilidade do comerciante, nos termos do que estabelece o art. 13, *caput* e incisos I a III, do CDC. Conforme este dispositivo legal, o comerciante também é responsável pelos defeitos dos produtos, independentemente de culpa, quando: o fabricante, o construtor, o produtor ou o importador não puderem ser identificados; o produto for fornecido sem identificação clara do seu fabricante, produtor, construtor ou importador; ou não conservar adequadamente os produtos perecíveis.

Pelo teor do art. 13, percebe-se a intenção do legislador em estabelecer um regime diferenciado para o comerciante no que se refere à responsabilidade por defeitos em produtos. Compreendemos que a responsabilidade do comerciante nesses casos é subsidiária e não solidária, ou seja, o comerciante será responsável tão somente quando não conser-

---

[9] CAVALIERI FILHO, Sergio. *Programa de responsabilidade civil*, cit., p. 506.

var adequadamente os produtos perecíveis; o fabricante, o construtor, o produtor ou o importador não puderem ser identificados; ou o produto for fornecido sem identificação clara do seu fabricante, produtor, construtor ou importador. Salvo estas hipóteses, o comerciante, nos termos do art. 13, não pode ser responsabilizado pelo fato (defeito) do produto.

Há entendimento de que a responsabilidade do comerciante será solidária quando não se puder avaliar exatamente em que momento o produto pereceu (se ainda em posse do produtor ou já em mãos do comerciante), havendo nesse caso uma solidariedade entre todos os fornecedores da cadeia produtiva[10].

Nessa hipótese, o fabricante [ou: produtor, construtor ou importador] responde solidariamente com o comerciante pela má conservação dos produtos por parte deste; isso porque o fabricante tem o dever de vigilância sobre aqueles encarregados de distribuir seus produtos junto ao consumidor. Se a responsabilidade fosse exclusiva do comerciante, muitas vezes o consumidor não teria êxito em conseguir a reparação de danos em razão das parcas condições econômicas de alguns lojistas. Por isso, o fabricante não pode alegar que o produto foi introduzido no mercado sem defeito, uma vez que no caso de produto perecível sua responsabilidade inclui a adequada conservação do bem no estabelecimento do comerciante. A finalidade é obrigar o fabricante de produto perecível a exercer controle sobre a cadeia de distribuidores e comerciantes, objetivando o armazenamento e a venda adequadamente[11].

Ugo Carnevali doutrina que a culpa dos intermediários, como, por exemplo, nos casos de omissão ou negligência nos controles necessários, não libera a responsabilidade dos fabricantes. Isso porque, em sua visão, o fato culposo do intermediário não rompe o nexo causal entre o fato ilícito do fabricante e o evento danoso; sendo que a culpa do intermediário não exclui a responsabilidade do fabricante, exceto quando: não houver defeito de fabricação; o intermediário tenha expressamente rece-

---

[10] NUNES, Rizzatto. *Comentários ao Código de Defesa do Consumidor*, cit., p. 200-202.
[11] ROCHA, Silvio Luís Ferreira da. *Responsabilidade civil do fornecedor pelo fato do produto no direito brasileiro*, cit., p. 90.

bido treinamento de sua necessária operação sobre o bem para se evitar possíveis riscos; o intermediário é o único meio de evitar o risco[12].

Os vendedores, na maioria das vezes, estão comprometidos em efetivamente realizar vendas em larga escala, não se preocupando em verificar os produtos quanto à existência de defeitos ou vícios. Muitas vezes o vendedor não pode fazer as verificações, pois os produtos saem de fábrica lacrados, devendo assim chegar ao consumidor final. Entretanto, mesmo sem essa manipulação do produto, o revendedor não pode se afastar de parte da responsabilidade. Em certas situações, como a de veículos, montadoras e concessionárias, quase que se confundem, até porque estas usam a marca [e a insígnia] daquelas. O mesmo vale para a relação entre franqueadores e franqueados. Por isso, é que o revendedor (por ser um profissional de introdução de produtos no mercado) é conduzido a participar da sorte do fabricante, ainda mais se for distribuidor exclusivo[13].

Pensamos de forma diversa para fins de comércio eletrônico; isso porque muitas atividades desempenhadas pelos intermediários neste ambiente são realizadas sem sequer ter contato físico com o bem. A explicação está no fato de que a relação entre fabricantes e comerciantes na internet é uma relação dinâmica (*just in time*), pois os comerciantes eletrônicos muitas vezes não possuem instalações e estoques físicos. Funcionam como se fossem "tiradores de pedido" dos seus fornecedores.

Alberto do Amaral Júnior preleciona que, diversamente do que acontece com a responsabilidade pelo fato do produto (art. 12 e s.), a garantia pelos vícios de qualidade e quantidade (art. 18 e s.) enseja a responsabilidade do comerciante, distribuidor ou varejista; para tanto o consumidor precisará provar o vício, o dano e o nexo de causalidade entre o vício e o dano[14].

Como visto anteriormente, a jurisprudência francesa evoluiu para considerar a responsabilidade do comerciante pelos defeitos dos produtos

---

[12] CARNEVALI, Ugo. *La responsabilità del produtore*, cit., p. 338-341.
[13] LOPES, José Reinaldo de Lima. *A responsabilidade civil do fabricante por fato do produto*, cit., p. 73-74.
[14] AMARAL JÚNIOR, Alberto do. *A proteção do consumidor no contrato de venda (reflexões sobre a transformação do direito privado moderno)*, cit., p. 230.

em razão de uma presunção de conhecimento dos defeitos e pela profissionalidade inerente à atividade de revenda, sendo que a solidariedade entre fabricante e comerciante é reflexo da ligação que a cadeia de revenda estabelece entre eles[15].

Cada vez mais o nível de sofisticação da produção industrial leva uma fábrica a utilizar-se de insumos supridos por seus fornecedores, sendo que o defeito do produto acabado pode ser derivado de um problema em um dos seus componentes adquiridos junto aos fornecedores. Neste caso, o consumidor adquirente final tem direito de acionar o fabricante/montador do produto, não tendo implicação o fato de a peça problemática ter sido fornecida por terceiro ao produtor, pois exemplificativamente o consumidor não adquiriu componentes de um aparelho, mas o aparelho em si. Conforme o CDC, art. 12, *caput*, o fabricante responderá independentemente de culpa perante o consumidor, mas é facultado ao fabricante o exercício do direito de regresso contra aquele fornecedor da peça defeituosa[16].

Neste caso o exercício do regresso se dará não por força do parágrafo único do art. 13, pois este é voltado ao comerciante, mas em razão do direito de regresso previsto pelo Código Civil, art. 283. Além disso, o consumidor tem direito, se assim o quiser, de propor a ação contra o fabricante do produto final e o fabricante do componente defeituoso (ou da matéria-prima que lhe serviu de insumo) em razão dos §§ 1º e 2º do art. 25, os quais dispõem que, havendo mais de um responsável pela causa do dano, todos responderão solidariamente; e que sendo o dano provocado por componente ou peça incorporada ao produto ou serviço, serão solidariamente responsáveis o seu fabricante, construtor ou importador, bem como o que realizou a incorporação.

João Calvão da Silva aponta que a diferença entre matéria-prima, componente e produto final não se mostra necessária para fins de reparação de dano, pois se forem vários os responsáveis pelo dano é solidária a responsabilidade deles, de acordo com o art. 6º do Decreto-lei n.

---

[15] LOPES, José Reinaldo de Lima. *A responsabilidade civil do fabricante por fato do produto*, cit., p. 75.
[16] LOPES, José Reinaldo de Lima. *A responsabilidade civil do fabricante por fato do produto*, cit., p. 72.

383/1989, norma que transpõe para a ordem jurídica interna portuguesa a Diretiva n. 85/374/CEE, em matéria da responsabilidade decorrente de produtos defeituosos[17].

Especificamente quanto ao direito de regresso, para os casos referidos de o comerciante ter sido responsabilizado pelo fato do produto, ele – comerciante – tem a prerrogativa de exercer o direito regressivo contra os demais responsáveis, segundo a participação na causa do dano. O direito de regresso poderá ser exercício nos mesmos autos (sendo proibida a denunciação da lide, com o fim de não prejudicar o consumidor, uma vez que poderia aumentar em muito o tempo da demanda judicial) ou por meio de ação regressiva ajuizada via outro processo, conforme o parágrafo único do art. 13 e o art. 88, ambos do CDC.

Desse modo, entendemos que o art. 88 do CDC, ao dispor sobre o direito de regresso do comerciante contra o produtor (art. 13, parágrafo único), proíbe a denunciação da lide, expressando que o exercício regressivo poderá ser feito em processo autônomo, facultando o prosseguimento nos mesmos autos. No entanto, não há previsão equivalente quanto ao exercício de regresso do fabricante do produto final contra o fornecedor do componente ou insumo defeituoso. Por isso, compreendemos que nestes casos haveria a possibilidade de denunciação da lide (CPC, arts. 70 a 76), em que denunciante e denunciado responderiam em litisconsórcio passivo perante o consumidor. Em derradeira hipótese, aplicar-se-á a regra geral do art. 283 do Código Civil, cujo devedor que satisfaz a dívida por inteiro tem o direito de exigir de cada um dos codevedores o pagamento da parte que lhe couber.

7.1.1. A posição do intermediário-comerciante. Denunciação da lide e chamamento ao processo

Podemos nos deparar com situações em que comerciantes (intermediários), incluindo os que atuam no comércio eletrônico, sejam condenados de forma solidária a partir do fundamento no parágrafo único do art. 7º e no § 1º do art. 25, ambos do CDC. O primeiro dispositivo expressa que se a ofensa tiver mais de um autor, todos responderão solida-

---

[17] SILVA, João Calvão da. *Responsabilidade civil do produtor*, cit., p. 550.

riamente pela reparação dos danos. Já o § 1º do art. 25 dispõe que, quando houver mais de um responsável pela ocorrência dos danos, todos responderão solidariamente pela reparação.

Acontece que os referidos dispositivos não podem ser aplicados em descompasso com a regra estabelecida pelos arts. 12, *caput*, e 13, incs. I a III, todos do CDC. O art. 12, *caput*, prevê que a responsabilidade pelo defeito do produto é tão somente do fabricante, do produtor, do construtor e do importador; não do comerciante-intermediário. Já o art. 13, incs. I a III, aponta que o comerciante será responsável, de forma subsidiária, quando o fabricante, o produtor, o construtor ou o importador não puderem ser identificados; o produto não tenha a identificação deles de forma clara; ou por não conservar o produto adequadamente.

Cláudia Lima Marques explica que a ausência de previsão do comerciante no art. 12 do CDC se deu em razão da opção do legislador em melhor dividir os ônus econômicos, fixando-os no fabricante, produtor, construtor e importador. O comerciante final do bem, apesar de obter lucro com a distribuição do produto no mercado, não é o responsável principal no regime do CDC[18].

Conforme Rizzatto Nunes, quando a norma [no caso, o art. 12 do CDC] expressa apenas fabricante, produtor, construtor e importador está mencionando apenas o responsável direto pelo dano, sendo que com muita probabilidade será um destes que o consumidor irá acionar. No entanto, os outros produtores envolvidos indiretamente não estão excluídos, sendo solidariamente responsáveis à medida de suas participações, como, por exemplo, o produtor de um insumo que ocasionou o dano. Essa tese está fundamentada pelo parágrafo único do art. 7º e pelos §§ 1º e 2º do art. 25 do CDC. De acordo com o autor, o comerciante está excluído desse rol, respondendo apenas pelas hipóteses do art. 13[19].

O parágrafo único do art. 7º estabelece uma regra geral de solidariedade para qualquer norma de consumo quanto à reparação de danos.

---

[18] MARQUES, Cláudia Lima. Da responsabilidade pelo fato do produto e do serviço. In: MARQUES, Cláudia Lima; BENJAMIN, Antônio Herman V.; MIRAGEM, Bruno. *Comentários ao Código de Defesa do Consumidor*, cit., p. 260 e 262.
[19] NUNES, Rizzatto. *Comentários ao Código de Defesa do Consumidor*, cit., p. 188-189.

Já § 1º do art. 25 também estabelece uma regra geral de solidariedade, no entanto, seu campo de aplicação limita-se à responsabilidade pelo fato ou pelo vício do produto ou do serviço, conforme seu próprio teor. Já os arts. 18 e 19, que tratam de vício do produto, referem-se à solidariedade entre fornecedores culpados, pois empregam o vocábulo "fornecedores" sem especificar suas espécies; além disso, os arts. 18 e 19 preveem expressamente que os fornecedores "respondem solidariamente".

Essa regra geral de solidariedade, empregada pelo parágrafo único do art. 7º e pelo § 1º do art. 25, deve-se a casos em que um produto tenha mais de um fabricante, por hipótese, um de matérias-primas, outro de componentes e/ou outro do produto final (como no caso das montadoras de veículos), sendo todos solidariamente responsáveis pelo defeito e os efeitos daí decorrentes. Neste caso, é cabível o exercício regressivo daquele que arcou com os danos contra aquele fabricante que efetivamente originou o defeito[20].

Antônio Herman V. Benjamin afirma que o art. 7º, parágrafo único, vai além do próprio CDC, ao prever a solidariedade na reparação de danos "previstos nas normas de consumo", pois como se sabe o CDC não é o único diploma legal sobre proteção do consumidor, harmonizando-se com outras normas de consumo como aquelas referentes a alimentos, vigilância sanitária e medicamentos[21].

Dessa forma, a aplicação da solidariedade entre o comerciante e os demais fornecedores por defeito (fato) do produto, fundamentada no parágrafo único do art. 7º ou do § 1º do art. 25, nos parece um equívoco, na medida em que estes dispositivos estabelecem uma regra geral de solidariedade, mas que é excepcionada pelas disposições dos arts. 12 e 13 quando estabelecem a responsabilidade subsidiária ao comerciante. Se assim não fosse, o artigo 12 deveria empregar a palavra "fornecedor" acerca da responsabilidade pelo fato do produto e não empregar taxati-

---

[20] BENJAMIN, Antônio Herman V. Comentários aos arts. 12 a 27. In: OLIVEIRA, Juarez de. *Comentários ao Código de Proteção do Consumidor*. São Paulo: Saraiva, 1991. p. 56-57.

[21] BENJAMIN, Antônio Herman V. Fato do produto e do serviço. In: BENJAMIN, Antônio Herman V.; MARQUES, Cláudia Lima; BESSA, Leonardo Roscoe. *Manual de direito do consumidor*, cit., p. 134-135.

vamente algumas espécies de fornecedores (fabricante, produtor, construtor e importador). Somado a isso, não deveria existir a regra do art. 13 de responsabilidade subsidiária do comerciante.

Ainda sobre a responsabilidade solidária, o § 2º do art. 25 estabelece que, havendo dano causado por componente ou peça incorporada ao produto ou serviço, serão responsáveis solidários seu fabricante, construtor ou importador e aquele que realizou a incorporação (que pode ser entendido como montador ou produtor). Nada menciona acerca da responsabilidade do comerciante.

É bem verdade que este dispositivo prevê a palavra "dano" apesar de estar na Seção III, que cuida de vícios. Melhor seria se essa regra estivesse na Seção II que cuida dos defeitos que podem gerar dano. De qualquer forma, o § 2º do art. 25 não faz menção de sua aplicação à Seção II. Diferentemente, o *caput* e o § 1º do mesmo art. 25 mencionam expressamente sua aplicação às Seções II e III. Possível explicação seria o excesso do § 1º ao repetir o *caput* quanto ao campo de aplicação; ou a omissão, por desatenção do legislador, no § 2º do seu campo de aplicação.

Quanto à solidariedade passiva entre produtor e intermediário em ação proposta pelo consumidor (a seu tempo, e antes da vigência do CDC), Luiz Gastão Paes de Barros Leães aponta um caso longínquo apreciado pelo Tribunal de Justiça do Estado do Rio de Janeiro, Apelação Cível 23.152. Tratou-se de uma situação que envolvia uma pessoa compradora de um refrigerador em uma loja de eletrodomésticos, o qual apresentou vícios. Ajuizada a ação pela consumidora, a loja-ré – pretendeu atribuir a culpa exclusivamente ao fabricante; no entanto, o tribunal entendeu que a ré era parte para responder a demanda, tendo em vista que a compradora foi atraída não só pelo renome do produto, mas também pela boa fama da revendedora. Em outro caso julgado pelo Tribunal de Justiça do Estado de São Paulo, ficou consignado que a responsabilidade do vendedor se fundava na garantia implícita que dá ao comprador, da qual não se livra nem mesmo quando o produto é vendido em embalagem original[22].

---

[22] LEÃES, Luiz Gastão Paes de Barros. *Responsabilidade do fabricante pelo fato do produto*, cit., p. 189-191. Não conseguimos localizar os acórdãos citados pelo autor.

De acordo com o autor, se o consumidor lesado demandar exclusivamente o intermediário, que se considera inocente, este deverá denunciar à lide o produtor ou revendedor antecedente, sob pena de perder o direito de regresso (CPC, art. 70, III). No entanto, se o intermediário admitir sua corresponsabilidade pelo dano, será cabível o instituto do chamamento ao processo dos demais devedores solidários (CPC, art. 77, III)[23]. Vale ponderar que a obra de Luiz Gastão Paes de Barros Leães é anterior à vigência do CDC, o qual em seu art. 88 prevê que nos casos de responsabilidade do comerciante (de acordo com o art. 13, parágrafo único) a ação de regresso poderá ser ajuizada em outro processo, podendo haver prosseguimento nos mesmos autos, mas ficando proibida a denunciação da lide.

Cabe aqui um esclarecimento: a denunciação da lide e o chamamento ao processo são espécies de intervenção de terceiros. Na denunciação da lide (CPC, arts. 70 a 76), o autor da demanda não possui relação jurídica direta com o terceiro, mas há uma relação do réu com o terceiro; a denunciação é obrigatória, mas, conforme a doutrina e jurisprudência, apenas para os casos de evicção. Diversamente, o chamamento ao processo (CPC, arts. 77 a 80) é facultativo, sendo que o autor da ação conhece os coobrigados e possui uma relação com eles, pois há solidariedade entre os réus, como no caso do aval.

O CDC omite o instituto do chamamento ao processo. Neste caso, discute-se se o comerciante poderia chamar ao processo o fabricante, produtor, construtor ou importador do produto com defeito, de modo que a sentença possa servir de título executivo em favor do comerciante[24]. Arruda Alvim entende que não é possível, pois embora o instituto do chamamento ao processo não seja estranha ao CDC (art. 100, II) e não haja proibição expressa, o art. 88 prevê que o direito de regresso pode ser feito por ação autônoma ou mediante o prosseguimento nos próprios autos, o que exclui o chamamento ao processo uma vez que o CDC está indicando outros caminhos processuais[25].

---

[23] LEÃES, Luiz Gastão Paes de Barros. *Responsabilidade do fabricante pelo fato do produto*, cit., p. 191-192.
[24] Nesse sentido, ROCHA, Silvio Luís Ferreira da. *Responsabilidade civil do fornecedor pelo fato do produto no direito brasileiro*, cit., p. 87.
[25] ALVIM, Arruda [et. al.]. *Código do consumidor comentado e legislação correlata*. São Paulo: RT, 1991. p. 198-199.

Por fim, compreendemos que nas hipóteses de condenação do intermediário pelas regras do art. 13 do CDC, o seu direito regressivo contra os demais fornecedores coobrigados deve ser exercido por meio de ação de regresso, própria ou mediante a continuidade nos mesmos autos, após o trânsito em julgado; não cabendo o chamamento ao processo, nem a denunciação da lide. Optando por não exercer exercício do regresso nos mesmos autos, mas sim por ação de regresso própria, não havendo regra processual ou contratual impeditiva, poderá o comerciante propô-la em outra comarca, servindo a cópia dos autos em que foi condenado como prova contra o outro fornecedor.

7.1.1.1. Responsabilidade do intermediário perante o fornecedor

Não se poderia deixar de tecer considerações acerca da responsabilidade que possa haver do intermediário perante o fornecedor do produto ou do serviço. No geral, os intermediários de compras pela internet também são responsáveis perante aqueles que se utilizam de seus serviços (os fornecedores) para venderem produtos ou prestarem serviços. Isso porque o intermediário presta um serviço ao fornecedor, auxiliar na divulgação e/ou venda do produto ou serviço.

A divulgação no site do intermediário dos produtos ou dos serviços oferecidos ou anunciados por fornecedores não deixa de ser uma prestação de serviço do intermediário junto a estes fornecedores. Havendo vício ou defeito nesta prestação de serviço, o intermediário responde perante o fornecedor que lhe contratou. Se o vendedor realiza venda ou prestação de serviço esporadicamente ele pode ser considerado consumidor, situação passível de aplicação do CDC. Mas tratando-se de vendedor profissional o serviço prestado pelo intermediário é um insumo para o fornecedor, sendo que neste caso ele não pode ser tido como destinatário final, consumidor, portanto. Dessa forma, aplicar-se-á o regimento ordinário da responsabilidade civil, não o CDC.

Se o produto sai do fabricante, percorrendo vários revendedores intermediários até chegar ao destinatário final, ter-se-á presente a responsabilidade contratual decorrente de cada parte da relação negocial, envolvendo por isso as partes sucessivas. Assim, como em toda atividade humana, existe um dever de diligência (de controle) para os revendedores, cuja inobservância pode ser a causa exclusiva ou concorrente do dano, por ter provocado o defeito ou, no mínimo, tê-lo agravado. Entretanto, esse dever do intermediário não é cabível quanto à comercialização de produtos originais de fábrica (totalmente acabados e prontos para o consumo), tendo em vista que o controle não pode ser feito pelo revendedor sem afetá-los. Nesse caso a responsabilidade pesa exclusivamente sobre o fabricante[26].

No geral, os fornecedores são solidários em matéria de responsabilidade civil perante o consumidor, por exemplo, a solidariedade do fabricante com os seus fornecedores de peças e insumos, podendo o demandante acionar o fornecedor da peça que ocasionou o acidente de consumo e/ou o fabricante do produto final. Normalmente o consumidor aciona este último. De qualquer forma, é possível que nas relações firmadas entre fabricante e fornecedores haja contratos estabelecendo divisões, por hipótese, em percentuais diversos, acerca responsabilidade sobre o pagamento de indenizações pagas aos consumidores. Estes contratos são contratos empresariais, por isso, não há impedimento para a sua celebração nestes termos, embora não surtindo efeitos perante terceiros, especialmente o consumidor[27].

Nessa divisão interna de responsabilidade entre os fornecedores, inexistindo disposição contratual diversa, cada um responde de acordo com o que participou na causa do dano.

Cláudia Lima Marques explica que em razão de o comerciante poder ser condenado a ressarcir o dano por defeito experimentado pelo consumidor (nas hipóteses do art. 13 ou outras impostas por entendimento de responsabilidade solidária), haverá o direito de cobrar do fabricante, em regresso, o valor integral desembolsado com a indenização, caso o acidente tenha ocorrido exclusivamente por culpa dele[28].

---

[26] LEÃES, Luiz Gastão Paes de Barros. *Responsabilidade do fabricante pelo fato do produto*, cit., p. 188.
[27] NUNES, Rizzatto. *Comentários ao Código de Defesa do Consumidor*, cit., p. 188-189.
[28] MARQUES, Cláudia Lima. Da responsabilidade pelo fato do produto e do serviço. In: MARQUES, Cláudia Lima; BENJAMIN, Antônio Her-

Para essa situação, vale ter presente que o parágrafo único do art. 13 do CDC prevê que quem efetuou o pagamento ao consumidor poderá pleitear em regresso contra os demais responsáveis, conforme a participação na causa do evento que causou o dano. Além disso, vale lembrar que o CDC ainda expressa que sociedades integrantes de grupos societários e sociedades controladas são subsidiariamente responsáveis pelas obrigações decorrentes nas normas previstas no referido código (CDC, art. 28, § 2º).

Noutro contexto, o fabricante de determinado componente pode exonerar-se da responsabilidade se provar que o vício decorreu da concepção técnica do produto final, ao qual a peça foi incorporada; ou por erro nas instruções prestadas pelo fabricante do produto final ao comerciante ou consumidor. Ao fornecedor de componente não pode ser atribuída uma responsabilidade igual à do fabricante do produto final[29].

Diante do retratado, saber se a relação entre intermediário e fornecedor de produto e de serviço nas compras pela internet está sujeita ao regramento do CDC é extremante relevante, pois entre outras implicações já tratadas, este diploma legal, para as relações de consumo, proíbe no art. 25, *caput*, a estipulação contratual que impossibilite, exonere ou diminua a obrigação de indenizar por vício ou defeito serviço prestado (ou do produto comercializado).

Como já apontado em outra passagem, O STJ considerou que o MercadoLivre é responsável por fraude realizada no âmbito de uma compra e venda realizada com o seu serviço de gestão de pagamento denominado MercadoPago. No caso dos autos, o vendedor enviou a mercadoria ao comprador após receber uma mensagem falsa do comprador, mas intitulada como do MercadoPago, expressando que o pagamento estava confirmado podendo a mercadoria ser enviada. O vendedor ajuizou ação contra o MercadoLivre (titular do MercadoPago) pleiteando o ressarcimento do valor do produto enviado por engano. O vendedor (uma pessoa física) foi considerado consumidor, e a questão de ele ter descumprido uma providência (a de conferir autenticidade da mensagem

---

man V.; MIRAGEM, Bruno. *Comentários ao Código de Defesa do Consumidor*, cit., p. 281.

[29] AMARAL JÚNIOR, Alberto do. *A proteção do consumidor no contrato de venda* (reflexões sobre a transformação do direito privado moderno), cit., p. 231.

supostamente gerada pelo sistema eletrônico antes do envio do produto), mencionada no *site*, porém não no contrato, não era suficiente para eximir o prestador do serviço da responsabilidade pela segurança do serviço por ele oferecido, sob pena de transferência ilegal de um ônus que é próprio da atividade empresarial explorada. Nesta hipótese aplicou-se o CDC, expressando que qualquer estipulação pelo fornecedor de cláusula que exonere ou atenue sua responsabilidade fere a proibição do art. 25[30].

---

[30] Ementa: "DIREITO DO CONSUMIDOR. RECURSO ESPECIAL. SISTEMA ELETRÔNICO DE MEDIAÇÃO DE NEGÓCIOS. MERCADO LIVRE. OMISSÃO INEXISTENTE. FRAUDE. FALHA DO SERVIÇO. RESPONSABILIDADE OBJETIVA DO PRESTADOR DO SERVIÇO. 1. Tendo o acórdão recorrido analisado todas as questões necessárias ao deslinde da controvérsia não se configura violação ao art. 535, II do CPC. 2. O prestador de serviços responde objetivamente pela falha de segurança do serviço de intermediação de negócios e pagamentos oferecido ao consumidor. 3. O descumprimento, pelo consumidor (pessoa física vendedora do produto), de providência não constante do contrato de adesão, mas mencionada no *site*, no sentido de conferir a autenticidade de mensagem supostamente gerada pelo sistema eletrônico antes do envio do produto ao comprador, não é suficiente para eximir o prestador do serviço de intermediação da responsabilidade pela segurança do serviço por ele implementado, sob pena de transferência ilegal de um ônus próprio da atividade empresarial explorada. 4. A estipulação pelo fornecedor de cláusula exoneratória ou atenuante de sua responsabilidade é vedada pelo art. 25 do Código de Defesa do Consumidor. 5. Recurso provido" (STJ, Recurso Especial n. 1.107.024-DF, Quarta Turma, rel. Min. Maria Isabel Gallotti, *DJe*, 14-12-2011).
No mesmo sentido, Tribunal de Justiça do Estado de São Paulo, Trigésima Câmara de Direito Privado, Apelação n. 0208520-78.2008.8.26.0100, *DJe*, 30-1-2013, rel. Des. Ana de Lourdes Coutinho Silva; e, Tribunal de Justiça do Estado de Santa Catarina, Segunda Câmara de Direito Civil, Apelação Cível n. 2012.012275-0, *DJe*, 13-8-2012, rel. Trindade dos Santos.
Em sentido contrário, Ementa: "INDENIZATÓRIA. DANOS MATERIAIS. SITE DE APROXIMAÇÃO COMERCIAL. MERCADO LIVRE E MERCADO PAGO. USUÁRIO QUE ENVIOU O PRODUTO SEM CONFIRMAR O PAGAMENTO JUNTO À FERRAMENTA DE SEGURANÇA DISPONIBILIZADA PELO SITE. Sentença que constatou que o autor não seguiu as instruções para verificar sua conta no 'MercadoPago', antes de enviar a mercadoria, a eximir o MercadoLivre de qualquer responsabilidade. Improcedência da pretensão de ressarcimento do valor do produto. Cerne da questão que consiste na existência ou não de responsabilidade

Particularmente, compreendemos tratar-se de uma relação entre fornecedores, não sendo uma relação de consumo, sobretudo pelo fato de o vendedor do produto ou o fornecedor do serviço desenvolver sua atividade de forma habitual e profissional, sendo que, nesta hipótese, não se aplica o CDC, apenas as regras contratuais estabelecidas entre as partes e as normas ordinárias do direito privado.

Entendemos que o comerciante intermediário tem responsabilidade perante o fornecedor (de produto ou serviço) que se utiliza do serviço que este intermediário se prontificou efetivamente a prestar, sendo que na internet isso consistirá em anunciar e intermediar a compra e venda entre comprador e vendedor, ou a prestação de serviço entre prestador e usuário. Para a hipótese aplicar-se-á, além das regras contratuais pactuadas, as da responsabilidade civil previstas pelo Código Civil e, se houver relação de consumo, pelo CDC.

Contudo, quanto à extensão da responsabilidade civil dos intermediários no comércio eletrônico brasileiro, afirmamos que as atividades de intermediação realizadas na internet têm enquadramentos jurídicos distintos. Aquelas que se encaixam como atividade comercial (aproximação) têm responsabilidade subjetiva (teoria da culpa) pelo defeito do

---

civil de fornecedor de serviços – aproximação comercial pela internet – pela entrega de produto pelo consumidor-ofertante que não respeitou as devidas cautelas e não usou as ferramentas de segurança disponibilizadas no *site*, em especial a verificação do pagamento na conta do "MercadoPago". Atuação do consumidor que se mostra a causa exclusiva do dano, eis que se tivesse observado as regras de segurança fixadas pelo fornecedor, a fraude não teria se perpetrado. Consumidor que opta pela negociação via comércio eletrônico tem o dever de se familiarizar com os seus meandros, dentre os quais a confirmação das transações através de consulta em sua conta exclusiva de usuário. Prova dos autos a confirmar que a falta de diligência do usuário, que desprezou a ferramenta disponibilizada pelo *site* de aproximação comercial para a confirmação do pagamento, foi a causa única e adequada do evento, a romper o nexo de causalidade entre a atividade do apelado e o dano sofrido pelo apelante. Precedentes do TJRJ. Subsunção do fato na norma do artigo 14, § 3º, inciso II, do Código de Proteção e Defesa do Consumidor. Recurso em confronto com jurisprudência dominante do TJRJ. Art. 557, *caput*, do CPC. NEGATIVA DE SEGUIMENTO" (TJRJ, Apelação Cível n. 2009.001.69489, Décima Oitava Câmara Cível, rel. Des. Célia Maria Vidal Meliga Pessoa, j. 23-12-2009).

produto, não se aplicando o art. 931 nem o parágrafo único do art. 927, ambos do Código Civil. Isso em razão de sua atividade comercial não ser tida como perigosa, muito menos representar risco habitual e intrínseco aos seus usuários. Para fins de relação de consumo, como comerciante que opera eletronicamente, sua responsabilidade é objetiva (teoria do risco), porém subsidiária, pois é cabível tão somente nos casos de má conservação do produto perecível ou não identificação adequada do fornecedor antecedente (fabricante, produtor, construtor ou importador), de acordo com o art. 13 do CDC. Trata-se de situações em que o comerciante, por sua negligência, é equiparado a produtor. Nos demais casos, será aplicado o regime ordinário da responsabilidade subjetiva aos intermediários do comércio eletrônico no Brasil.

7.1.2. Responsabilidade pelo cumprimento da oferta e da publicidade

Não se pode deixar passar despercebido o tema do cumprimento da oferta e da publicidade, haja vista que os intermediários, inclusive os que operam na internet, realizam oferta e publicidade dos produtos e dos serviços objetivando a aproximação entre vendedor e comprador, ou entre prestador de serviços e usuário; ou, algumas vezes, pretendendo vender seus próprios bens. Bem como se faz necessário deixar clara essa responsabilidade pelo cumprimento da oferta e da publicidade em relação ao fato do produto.

Inicialmente, vale considerar que oferta tem o caráter de oferecimento de algo ao público em geral (Código Civil, art. 429), diferenciando-se, portanto, da proposta que é dirigida a pessoa determinada (Código Civil, art. 427). O Código Civil não tem uma seção específica para o tratamento da oferta e da proposta, sendo o assunto tratado na seção II – Da formação dos contratos.

No geral, o Código Civil impõe o princípio da vinculação da oferta e da proposta, em que ofertante e proponente são obrigados a cumpri-la, exceto se houver ressalva quanto a essa não vinculação, ou pela natureza ou circunstância do negócio. A lei civilista não emprega a expressão "publicidade", devendo ser ela considerada como oferta para fins dessa norma.

Já o CDC art. 30, assevera que toda informação ou publicidade, suficientemente precisa, veiculada por qualquer meio ou forma de comunicação quanto a produtos e serviços apresentados, obriga o fornecedor que a fizer veicular ou dela se utilizar, integrando o contrato que venha a ser concluído (celebrado). Esse dispositivo reflete o princípio da vinculação da oferta.

O CDC, ao estabelecer um regime para a oferta, Seção II – Da oferta, arts. 30 a 35, não faz essa distinção em relação à proposta; no entanto, se a oferta for dirigida a pessoa certa, como no caso do art. 33, de venda por telefone, aplicar-se-á esse mesmo regime legal. A publicidade é tratada na Seção III – Da publicidade, arts. 36 a 38.

Os produtos e os serviços devem ser ofertados ou apresentados com informações claras e precisas, em língua portuguesa, com especificações de quantidade, qualidade, preço, prazo de validade etc. A publicidade deve ser veiculada de forma que o consumidor possa perceber imediatamente que se trata de publicidade (CDC, arts. 31 e 36), não se admitindo mensagens subliminares.

Pelos termos do CDC, publicidade tem conteúdo comercial, ou seja, toda informação com o fim comercial, incluindo sons, imagens, exposição de marca. Na internet, também podem ser inclusos o envio de *e-mails marketing*, a exposição de *banners* em *sites*, entre outros. Já a propaganda, não tratada pelo CDC, juridicamente falando, tem outras finalidades: eleitorais, religiosas, filosóficas, entre outras[31].

"Por todo meio e forma de comunicação pelo qual a informação ou publicidade possa ser realizada", deve-se compreender: televisão, cinema, rádio, *telemarketing*, jornal, revista, folheto, mala direta, *outdoor*, cartaz etc. A apresentação do produto por meio de vitrine, balcão e prateleira também é oferta[32].

---

[31] A distinção conceitual entre publicidade e propaganda pode ser encontrada em AUBY, Jean-Marie; ADER-DUCOS, Robert. *Droit de l'information*. Paris: Dalloz, 1982. p. 617 *apud* BENJAMIN, Antônio Herman V. Capítulo V – Das práticas comerciais. In: GRINOVER, Ada Pellegrini [et. al.]. *Código Brasileiro de Defesa do Consumidor: comentado pelos autores do anteprojeto*. 6. ed. Rio de Janeiro: Forense Universitária, 2000. p. 266.
[32] NUNES, Rizzatto. *Comentários ao Código de Defesa do Consumidor*, cit., p. 389.

No rol de formas pelas quais se pode realizar uma oferta, sem sombra de dúvida, inclui-se a internet, a qual atualmente é uma das mais importantes ferramentas pelas quais as informações e publicidades são veiculadas e difundidas, diante da grande quantidade de usuários, bem como de suas redes sociais e formas variadas de uso e acesso.

Publicidade pode ser tida como o conjunto de técnicas e atividades de informação e persuasão que tem por finalidade influenciar opiniões, sentimentos e atitudes do público a qual se destina[33].

Destacamos que os termos da oferta vinculam o fornecedor, integrando o contrato que vier a ser celebrado, exceto se houver algum erro notório no anúncio ou na apresentação que seja plenamente perceptível ao consumidor. O não cumprimento da oferta, da apresentação ou da publicidade dá ao consumidor o direito de exigir o cumprimento forçado do negócio conforme os termos anunciados; aceitar outro produto ou serviço equivalente; rescindir o contrato, com direito à restituição de quantia paga e perdas e danos (CDC, art. 35).

A lei proíbe a publicidade que tiver o fim de ludibriar as pessoas, considerando-a enganosa. Publicidade enganosa consiste em qualquer forma de informação ou comunicação publicitária, inteira ou parcialmente falsa, que possa induzir ao erro o consumidor quanto à natureza, características, qualidade, quantidade, origem, preço e outros elementos sobre o produto ou o serviço. A publicidade pode ser enganosa por omissão, quando deixar de informar algum dado essencial sobre o produto ou o serviço. Difere, portanto, da publicidade abusiva, a qual tem cunho de discriminação, exploração do medo ou da superstição, incitação à violência, indução do consumidor a se comportar de forma prejudicial à sua saúde ou segurança, aproveitamento da inexperiência das crianças ou que desrespeite valores ambientais (CDC, art. 37).

Quanto à responsabilidade pela informação ou publicidade realizada, o fornecedor que a fizer veicular ou dela se utilizar fica obrigado aos termos do que foi ofertado. O art. 30 refere-se a "fornecedor" de forma genérica, do que se depreende que ficam incluídos os fabricantes, produ-

---

[33] PASQUALOTTO, Adalberto. *Os efeitos obrigacionais da publicidade no Código de Defesa do Consumidor*, cit., p. 19.

tores, construtores, importadores, montadores etc. Nesta relação de fornecedores inclui-se também o comerciante (intermediário: atacadista ou varejista).

No mais, tratando dos vícios, o CDC, art. 18, *caput*, considera viciado o produto que tenha alguma disparidade em relação às indicações constantes em mensagem publicitária, impondo assim responsabilidade solidária aos fornecedores. Por sua vez, o art. 20, *caput*, assevera a responsabilidade do fornecedor por vício do serviço quando houver diferença com as indicações da oferta ou mensagem publicitária. São hipóteses de responsabilidade por vícios de comercialização do produto ou do serviço.

Tratando de estabelecimento virtual, Fábio Ulhoa Coelho considera que o seu titular não responde pela veracidade e regularidade da publicidade de terceiros, por ser um mero veículo de comunicação. Porém, haverá responsabilidade caso trate-se de anúncio dos próprios serviços ou produtos[34].

Vale explicitar que anunciante é aquele que contrata a divulgação de um produto ou serviço; agente publicitário (ou agência publicitária) é aquele que realiza a peça, produz o anúncio; e veículo de divulgação é aquele que realiza o anúncio no meio de comunicação em que opera, como, por exemplo, rádio, televisão, mídia impressa, entre outros. O anunciante é o fornecedor, podendo ser fabricante, importador, comerciante (atacadista ou varejista) etc. Ele pode contratar o anúncio diretamente com o veículo de comunicação; bem como pode contratar um agente publicitário para a elaboração do anúncio.

Dessa forma, estará obrigado todo e qualquer fornecedor (anunciante) que, por contrato, fizer veicular a informação ou publicidade; bem como aquele fornecedor que, embora não tenha contratado a veiculação do anúncio publicitário ou a divulgação da informação, dela se aproveitar. Como vimos, em alguns contratos de intermediação, empresarial, pode ocorrer de o intermediário realizar a divulgação do produto do fabricante, mas o contrário também é verdadeiro, o fabricante muitas vezes realiza anúncios publicitários que serão aproveitados pelos comerciantes. Ou seja, todos os fornecedores da cadeia produtiva e distri-

---

[34] COELHO, Fábio Ulhoa. *Curso de direito comercial:* direito de empresa. p. 45.

butiva de um bem estarão vinculados pela oferta ou publicidade realizada[35]. Neste caso, a responsabilidade é solidária entre os fornecedores.

---

[35] Apreciar o Código Brasileiro de Autorregulamentação Publicitária, instituído pelo Conselho Nacional de Autorregulamentação Publicitária – CONAR –, associação sem fins lucrativos, escapa do objeto dessa obra, mas queremos mencionar o que assevera o seu art. 45:
"Art. 45. A responsabilidade pela observância das normas de conduta estabelecidas neste Código cabe ao Anunciante e a sua Agência, bem como ao Veículo, ressalvadas no caso deste último as circunstâncias específicas que serão abordadas mais adiante, neste Artigo:
a – o Anunciante assumirá responsabilidade total por sua publicidade;
b – a Agência deve ter o máximo cuidado na elaboração do anúncio, de modo a habilitar o Cliente Anunciante a cumprir sua responsabilidade, com ele respondendo solidariamente pela obediência aos preceitos deste Código;
c – este Código recomenda aos Veículos que, como medida preventiva, estabeleçam um sistema de controle na recepção de anúncios.
Poderá o veículo:
c.1) recusar o anúncio, independentemente de decisão do Conselho Nacional de Autorregulamentação Publicitária – CONAR, quando entender que o seu conteúdo fere, flagrantemente, princípios deste Código, devendo, nesta hipótese, comunicar sua decisão ao Conselho Superior do CONAR que, se for o caso, determinará a instauração de processo ético;
c.2) recusar anúncio que fira a sua linha editorial, jornalística ou de programação;
c.3) recusar anúncio sem identificação do patrocinador, salvo o caso de campanha que se enquadre no parágrafo único do Artigo 9º ('teaser') [O 'teaser', assim entendida a mensagem que visa a criar expectativa ou curiosidade no público, poderá prescindir da identificação do anunciante, do produto ou do serviço.];
c.4) recusar anúncio de polêmica ou denúncia sem expressa autorização de fonte conhecida que responda pela autoria da peça;
d – o controle na recepção de anúncios, preconizado na letra "c" deste artigo, deverá adotar maiores precauções em relação à peça apresentada sem a intermediação de Agência, que por ignorância ou má-fé do Anunciante, poderá transgredir princípios deste Código;
e – a responsabilidade do Veículo será equiparada à do Anunciante sempre que a veiculação do anúncio contrariar os termos de recomendação que lhe tenha sido comunicada oficialmente pelo Conselho Nacional de Autorregulamentação Publicitária – CONAR."

Contudo, é preciso ater-se ao fato de que essa responsabilidade solidária aqui referida entre fornecedores está relacionada ao cumprimento da oferta e da publicidade. Em especial quanto à responsabilidade pelo fato (defeito) do produto, deve-se respeitar as regras da responsabilidade civil, notadamente, quanto à aplicação dos arts. 12 e 13 do CDC, bem como os arts. 927 e 931 do Código Civil, objetos de análise em outro item. Ou seja, aquele intermediário de compras na internet que hospeda anúncios realizados por vendedores não pode responder por defeito do produto que foi objeto da negociação entre vendedor e comprador.

Cabe-nos salientar que o quadro social do CONAR é constituído por agências de publicidade, veículos de comunicação e anunciantes, conforme o art. 8º do estatuto social da entidade.

Este Código de Autorregulamentação, a princípio, é aplicável aos membros da entidade, sendo que como se trata de uma associação de classe, com adesão voluntária, até algum tempo atrás não se tinha conhecimento de empresas titulares de *sites* de intermediação de compras pela internet como integrantes da entidade. Mais recentemente, já se pode visualizar algumas adesões de empresas que atuam fortemente na internet, com a OLX e a UOL, o que pode ser conferido no rol de associados disponível no *site* da associação: www.conar.org.br. Último acesso em: 16 fev. 2021.

8
Lei Geral de Proteção de Dados Pessoais (LGPD)

8.1. INTRODUÇÃO

A Lei n. 13.709/2018, Lei Geral de Proteção de Dados Pessoais (LGPD), é indiscutivelmente um grande marco no cenário nacional quanto à proteção de dados de pessoas físicas. Essa tutela é fruto do amadurecimento da questão pelo mundo, tanto é que 28 de janeiro é o Dia Internacional da Proteção de Dados.

E, mesmo a LGPD tendo um alcance que vai além do *e-commerce*, sem sombra de dúvidas, é nesse ambiente de compras digital que a lei nacional tem um terreno muito fértil quanto à sua aplicação.

A discussão acerca da necessidade de haver uma tutela jurídica para os dados e a privacidade das pessoas iniciou na década de 1970 na Europa, que culminou implicando na Diretiva 95/46/CE, que, por sua vez, foi substituída pelo Regulamento 2016/679 (GDPR – *General Data Protection Regulation*; em português, Regulamento Geral de Proteção de Dados), que entrou em vigor em 2018.

Essa norma europeia, datada de 2016, passou a ter forte influência na aprovação de normas de proteção de dados pelo mundo, especialmente no Brasil. Sendo assim, a partir de 14 de agosto de 2018, passou a ser incorporada ao ordenamento jurídico brasileiro a Lei n. 13.709/2018 – Lei Geral de Proteção de Dados Pessoais (LGPD).

Inicialmente, a lei brasileira tinha uma *vacatio legis* (tempo para uma lei entrar em vigor) de 18 meses, mas, com as alterações promovidas

Lei n. 13.853/2019 (lei que cria a ANPD – Autoridade Nacional de Proteção de Dados), o prazo de início da vigência da LGPD foi ampliado para dois anos, igualando-se assim à lei europeia. Dessa forma, seu primeiro dia de vigência é 16 de agosto de 2020.

No Brasil, a título de histórico, as discussões sobre proteção da privacidade se desenvolveram, sobretudo, após a promulgação da Constituição Federal de 1988 e a edição do Código Civil de 2002, mas foi intensificada com a chegada da internet no país na década de 1990 e as formas de captação de dados, a formação e a comercialização de *mailing list* e o envio de mensagens não solicitadas.

8.2. DADO PESSOAL – DO QUE ESTAMOS FALANDO?

No que consiste, afinal, dado pessoal? Em sentido amplo, dado pessoal é a "informação relacionada a pessoa natural identificada ou identificável" (LGPD, art. 5º, I). Isto é, algo do qual se faz conhecer uma pessoa por identificá-la, como o nome da pessoa física, o número do seu RG ou outro documento, ou algo que possa levar à identificação de uma pessoa (capaz de identificar uma pessoa), por exemplo, a data de nascimento, o endereço, a geolocalização ou até mesmo a soma de informações.

Assim, os dados pessoais poderiam ser classificados em diretos e indiretos: diretos quando as informações identifiquem diretamente a pessoa e indiretos quando a pessoa puder ser identificada pelas informações.

Frise que o titular de um dado é a "pessoa natural a quem se referem os dados pessoais que são objeto de tratamento" (LGPD, art. 5º, V). Pessoas jurídicas de quaisquer espécies não são titulares de dados pessoais para efeitos da LGPD.

Uma vez o dado pessoal estar sujeito a tratamento, questão torna-se sujeita à aplicação da LGPD. De outro modo, os **dados anonimizados** não estão suscetíveis a esse regime jurídico, sendo que, conceitualmente, dado anonimizado consiste no "dado relativo a titular que não possa ser identificado, considerando a utilização de meios técnicos razoáveis e disponíveis na ocasião de seu tratamento". Trata-se, portanto, do dado pessoal que se tornou anônimo ou foi convertido em anônimo.

Por sua vez, anonimização é a utilização de meios técnicos razoáveis e disponíveis no momento do tratamento, por meio dos quais um dado perde a possibilidade de associação, direta ou indireta, a um indivíduo (LGPD, art. 5º, III e XI).

O *caput* do art. 12[1] reforça que os dados anonimizados não são considerados dados pessoais para os fins da LGPD, exceto quando o processo de anonimização ao qual foram submetidos for revertido, utilizando exclusivamente meios próprios, ou quando, com esforços razoáveis (custo, tempo e tecnologia), puder ser revertido.

Existem ainda os dados pseudonimizados. Logo, a anonimização de dados difere da pseudonimização de dados, em que os dados ainda podem ser associados a uma pessoa em razão de um elemento de ligação que fica registrado separadamente[2].

Para efeitos da lei, conceitualmente, **tratamento de dados** consiste em "toda operação realizada com dados pessoais, como as que se referem a coleta, produção, recepção, classificação, utilização, acesso, reprodução, transmissão, distribuição, processamento, arquivamento, armazenamento,

---

[1] Art. 12. Os dados anonimizados não serão considerados dados pessoais para os fins desta Lei, salvo quando o processo de anonimização ao qual foram submetidos for revertido, utilizando exclusivamente meios próprios, ou quando, com esforços razoáveis, puder ser revertido.

§ 1º A determinação do que seja razoável deve levar em consideração fatores objetivos, tais como custo e tempo necessários para reverter o processo de anonimização, de acordo com as tecnologias disponíveis, e a utilização exclusiva de meios próprios. (...)

§ 2º Poderão ser igualmente considerados como dados pessoais, para os fins desta Lei, aqueles utilizados para formação do perfil comportamental de determinada pessoa natural, se identificada.

§ 3º A autoridade nacional poderá dispor sobre padrões e técnicas utilizados em processos de anonimização e realizar verificações acerca de sua segurança, ouvido o Conselho Nacional de Proteção de Dados Pessoais.

[2] Conforme o art. 13, § 4º, "Para os efeitos deste artigo, a pseudonimização é o tratamento por meio do qual um dado perde a possibilidade de associação, direta ou indireta, a um indivíduo, senão pelo uso de informação adicional mantida separadamente pelo controlador em ambiente controlado e seguro".

eliminação, avaliação ou controle da informação, modificação, comunicação, transferência, difusão ou extração" (LGPD, art. 5º, X).

Como se pode perceber, embora o conceito legal traga inúmeras hipóteses (coleta, recepção, arquivamento etc.), trata-se de um rol exemplificativo ao expressar que "toda operação realizada com dados pessoais, como (...)". Isto é, pode haver outras hipóteses não previstas pela lei relacionadas com dados pessoais que serão tidas por tratamento de dados, logo, sujeita à Lei n. 13.709/2018. As palavras "toda" e "como" do dispositivo legal referido reforçam tratar-se de um rol exemplificativo, não exaustivo.

Voltando-se um pouco mais ao conceito de dado pessoal, ele pode ser considerado "**sensível**" quando estiver relacionado à "origem racial ou étnica, convicção religiosa, opinião política, filiação a sindicato ou a organização de caráter religioso, filosófico ou político, dado referente à saúde ou à vida sexual, dado genético ou biométrico, quando vinculado a uma pessoa natural" (LGPD, art. 5º, II). A íris dos olhos e a impressão digital dos dedos são tidos como dados sensíveis.

A título distintivo e ilustrativo, enquanto o dado pessoal está relacionado à privacidade do titular, o dado pessoal sensível diz respeito à intimidade dele.

8.3. A QUEM A LEI SE APLICA?

É importante explicitar que a LGPD alcança relações jurídicas estabelecidas digital e fisicamente, atingindo a todos que pratiquem tratamento de dados pessoais, podendo ser uma pessoa física ou uma pessoa jurídica (de direito público, como a União, os Estados e os Municípios e suas autarquias, ou de direito privado, como sociedades empresárias, associações, fundações, partidos políticos, igrejas etc.), nos termos do art. 1º, *caput*, cc. art. 3º, *caput*.

Sinteticamente, a LGPD aplica-se a qualquer operação de tratamento realizada por pessoa natural ou por pessoa jurídica de direito público ou privado, independentemente do meio (físico ou digital).

Mas a Lei n. 13.709/2018 não se aplica ao tratamento de dados pessoais quando praticado por pessoa natural para fins exclusivamente particulares e não econômicos, conforme o inciso I do art. 4º.

8.4. OUTRAS NORMAS SOBRE PROTEÇÃO DE DADOS

O regramento jurídico da proteção de dados no Brasil já estava previsto em outras normas jurídicas, como a Constituição Federal, entretanto, previsto sob a roupagem da tutela à privacidade (CF, art. 5º, X) e o sigilo da correspondência, da comunicação e dos dados (CF, art. 5º, XII). Esses direitos estão previstos no Marco Civil da Internet – Lei n. 12.965/2014, embora sendo um tratamento mais superficial, tendo essa própria lei, em seu art. 3º, III, expressado que a proteção de dados é um princípio legal, mas "na forma da lei". Ou seja, o próprio Marco Civil da Internet reconhece a necessidade de uma lei específica para a proteção de dados.

Contudo embora existam disposições legais que toquem no tema da proteção de dados, como, por exemplo, o Código de Defesa do Consumidor, o Marco Civil da Internet, a Lei do Cadastro Positivo, o Código Civil e a Constituição Federal, entre outros diplomas, só agora temos uma norma específica. Ainda, mesmo que o Decreto n. 8.771/2016 (que regulamenta o Marco Civil da Internet) trate de dados cadastrais em seu art. 11 e s., não se pode afirmar que tal norma é um regime jurídico sobre a proteção de dados. Na verdade, esse decreto é voltado para a atuação de provedores, pois indica procedimentos para a guarda e a proteção de dados por provedores de conexão e de aplicações.

A partir de agora, com uma tutela legal específica, a proteção de dados está alicerçada nos seguintes fundamentos: respeito à privacidade; autodeterminação informativa; liberdade de expressão, de informação, de comunicação e de opinião; inviolabilidade da intimidade, da honra e da imagem; desenvolvimento econômico e tecnológico e a inovação; livre iniciativa, livre concorrência e defesa do consumidor; e direitos humanos, livre desenvolvimento da personalidade, da dignidade e do exercício da cidadania pelas pessoas naturais (LGPD, art. 2º).

8.5. ALCANCE GEOGRÁFICO DA LGPD

Nos termos do art. 3º da LGPD, se a pessoa que realiza o tratamento de dados estiver sediada fora do Brasil, ou se os dados estiverem localizados fora do país, nossa norma poderá ter incidência nas hipóteses em que: (i) a operação de tratamento seja realizada no território nacional;

(ii) atividade de tratamento tenha por objetivo a oferta ou o fornecimento de bens ou serviços ou o tratamento de dados de indivíduos localizados no território nacional; ou (iii) os dados pessoais objeto do tratamento tenham sido coletados no território nacional (sendo considerados coletados no território nacional os dados pessoais cujo titular nele se encontre no momento da coleta).

Assim, sendo, a Lei Geral de Proteção de Dados Pessoais produzirá efeitos que vão além do território [físico] nacional.

8.6. EXCLUÍDOS DA APLICAÇÃO DA LGPD

De outra forma, conforme o seu próprio art. 4º, a Lei n. 13.709/2018 não se aplica ao tratamento de dados pessoais quando: (i) praticado por pessoa natural para fins exclusivamente particulares e não econômicos; (ii) praticado para fins exclusivamente jornalísticos, artísticos ou acadêmicos; (iii) operacionalizado para fins exclusivos de segurança pública, defesa nacional, segurança do Estado ou atividades de investigação e repressão de infrações penais; ou (iv) resultantes de fora do território nacional e que não sejam objeto de comunicação, uso compartilhado de dados com agentes de tratamento brasileiros ou objeto de transferência internacional de dados com outro país que não o de proveniência, desde que o país de proveniência proporcione grau de proteção de dados pessoais adequado ao previsto na Lei n. 13.709/2018.

9
Proteção de dados: princípios e bases legais

9.1. PRINCÍPIOS

Princípios são norteadores para a aplicação das regras jurídicas positivadas, diferenciando-se dos fundamentos, que são as bases/alicerces em que a legislação se apoia.

Quanto aos princípios trazidos pela Lei Geral de Proteção de Dados Pessoais (LGPD), o art. 6º elenca uma série deles a serem observados no tratamento de dados. Vale destacar que, antes mesmo de descrever os princípios, o *caput* do art. 6º assevera a necessidade de observar a boa-fé.

A boa-fé é o contrário de má-fé/dolo/fraude (que é a má intenção do agente). Logo, agir de boa-fé é ter "boa intenção", não ter intenção de prejudicar a outra parte. A boa-fé é o comportamento que a sociedade espera do agente[1].

Os princípios a serem observados no tratamento de dados são os seguintes:
   a) finalidade: realização do tratamento para propósitos legítimos [lícitos, morais], específicos, explícitos e informados ao titular, sem possibilidade de tratamento posterior de forma incompatível com essas finalidades;

---

[1] TEIXEIRA, Tarcisio. *Manual da compra e venda*: doutrina, jurisprudência e prática. 3. ed. São Paulo: Saraiva, 2018. p. 28.

b) adequação: compatibilidade do tratamento com as finalidades informadas ao titular, de acordo com o contexto do tratamento;
c) necessidade: limitação do tratamento ao mínimo necessário para a realização de suas finalidades, com abrangência dos dados pertinentes, proporcionais e não excessivos em relação às finalidades do tratamento de dados;
d) livre acesso: garantia, aos titulares, de consulta facilitada e gratuita sobre a forma e a duração do tratamento, bem como sobre a integralidade de seus dados pessoais;
e) qualidade dos dados: garantia, aos titulares, de exatidão, relevância e atualização dos dados, de acordo com a necessidade e para o cumprimento da finalidade de seu tratamento;
f) transparência: garantia, aos titulares, de informações claras e facilmente acessíveis sobre a realização do tratamento e os respectivos agentes de tratamento, observados os segredos comercial e industrial[2];
g) segurança: utilização de medidas técnicas e administrativas aptas a proteger os dados pessoais de acessos não autorizados e de situações acidentais ou ilícitas de destruição, perda, alteração, comunicação ou difusão;
h) prevenção: adoção de cautelas/cuidados para prevenir a ocorrência de danos em virtude do tratamento de dados pessoais [por exemplo, realizando *backups* e instalando *firewall*];
i) não discriminação: impossibilidade de realização do tratamento para fins discriminatórios ilícitos ou abusivos [inadequados];

---

[2] "Segredo empresarial significa que o empresário prefere manter em segredo sua invenção e não deseja revelar sua criação a terceiros ou torná-la pública por meio da patente, para assim explorar o invento por prazo indeterminado. Ou seja, não quer que sua invenção se torne de domínio público, perdendo o privilégio de exploração exclusiva após o prazo legal". "A nomenclatura mais utilizada é 'segredo industrial' por terem se originado na indústria os primeiros segredos relacionados à invenção de produtos e às formas produtivas. Atualmente, qualquer atividade econômica (indústria, comércio, agropecuária e prestação de serviços em geral) pode utilizar-se desse método (manter segredos), o que justifica a denominação 'segredo empresarial'". In: TEIXEIRA, Tarcisio. *Direito empresarial sistematizado*: doutrina, jurisprudência e prática. 9. ed. São Paulo: Saraiva, 2021. p. 516.

j) responsabilização e prestação de contas: demonstração, pelo agente, da adoção de medidas eficazes e capazes de comprovar a observância e o cumprimento da legislação sobre proteção de dados pessoais e, inclusive, da eficácia dessas medidas [ou seja, que esteja em compliance em proteção de dados].

9.2. BASES LEGAIS (HIPÓTESES) PARA REALIZAR TRATAMENTO DE DADOS

Para que se possa realizar tratamento de dados é preciso que esteja presente uma das dez hipóteses/bases legais de tratamento.

Sem sombra de dúvida, a hipótese mais sensível é a do consentimento do titular, não sendo em vão que ela foi enumerada como a primeira da lista composta por dez situações previstas no art. 7º[3], sem prejuízo do regramento jurídico específico previsto no art. 8º para o consentimento.

---

[3] Art. 7º O tratamento de dados pessoais somente poderá ser realizado nas seguintes hipóteses:
I – mediante o fornecimento de consentimento pelo titular;
II – para o cumprimento de obrigação legal ou regulatória pelo controlador;
III – pela administração pública, para o tratamento e uso compartilhado de dados necessários à execução de políticas públicas previstas em leis e regulamentos ou respaldadas em contratos, convênios ou instrumentos congêneres, observadas as disposições do Capítulo IV desta Lei;
IV – para a realização de estudos por órgão de pesquisa, garantida, sempre que possível, a anonimização dos dados pessoais;
V – quando necessário para a execução de contrato ou de procedimentos preliminares relacionados a contrato do qual seja parte o titular, a pedido do titular dos dados;
VI – para o exercício regular de direitos em processo judicial, administrativo ou arbitral, esse último nos termos da Lei n. 9.307, de 23 de setembro de 1996 (Lei de Arbitragem);
VII – para a proteção da vida ou da incolumidade física do titular ou de terceiro;
VIII – para a tutela da saúde, exclusivamente, em procedimento realizado por profissionais de saúde, serviços de saúde ou autoridade sanitária; (Redação dada pela Lei n. 13.853, de 2019)
IX – quando necessário para atender aos interesses legítimos do controlador ou de terceiro, exceto no caso de prevalecerem direitos e liberdades fundamentais do titular que exijam a proteção dos dados pessoais; ou
X – para a proteção do crédito, inclusive quanto ao disposto na legislação pertinente.

9.2.1. Consentimento

O consentimento deverá ser fornecido por escrito ou via outro meio que demonstre a manifestação de vontade do titular, por exemplo, utilizando-se de ferramentas digitais/eletrônicas como o *e-mail*, WhatsApp etc.

Sendo o consentimento do titular fornecido por escrito, ele deverá estar asseverado em cláusula destacada das demais (cláusulas contratuais). Isto é, o titular deve ser informado ostensivamente sobre a necessidade de seu consentimento para aquele negócio que se tem projetado. Compreendemos que essa cláusula destacada deve ser observada em contratos físicos e/ou eletrônicos, estando aqui incluídos os Termos de Uso e Políticas de Privacidade empregados por plataformas digitais (*sites*, *blogs* etc.).

O ônus da prova de que o consentimento foi obtido nos termos da Lei de Proteção de Dados é do controlador (pessoa natural ou jurídica, de direito público ou privado, a quem competem as decisões referentes ao tratamento de dados pessoais), conforme os termos do § 2º do art. 8º cc. e do inciso VI do art. 5º[4].

Além disso, o § 3º do art. 8º é claro ao expressar a proibição de tratamento de dados pessoais mediante vício de consentimento. Logo, o consentimento obtido com vício não produzirá efeito para o titular.

No mais, o consentimento deve estar relacionado a objetivos certos e específicos (por exemplo, para qualificar o consumidor no contrato a ser firmado com o fornecedor) e não a autorizações genéricas, sob pena de o consentimento ser nulo.

---

[4] Vale explicar que, classicamente, no direito societário, controlador significa o acionista (pessoa física ou jurídica; ou grupo de pessoas em razão de acordo de voto) que detém uma quantidade relevante de ações, assegurando-lhe a prevalência de sua vontade nas assembleias gerais de acionistas, incluindo a eleição dos administradores de sua confiança (Lei n. 6.404/1976, art. 116, *caput*). Ou seja, o controlador não é a sociedade (pessoa jurídica de direito privado), mas sim um dos acionistas.
Diferentemente, para a Lei n. 13.709/2018, art. 5º, VI, controlador é pessoa natural ou jurídica, de direito público ou privado, a quem competem as decisões referentes ao tratamento de dados pessoais. Assim, tendo em vista a legislação brasileira societária, seria melhor que a LGPD tivesse instituído outra nomenclatura a tal figura jurídica. Isso pois, no âmbito da proteção de dados, o controlador pode ser uma sociedade, enquanto pessoa jurídica de direito privado, o que poderá implicar em "confusão jurídica".

A lei dispõe sobre a possibilidade de o titular do dado revogar seu consentimento. Isso pode ser feito a qualquer tempo por sua manifestação expressa via procedimento facilitado e não oneroso (gratuito). Mesmo com a revogação, permanecerão ratificados os tratamentos realizados sob o consentimento outrora manifestado, salvo se houver requerimento de eliminação (§ 5º do art. 8º cc. inciso VI do caput do art. 18).

Se houver alguma alteração em uma das hipóteses a seguir descritas, é obrigação do controlador informar ao titular, com destaque de forma específica do teor das alterações, podendo o titular, nos casos em que o seu consentimento é exigido, revogá-lo caso discorde da alteração (§ 6º do art. 8º cc. incisos I, II, III e V do art. 9º). São as hipóteses de alteração quanto:

a) à finalidade específica do tratamento;
b) à forma e duração do tratamento, observados os segredos comercial e industrial;
c) à identificação do controlador;
d) às informações acerca do uso compartilhado de dados pelo controlador e a finalidade.

Vale reforçar que se o consentimento do titular dos dados foi exigido em qualquer das hipóteses acima, ele poderá revogá-lo se discordar da alteração.

9.2.2. As demais bases legais

Além do consentimento, existem outras bases legais (hipóteses) que autorizam o tratamento de dados pessoais (art. 7º), como o tratamento de dados para **atender obrigação legal ou regulatória**. São bons exemplos as empresas sujeitas à regulação e fiscalização de agências reguladoras, as quais, em sua atuação, exigem a prestação de contas com uma séria de informações das empresas e de seus respectivos clientes (entre outras, como a Anatel, ANS etc.).

Ainda nos termos do art. 7º, há mais outras oito hipóteses para o tratamento de dados pessoais, isto é, quando é realizada:

a) pela administração pública, para o tratamento e uso compartilhado de dados necessários à execução de políticas públicas previstas em leis e regulamentos ou respaldadas em contratos,

convênios ou instrumentos congêneres (respeitados os arts. 23 a 32 da LGPD);
b) para a realização de estudos por órgão de pesquisa, garantida, sempre que possível, a anonimização dos dados pessoais;
c) quando necessário para a execução de contrato ou de procedimentos preliminares relacionados a contrato do qual seja parte o titular, a pedido do titular dos dados;
d) para o exercício regular de direitos em processo judicial, administrativo ou arbitral (neste caso, atendendo à Lei n. 9.307/1996);
e) para a proteção da vida ou da incolumidade física do titular ou de terceiro;
f) para a tutela da saúde, exclusivamente, em procedimento realizado por profissionais de saúde, serviços de saúde ou autoridade sanitária[5];
g) para a proteção do crédito (respeitada à legislação correspondente[6]);
h) quando necessário para atender aos **interesses legítimos** do controlador ou de terceiro, exceto no caso de prevalecerem direitos e liberdades fundamentais do titular que exijam a proteção dos dados pessoais.

9.2.3. Legítimo interesse

A questão do interesse legítimo ou legítimo interesse é uma das questões mais delicadas da LGPD. Mas o que vem a ser legítimo interesse? Vamos por partes. Legítimo quer dizer algo justo, razoável; já interesse significa aquilo que é importante. Desse modo, conceitualmente,

---

[5] Este caso vale tanto para médicos, fisioterapeutas, psicólogos etc. Especificamente sobre os médicos, é imprescindível observar o Código de Ética Médica (Resolução CFM n. 1.931/2009), cujo art. 85 veda ao médico permitir o manuseio e o conhecimento dos prontuários médicos por pessoas não obrigadas ao sigilo profissional quando sob sua responsabilidade.

[6] Lei n. 12.414/2011, que disciplina a formação e consulta a bancos de dados com informações de adimplemento, de pessoas naturais ou de pessoas jurídicas, para formação de histórico de crédito (conhecida como Lei do Cadastro Positivo, a qual sofreu alterações substanciais pela Lei Complementar n. 166/2019).

pode-se afirmar que o legítimo interesse do controlador é "aquilo que lhe é justo e importante".

Convenhamos que se trata de um conceito muito abstrato e aberto. O art. 10 da LGPD estabeleceu alguns parâmetros acerca do legítimo interesse do controlador ao expressar que ele somente poderá fundamentar tratamento de dados pessoais para finalidades legítimas [justas, razoáveis], consideradas a partir de casos concretos, que incluem, mas não se limitam, a:

a) apoio e promoção de atividades do controlador; e
b) proteção, em relação ao titular, do exercício regular de seus direitos ou prestação de serviços que o beneficiem, respeitadas as legítimas expectativas dele e os direitos e liberdades fundamentais (atendidos os preceitos da LGPD).

O § 1º do art. 10 assevera que, nos casos de tratamento de dados com base no legítimo interesse do controlador, apenas poderão ser tratados os dados estritamente necessários para a finalidade almejada. Isso está associado ao princípio da necessidade.

Além disso, o exercício do legítimo interesse implica ao controlador seguir medidas adequadas para assegurar a transparência no tratamento de dados (§ 2º do art. 10). Ou seja, deve garantir que as informações sejam claras, precisas e facilmente acessíveis.

Um ponto interessante instituído pela lei é o do **Relatório de Impacto à Proteção de Dados Pessoais (RIPD)**[7]. Respeitados os segredos empresariais (comerciais e industriais), a autoridade nacional poderá solicitar tal relatório ao controlador quando o tratamento for realizado com base em seu legítimo interesse (§ 3º do art. 10).

---

[7] Conforme o art. 5º, XVII: "relatório de impacto à proteção de dados pessoais: documentação do controlador que contém a descrição dos processos de tratamento de dados pessoais que podem gerar riscos às liberdades civis e aos direitos fundamentais, bem como medidas, salvaguardas [garantias] e mecanismos de mitigação [diminuição] de risco;".

O RIPD deverá conter, no mínimo, a descrição das espécies de dados coletados, a metodologia utilizada para a coleta e para a garantia da segurança das informações, bem como a análise do controlador com relação a medidas, resguardos (salvaguardas) e mecanismos de mitigação de risco adotados (art. 38, parágrafo único).

10
Direitos do titular de dados

10.1. DIREITO DE ACESSO DO TITULAR E O PRINCÍPIO DO LIVRE ACESSO

Conceitualmente, o princípio do livre acesso é o que garante aos titulares o direito de consultar de modo fácil e gratuito a forma e a duração do tratamento e a integralidade de seus dados pessoais (inciso IV do art. 6º).

Sem prejuízo de regulamentação específica para o atendimento desse princípio, o titular tem direito ao acesso facilitado às informações sobre o tratamento de seus dados, que deverão ser disponibilizadas de forma clara, adequada e ostensiva quanto (art. 9º):

a) à **finalidade específica** do tratamento;
b) à forma e à duração do tratamento (respeitados os segredos empresariais);
c) à identificação do controlador;
d) às informações de contato do controlador;
e) às informações acerca do uso compartilhado de dados pelo controlador e a finalidade;
f) às **responsabilidades** dos agentes que realizarão o tratamento; e
g) aos direitos do titular (expressando os previstos no art. 18 da Lei n. 13.709/2018[1]).

---

[1] Art. 18. O titular dos dados pessoais tem direito a obter do controlador, em relação aos dados do titular por ele tratados, a qualquer momento e mediante requisição:

I – confirmação da existência de tratamento;

II – acesso aos dados;

III – correção de dados incompletos, inexatos ou desatualizados;

IV – anonimização, bloqueio ou eliminação de dados desnecessários, excessivos ou tratados em desconformidade com o disposto nesta Lei;

V – portabilidade dos dados a outro fornecedor de serviço ou produto, mediante requisição expressa, de acordo com a regulamentação da autoridade nacional, observados os segredos comercial e industrial; (Redação dada pela Lei n. 13.853/2019)

VI – eliminação dos dados pessoais tratados com o consentimento do titular, exceto nas hipóteses previstas no art. 16 desta Lei;

VII – informação das entidades públicas e privadas com as quais o controlador realizou uso compartilhado de dados;

VIII – informação sobre a possibilidade de não fornecer consentimento e sobre as consequências da negativa;

IX – revogação do consentimento, nos termos do § 5º do art. 8º desta Lei.

§ 1º O titular dos dados pessoais tem o direito de peticionar em relação aos seus dados contra o controlador perante a autoridade nacional.

§ 2º O titular pode opor-se a tratamento realizado com fundamento em uma das hipóteses de dispensa de consentimento, em caso de descumprimento ao disposto nesta Lei.

§ 3º Os direitos previstos neste artigo serão exercidos mediante requerimento expresso do titular ou de representante legalmente constituído, a agente de tratamento.

§ 4º Em caso de impossibilidade de adoção imediata da providência de que trata o § 3º deste artigo, o controlador enviará ao titular resposta em que poderá:

I – comunicar que não é agente de tratamento dos dados e indicar, sempre que possível, o agente; ou

II – indicar as razões de fato ou de direito que impedem a adoção imediata da providência.

§ 5º O requerimento referido no § 3º deste artigo será atendido sem custos para o titular, nos prazos e nos termos previstos em regulamento.

§ 6º O responsável deverá informar, de maneira imediata, aos agentes de tratamento com os quais tenha realizado uso compartilhado de dados a correção, a eliminação, a anonimização ou o bloqueio dos dados, para que repitam idêntico procedimento, exceto nos casos em que esta comunicação seja comprovadamente impossível ou implique esforço desproporcional.

Havendo o titular fornecido seu consentimento, este será nulo (sem validade) quando as informações lhes forem apresentadas sem transparência, de forma clara e inequívoca, bem como se as informações tiverem conteúdo enganoso (que induz a erro) ou abusivo (inadequado) (§ 1º do art. 9º).

Se houver mudanças na finalidade do tratamento de dados a partir do consentimento requerido do titular, este deverá ser informado previamente sobre as mudanças de **finalidade**. Discordando das mudanças, o titular poderá revogar o consentimento. Vale esclarecer que essa regra é aplicável se houver mudanças da **finalidade** para o tratamento de dados pessoais não compatíveis com o consentimento original (§ 2º do art. 9º).

Sendo necessário para o fornecimento de produto ou de serviço ou para o exercício de direito pelo controlador (uma condição, portanto), o titular dos dados pessoais será informado, com destaque, acerca desse fato e sobre os meios pelos quais poderá exercer seus direitos previstos no art. 18 da Lei Geral de Proteção de Dados Pessoais (LGPD) (§ 3º do art. 9º).

10.2. TRATAMENTO DE DADOS PESSOAIS SENSÍVEIS – REGIME JURÍDICO

Dado pessoal sensível é aquela informação relacionada à raça, à religião, à opinião política, à filiação a sindicato ou a organização religiosa, filosófica ou política, bem como à informação relacionada à saúde ou à vida sexual, informação genética ou biométrica (quando vinculada a uma pessoa natural) (inciso II do art. 5º). São exemplos: a impressão digital dos dedos e a íris dos olhos.

Diferentemente do art. 7º, que traz dez bases legais para o tratamento de dados pessoais, o art. 11 divide as bases legais para tratamento de dados sensíveis em duas categorias: **com** o consentimento do titular ou **sem** consentimento do titular (sendo que a segunda categoria é dividida em sete subcategorias).

---

§ 7º A portabilidade dos dados pessoais a que se refere o inciso V do *caput* deste artigo não inclui dados que já tenham sido anonimizados pelo controlador.

§ 8º O direito a que se refere o § 1º deste artigo também poderá ser exercido perante os organismos de defesa do consumidor.

No primeiro caso, o tratamento de dados sensíveis apenas poderá ocorrer quando o titular (ou o seu responsável legal: pais, tutores ou curadores) expressar seu consentimento, de forma específica e destacada, para finalidades específicas (e não genéricas) (inciso I do art. 11). Isso está relacionado ao princípio da finalidade.

Já na segunda categoria, sem o consentimento do titular, o tratamento de dados sensíveis poderá ocorrer nos casos em que for essencial para (inciso II do art. 11):

a) cumprimento de obrigação legal ou regulatória pelo controlador;

b) tratamento compartilhado de dados necessários à execução, pela administração pública, de políticas públicas previstas em leis ou regulamentos;

c) realização de estudos por órgão de pesquisa, garantida, sempre que possível, a anonimização dos dados pessoais sensíveis;

d) exercício regular de direitos, inclusive em contrato e em processo judicial, administrativo e arbitral (nesse caso, seguindo a Lei n. 9.307/1996);

e) proteção da vida ou da incolumidade física do titular ou de terceiro;

f) tutela da saúde, exclusivamente, em procedimento realizado por profissionais de saúde, serviços de saúde ou autoridade sanitária; ou

g) garantia da prevenção **à fraude e à segurança do titular**, nos processos de identificação e autenticação de cadastro em sistemas eletrônicos (resguardados os direitos mencionados no art. 9º da LGPD e exceto no caso de prevalecerem direitos e liberdades fundamentais do titular que exijam a proteção dos dados pessoais).

Repare que, entre as hipóteses de tratamento de dados pessoais sensíveis do art. 11, não está prevista a hipótese do legítimo interesse (prevista no art. 7º). Logo, legítimo interesse não é base legal para o tratamento de dados sensíveis.

Uma questão muito relevante sobre os dados sensíveis em geral está no fato de que a comunicação ou o uso compartilhado deles por controladores, com a finalidade de obter vantagem financeira, poderá ser objeto de proibição ou de regulamentação pelo Poder Público (§ 3º do art. 11).

Mas a Lei n. 13.709/2018, desde já, proíbe, a partir da sua vigência, a comunicação ou o uso compartilhado entre controladores de dados pessoais sensíveis no que tange especificamente à saúde com objetivo de obter vantagem econômica. Essa regra é excepcionada nos casos referentes à prestação de serviços de saúde, de assistência farmacêutica e de assistência à saúde, incluídos os serviços auxiliares de diagnose e terapia, desde que em benefício dos interesses dos titulares de dados e para permitir: (i) a portabilidade de dados quando solicitada pelo titular; ou (ii) as transações financeiras e administrativas resultantes do uso e da prestação dos serviços de que trata o § 4º do art. 11.

Soma-se a esse regramento o impedimento de as operadoras de planos privados de assistência à saúde (planos e seguros saúde) realizarem o tratamento de dados de saúde para a prática de seleção de riscos na contratação de qualquer modalidade, assim como na contratação e exclusão de beneficiários (§ 5º do art. 11). Isso também vale para o caso de a operadora querer impor período de carência a doenças tidas por preexistentes, das quais tomou conhecimento pelo indevido tratamento de dados.

10.3. TRATAMENTO DE DADOS PESSOAIS DE CRIANÇAS E DE ADOLESCENTES

A LGPD reservou um tratamento jurídico específico para os dados pessoais das crianças e adolescentes. Mas, inicialmente vale ter em conta que, à luz do ordenamento jurídico brasileiro, especificamente o Estatuto da Criança e do Adolescente (ECA – Lei n. 8.069/1990), criança é a pessoa até 12 anos de idade incompletos; já adolescente aquela entre 12 e 18 anos de idade (ECA, art. 2º, *caput*).

Nos termos do *caput* e § 1º do art. 14, o tratamento de dados pessoais de crianças e de adolescentes será feito em seu melhor interesse, devendo ser realizado com o consentimento específico, e em destaque, proferido por pelo menos um dos pais ou responsável legal.

Considerando as tecnologias disponíveis à época, o controlador deve realizar todos os esforços razoáveis para verificar que o consentimento foi dado pelo responsável pela criança (§ 5º do art. 14). Fisicamente, bastaria a exibição dos documentos comprobatórios; digitalmente, será preciso empregar tecnologia que assegure isso.

Os controladores deverão manter publicamente a informação sobre os tipos de dados coletados das crianças e dos adolescentes, a forma de sua utilização e os procedimentos para o exercício dos direitos previstos no art. 18 da LGPD (§ 2º do art. 14). Uma alternativa para atender esse dispositivo legal é manter as informações no site ou aplicativo da empresa.

O consentimento dos pais ou responsável legal é dispensado quando a coleta do dado da criança e do adolescente for utilizada para contá-los. Nesse caso, o dado deve ser usado apenas uma vez e não deve ser armazenado, não podendo ser transmitido a terceiro (salvo consentimento para esse fim) (§ 3º do art. 14).

Trata-se de uma hipótese muito plausível, pois o legislador imaginou situações em que o menor possa estar, por exemplo, perdido ou desacompanhado e que seja preciso alguém contatar seus pais ou responsável.

Quando se trata da participação de menores em jogos, aplicações de internet[2] ou demais atividades, os controladores não deverão condicionar a participação dos menores ao consentimento de pais ou responsável. Mas, nesse caso, os controladores não podem exigir o fornecimento de dados pessoais além daqueles cruciais à participação da atividade que se tem em vista (§ 4º do art. 14).

É pertinente explicitar a exigência legal de adaptação quanto às informações a serem prestadas acerca do tratamento de dados de crianças e adolescentes, as quais deverão ser fornecidas de maneira simples, clara e acessível, tendo em vista as características físico-motoras, perceptivas, sensoriais, intelectuais e mentais do usuário (criança ou adolescente).

E mais, essas informações sobre o tratamento deve ser feita com uso de recursos audiovisuais quando adequado, proporcionando a informação necessária aos pais ou ao responsável legal e adequada ao entendimento da criança (e do adolescente) (§ 6º do art. 14).

---

[2] Marco Civil da Internet, art. 5º, VII – "aplicações de internet: o conjunto de funcionalidades que podem ser acessadas por meio de um terminal conectado à internet". Vale esclarece que, por funcionalidades, pode-se entender *sites*, *blogs*, redes sociais etc.

10.4. O FIM DO TRATAMENTO DE DADOS

O tratamento de dados tem início, meio e pode ter fim. O seu término se dá nos seguintes casos (art. 15):

a) pela verificação de que a finalidade foi alcançada ou de que os dados deixaram de ser necessários ou pertinentes ao alcance da finalidade específica almejada;

b) pelo término do período de tratamento [para as situações de tratamento por prazo determinado];

c) pela comunicação do titular (o que inclui o exercício do direito de revogação do consentimento à luz do § 5º do art. 8º, preservando-se o interesse público);

d) pela determinação da Autoridade Nacional de Proteção de Dados (ANPD), quando houver violação ao disposto na LGPD.

Assim, os dados serão eliminados após o tratamento, respeitados o âmbito e os limites técnicos das atividades; mas é autorizada a preservação dos dados para os seguintes fins (art. 16):

a) cumprimento de obrigação legal ou regulatória pelo controlador;

b) estudo por órgão de pesquisa, garantida – sempre que possível – a anonimização dos dados pessoais;

c) transferência a terceiro, desde que respeitados os requisitos de tratamento de dados da LGPD; ou

d) uso exclusivo do controlador, vedado seu acesso por terceiro, e desde que anonimizados os dados.

10.5. DIREITOS DO TITULAR

Não são poucos os direitos que a LGPD instituiu aos titulares de dados pessoais, de modo que toda pessoa física tem assegurada a titularidade de seus dados pessoais, sendo garantidos os direitos fundamentais de liberdade, de intimidade e de privacidade (art. 17).

O exercício dos direitos do titular poderá ser exercido perante órgãos administrativos, como a ANPD, o Poder Judiciário e, especialmente, perante os controladores que realizam o tratamento dos seus dados pessoais.

Desse modo, o titular dos dados pessoais tem direito a obter do controlador, a qualquer momento e mediante requisição (art. 18, caput):

I – da confirmação da existência de tratamento;

II – do acesso aos dados;

III – da correção de dados incompletos, inexatos ou desatualizados;

IV – de **anonimização, bloqueio** ou **eliminação** de dados desnecessários, excessivos ou tratados em desconformidade com o que dispõe a LGPD;

V – da **eliminação** dos dados pessoais que foram objeto de tratamento a partir do consentimento do titular (exceto nas hipóteses de preservação de dados previstas no art. 16);

VI – da portabilidade dos dados a outro fornecedor de serviço ou produto[3] (mediante requisição expressa, de acordo com a regulamentação da ANPD, observados os segredos comercial e industrial)[4];

VII – da informação das entidades públicas e privadas com as quais o controlador realizou uso compartilhado de dados;

VIII – da informação sobre a possibilidade de não fornecer consentimento e sobre as consequências da negativa;

IX – da **revogação** do **consentimento** (conforme o § 5º do art. 8º).

Especificamente no plano administrativo, o titular dos dados tem a faculdade de **peticionar** contra o controlador, junto à autoridade nacional, acerca dos seus dados pessoais, bem como poderá ser exercer tal direito diante de instituições de defesa do consumidor e agências reguladoras, sobretudo os Programas de Proteção e Defesa do Consumidor (Procon) (§§ 1º e 8º do art. 18).

O titular dos dados também tem o direito de **oposição**, que significa contrapor-se a tratamento realizado com fundamento em uma das hipóteses de dispensa de consentimento, desde que haja descumprimento ao regime jurídico da LGPD (§ 2º do art. 18).

---

[3] Art. 18, § 7º A portabilidade dos dados pessoais a que se refere o inciso V do *caput* deste artigo não inclui dados que já tenham sido anonimizados pelo controlador.

[4] Essa hipótese já ocorre há anos no setor bancário, quando uma instituição informa no talão de cheque o tempo que o correntista mantém sua conta bancária (ou é cliente bancário).

Tal direito será exercido mediante **requerimento** expresso do titular ou de representante legalmente constituído (especialmente advogado) destinado a agente de tratamento (§ 3º do art. 18).

Embora o *caput* do art. 18 assevere que o titular tenha o direito de obter do controlador as hipóteses ali previstas, o § 3º do mesmo artigo expressa que o requerimento pode ser destinado a agente de tratamento, ou seja, o controlador ou o operador[5, 6].

O requerimento será atendido sem custos ao titular, nos prazos e nos termos previstos em regulamento, a ser expedido pela autoridade nacional (§ 5º do art. 18).

10.5.1. Resposta do controlador

Se o controlador não puder atender imediatamente ao que foi solicitado pelo titular de dados, enviará **resposta** a esse titular (§ 4º do art. 18):

I – comunicando que não é agente de tratamento dos dados e indicando, quando possível, o agente; ou

II – indicando as razões de fato ou de direito que impedem a adoção imediata da providência.

Caso tenha havido o compartilhamento de dados, uma vez comunicado, o responsável deverá informar, de maneira imediata, aos agentes de tratamento com os quais tenha realizado uso compartilhado de dados a correção, a eliminação, a anonimização ou o bloqueio dos dados, para que repitam idêntico procedimento (salvo quando esta comunicação seja

---

[5] Operador é pessoa natural ou jurídica, de direito público ou privado, que realiza o tratamento de dados pessoais em nome do controlador (Lei n. 13.709/2018, art. 5º, VII). Desse modo, compreendemos que o operador pode ser uma pessoa que presta serviços ao controlador, seja na condição de funcionário, seja na de empresa terceirizada.

[6] Embora não mencionada expressamente a figura do encarregado, à luz do § 2º do art. 41 da LGPD, dentre as atividades do encarregado está a de aceitar reclamações e comunicações dos titulares, prestar esclarecimentos e adotar providências. Além disso, o inciso VIII do art. 5º dispõe que o encarregado é a "pessoa indicada pelo controlador e operador para atuar como canal de comunicação entre o controlador, os titulares dos dados e a Autoridade Nacional de Proteção de Dados (ANPD)".

comprovadamente impossível ou implique esforço desproporcional) (§ 6º do art. 18).

Podendo atender ao que foi requerido, a resposta ao que foi requisitado pelo titular – quanto à confirmação da existência ou do acesso a dados pessoais – será providenciada: (i) em formato simplificado, imediatamente; ou (ii) por meio de declaração completa e clara, que indique a origem dos dados, a inexistência de registro, os critérios utilizados e a finalidade do tratamento (observados os segredos comercial e industrial) (incisos I e II do *caput* do art. 19).

Nos termos do inciso II do *caput* do art. 19, nessa segunda hipótese (de declaração completa), a resposta completa deverá ser fornecida no prazo de até 15 dias contados da data do requerimento do titular.

Para determinados setores, a ANPD poderá dispor de forma diferenciada acerca desses dois prazos: imediatamente e até 15 dias (§ 4º do art. 19).

A LGPD (art. 19, § 1º) prevê que os dados pessoais serão armazenados em formato que favoreça o exercício do direito de acesso. Entretanto, a regra pode ser prejudicial à segurança dos dados. Isso pois um formato de armazenamento que favoreça o acesso ou o exercício do direito de acesso pelo titular pode ser mais suscetível a um incidente de segurança (invasão, captura, alteração etc. dos dados).

A critério do titular, a resposta acerca dos dados poderá ser fornecida: (i) na forma impressa; ou (ii) por meio eletrônico, seguro e idôneo para esse fim (§ 2º do art. 19), como, por exemplo, por *e-mail* ou WhatsApp.

Outro direito do titular está no fato de que, "quando o tratamento tiver origem no consentimento do titular ou em contrato, o titular poderá **solicitar** cópia eletrônica integral de seus dados pessoais (observados os segredos comercial e industrial), nos termos de regulamentação da autoridade nacional, em formato que permita a sua utilização subsequente, inclusive em outras operações de tratamento" (§ 3º do art. 19).

10.5.2. Outras possibilidades

Também o titular de dados pessoais tem o direito de **revisão**. Esse direito consiste em o titular solicitar a revisão de decisões adotadas apenas com base em tratamento automatizado de dados que afetam seus interesses. Nisso está incluída a definição sobre formação de perfil pessoal, de consumo, profissional e de crédito, ou mesmo questões de sua personalidade (*caput* do art. 20).

A automatização em tratamento de dados é baseada em *softwares* e/ou inteligência artificial que facilitam a formação de perfil dos usuários, mas que podem equivocar-se e assim afrontar os interesses dos titulares.

Uma vez solicitadas informações a respeito dos critérios e dos procedimentos empregados para a decisão automatizada, o controlador deverá fornecê-las de forma clara e adequada. Isso não pode afrontar os segredos empresariais (§ 1º do art. 20), o que, com certa frequência, será objeto de alegação das empresas para não esclarecer os critérios e procedimentos utilizados.

Entretanto, uma vez alegado segredo e assim não tendo oferecidas as informações solicitadas, a ANPD poderá realizar **auditoria** na instituição para verificação de aspectos discriminatórios em tratamento automatizado de dados pessoais (§ 2º do art. 20).

Sendo o caso de o titular praticar um "exercício regular de direitos" – como, por exemplo, solicitar a lavratura de um boletim de ocorrência em Delegacia de Polícia –, os dados pessoais referentes a tal exercício não podem ser utilizados em seu prejuízo (art. 21).

Assim como outras normas jurídicas, a Lei n. 13.709 (art. 22) dispõe que a tutela dos interesses e dos direitos dos titulares de dados pessoais poderá ser exercida perante a Justiça de forma individual ou coletiva. Neste último caso, sem prejuízo do que será tratado adiante sobre dano coletivo, é aplicável a legislação que trata desses instrumentos de exercício de direito de forma coletiva, como o CPC, o CDC, a Lei da Ação Civil Pública (Lei n. 7.347/1985) etc.

11
Responsabilidade civil dos agentes de tratamento de dados

11.1. AGENTES DE TRATAMENTO: CONTROLADOR E OPERADOR

A Lei Geral de Proteção de Dados Pessoais (LGPD) disciplina três figuras muito importantes quanto à proteção de dados pessoais: o controlador, o operador e o encarregado de dados. Deste último trataremos posteriormente.

De acordo com a referida lei, art. 5º, incisos VI e VII, respectivamente, **controlador** é a "pessoa natural ou jurídica, de direito público ou privado, a quem competem as decisões referentes ao tratamento de dados pessoais"; já **operador** é a "pessoa natural ou jurídica, de direito público ou privado, que realiza o tratamento de dados pessoais em nome do controlador".

Ambos, controlador e operador, são considerados agentes de tratamento de acordo com os termos do inciso IX do art. 5º da LGPD. Estabelecidos os conceitos, cabe analisar o regime jurídico aplicável a essas respectivas figuras instituídas pela lei.

Uma obrigação crucial e comum do controlador e do operador é a da manutenção do registro das operações de tratamento de dados pessoais que realizarem, sobretudo quando a base legal for o interesse legítimo (art. 37).

Especificamente quanto ao controlador, a Autoridade Nacional de Proteção de Dados (ANPD) "poderá" determinar que ele elabore um

Relatório de Impacto à Proteção de Dados Pessoais (RIPD), inclusive de dados sensíveis, no que tange às suas operações de tratamento, respeitados os segredos empresariais (art. 38, *caput*). Tal dispositivo prevê que isso será objeto de regulamentação específica, no caso, pela ANPD.

Sobre os requisitos do RIPD, ele deverá conter, no mínimo: a descrição das espécies de dados coletados; a metodologia utilizada para a coleta [por exemplo, via *cookies*] e a garantia da segurança das informações; e a análise do controlador com relação a medidas salvaguardas e mecanismos de mitigação de risco adotados (art. 38, parágrafo único).

Existe a obrigação legal de o operador realizar o tratamento de dados segundo as informações fornecidas pelo controlador, entretanto, a responsabilidade pela observância dessas instruções e das normas aplicáveis é do próprio controlador (art. 39).

Veja-se que o controlador, independentemente de estar em conformidade com as normas sobre a proteção de dados, também deverá se preocupar com todas as pessoas que poderão tratar dados em seu nome. Revela-se aqui a importância do controlador se atentar para todas as pessoas que contratar para lidar com tratamento de dados, inclusive se precavendo em contratos e, principalmente, em medidas que assegurem que o operador cumpra com as instruções dadas e com as normas aplicáveis à proteção de dados. Utiliza-se, nesse caso, o que se chama de *data processing agreement*; em português, **acordo de processamento de dados**[1].

É possível assemelhar a responsabilização do controlador pelos atos de seus operadores à responsabilidade solidária – atribuída aos fornecedores de serviço pelos atos de seus prepostos e representantes autônomos – prevista no art. 34 do Código de Defesa do Consumidor (CDC). Isso para o âmbito das relações de consumo.

Já nas áreas civil e empresarial, se o preposto agir com culpa, responderá pessoalmente perante o preponente (empresário); se agir com dolo, responderá perante terceiros solidariamente com o preponente. E

---

[1] TEIXEIRA, Tarcisio; ARMELIN, Ruth Maria Guerreiro da Fonseca. *Lei Geral de Proteção de Dados Pessoais* – comentada artigo por artigo. Salvador: JusPodivm, 2019. p. 111.

mais: os preponentes são responsáveis pelos atos de quaisquer prepostos quando praticados dentro do estabelecimento e relativos à atividade da empresa, mesmo que não autorizados por escrito. Se os atos do preposto forem realizados fora do estabelecimento, o preponente estará obrigado nos limites dos poderes conferidos por escrito. Tudo isso, conforme os arts. 1.177 e 1.178 do Código Civil (CC)[2].

11.2. ENCARREGADO

Embora o legislador nacional tenha copiado do GDPR a figura do *Data Protection Officer* (DPO; em português, Oficial de Proteção de Dados), optou-se por denominá-lo "encarregado pelo tratamento de dados pessoais", ou podemos nos referir simplesmente como "encarregado".

O encarregado pode ser uma pessoa natural ou jurídica. No primeiro caso, poderá ser um colaborador interno da empresa; no segundo, uma empresa prestadora de serviços.

Assim, o encarregado é a "pessoa indicada pelo controlador e operador para atuar como canal de comunicação entre o controlador, os titulares dos dados e a Autoridade Nacional de Proteção de Dados (ANPD)", conforme dispõe o inciso VIII do art. 5º da LGPD.

Nos termos do art. 41, *caput*, o encarregado de dados é a pessoa indicada pelo controlador; entretanto, de acordo com o art. 5º, VIII, o encarregado é indicado pelo controlador e pelo operador. Trata-se, portanto, de um equívoco do legislador. No fundo, na redação original do art. 5º, VIII, a indicação era apenas do controlador, sendo a alteração promovida pela Lei n. 13.853/2019.

Tendo em vista o que já foi retratado até aqui, nos parece que a competência em escolher o encarregado de dados é do controlador, até por que o operador é um subordinado a este, independentemente de ser um funcionário ou uma empresa que lhe presta serviços. Logo, o operador – por certo – aceitaria e concordaria com a indicação do controlador, o que seria, portanto, uma mera formalidade. Mas, diante dessa contra-

---

[2] TEIXEIRA, Tarcisio. *Direito empresarial sistematizado*: doutrina, jurisprudência e prática. 9. ed., cit., p. 95-96.

dição legal, por excesso de cautela, poderá aquele a quem competir implantar as ferramentas jurídicas dentro da instituição e aconselhar que a indicação do encarregado seja feita por ambos (controlador e operador).

Embora a Seção II (Do Encarregado pelo Tratamento de Dados Pessoais) pertença ao Capítulo IV (Dos Agentes de Tratamento de Dados Pessoais), não se pode afirmar categoricamente que o encarregado seja um dos agentes. Isso pois, nos termos do art. 5º, IX, agentes de tratamento são apenas o controlador e o operador. Trata-se de outra contradição da lei.

O encarregado pelo tratamento de dados tem como atribuições (§ 2º do art. 41):

> I – aceitar reclamações e comunicações dos titulares, prestar esclarecimentos e adotar providências;
>
> II – receber comunicações da autoridade nacional e adotar providências;
>
> III – orientar os funcionários e os contratados da entidade a respeito das práticas a serem tomadas em relação à proteção de dados pessoais; e
>
> IV – executar as demais atribuições determinadas pelo controlador ou estabelecidas em normas complementares.

A ANPD poderá estabelecer normas complementares sobre a definição e as atribuições do encarregado, bem como possível dispensa da necessidade de sua indicação, levando em conta a natureza e o porte da entidade ou o volume de operações de tratamento de dados (art. 41, § 3º).

Nas duas hipóteses mencionadas (previstas pelo § 2º do art. 41), em que se lê que cabe ao encarregado "adotar providências", isso deve ser compatibilizado com o fato de que o encarregado é nomeado pelo controlador (e operador); logo, não poderá ultrapassar as decisões sobre tratamento de dados tomadas pelo controlador. Entretanto, esse "adotar providências" pode estar associado a novas atribuições do encarregado a serem fixadas pela ANPD, o que, de toda sorte, pode afrontar as decisões do controlador gerando algum conflito entre eles e, por consequência, até o rompimento do contrato entre ambos.

O ideal é que o encarregado atue com a maior imparcialidade possível, como um "oficial de *compliance*". Não deve se comportar como mero cumpridor de ordens ou um subordinado do controlador, embora remunerado por este, mas também não pode afrontar determinações do controlador que estejam amparadas por lei.

Uma questão crucial está na imposição de que as informações de identificação e de contato do encarregado deverão ser divulgadas publicamente. Essa publicação deverá ser promovida pelo controlador, de forma clara e objetiva, preferencialmente em seu sítio eletrônico (art. 41, § 1º).

Nos casos em que a instituição não possua site, aconselha-se que as informações acerca do encarregado sejam colocadas nos locais que são acessíveis ao público, como contas em redes sociais e até mesmo balcões físicos de atendimento ao público.

11.3. RESPONSABILIDADE POR DANOS

11.3.1. Solidariedade dos agentes: controlador e operador

Acerca da responsabilidade solidária no âmbito da LGPD, de acordo com o seu art. 42, *caput*, tanto o controlador como o operador podem ser responsabilizados pelos danos causados, implicando em responsabilidade solidária entre eles (ora agentes de tratamento) perante os titulares de dados.

Além disso, visando assegurar a efetiva indenização ao titular dos dados, o inciso I do § 1º do art. 42 dispõe que o operador responde solidariamente pelos danos causados pelo tratamento quando descumprir as obrigações da legislação de proteção de dados; ou quando não tiver seguido as instruções lícitas do controlador (à luz do art. 39). Nesse caso, o operador fica equiparado a controlador (exceto quanto às exclusões previstas no art. 43).

Aqui vale destacar a relevância de uma elaboração minuciosa e criteriosa do contrato firmado entre controlador e operador, visto que será por meio dele que será possível apurar quais as instruções dadas pelo controlador e eventual direito de regresso entre ambas as partes, a depender do que estava previsto contratualmente. Vale destacar que empresas precisarão revisar os contratos que já possuem nos seus mais diversos setores/prestadores (Recursos Humanos, Marketing etc.) para incluir cláusulas mínimas para compartilhamento de dados entre controlador e operador, de forma a regular essa relação. Nesse sentido, a boa elaboração de um contrato contendo as instruções fornecidas pelo controlador ao operador não exime a responsabilidade deste último de verificar se o que está sendo-lhe instruído obedece às normas sobre a matéria (art. 39, LGPD[3]), não podendo se escusar do cumprimento da lei alegando o cumprimento de ordens ou de cláusulas contratuais. Aqui, o "temor reverencial" em razão da hierarquia/subordinação não é excludente de responsabilidade.

Ainda, visando concretizar a indenização ao titular, o inciso II do § 1º do art. 42 da LGPD descreve que, havendo dois ou mais controladores, os que estiverem diretamente envolvidos no tratamento do qual decorreram danos ao titular dos dados responderão solidariamente (salvo excludentes do art. 43).

Nesse momento, é preciso tecer alguns apontamentos sobre "solidariedade", cuja palavra significa que há uma concorrência entre agentes, de credores ou de devedores. A concorrência de credores é denominada solidariedade ativa, em que cada um dos credores pode exigir do devedor o cumprimento da prestação. Já a concorrência entre devedores chama-se solidariedade passiva, na qual o credor tem a faculdade de exigir e receber de um ou de alguns dos devedores, total ou parcialmente, o valor devido, cabendo o direito de regresso do devedor que suportou o pagamento contra os demais coobrigados pelas respectivas e proporcionais partes do débito (Código Civil, art. 264 e ss.).

Quanto à responsabilidade e solidariedade passiva, vale explicar que a palavra "solidária" significa uma responsabilidade mútua entre as pessoas envolvidas, as quais respondem individual ou concomitantemente. Difere, portanto, da responsabilidade "subsidiária", cuja responsabilidade de um é acessória à de outro, funcionando como se fosse uma espécie de garantia, ou seja, respondendo apenas quando o devedor principal não suportar o pagamento ou não tiver bens suficientes para fazer frente ao valor total da dívida.

---

[3] Lei n. 13.709/2018, art. 39. O operador deverá realizar o tratamento segundo as instruções fornecidas pelo controlador, que verificará a observância das próprias instruções e das normas sobre a matéria.

Não é demais explicitar que solidariedade não se presume, devendo resultar da vontade das partes ou de previsão legal, sendo que todos responderão solidariamente pela reparação dos danos (Código Civil, arts. 265 e 942). Logo, a solidariedade entre controlador e operador trata-se de uma solidariedade legal, não contratual. O contrato não pode alterar esse efeito perante terceiros.

Para efeitos de relação de consumo, o CDC prevê a responsabilidade solidária passiva em alguns dispositivos (arts. 18, 19 e 25), mas em especial o seu art. 7º, parágrafo único, dispõe que quando a ofensa tiver mais de um autor, todos responderão pelas perdas e danos. Na responsabilidade dos fornecedores por defeitos nos serviços, havendo mais de um fornecedor, exemplificativamente, pela terceirização de serviços, todos serão solidariamente responsáveis.

Contudo, uma vez condenado, é assegurado àquele que arcou com a indenização o direito de regresso contra o efetivo causador do dano. Essa regra geral é espelhada pelo § 4º do art. 42 da LGPD ao prever que aquele que tiver reparado o dano ao titular dos dados terá o direito regressivo contra os demais responsáveis, de acordo com a sua participação no evento danoso. Será preciso apurar no caso concreto.

11.3.2. Excludentes de responsabilidade

O art. 43 da LGPD instituiu um rol de hipóteses excludentes de responsabilidade dos agentes (controlador e operador), em um formato assemelhado com o CDC (art. 14, § 3º), quando esse diploma prevê que o fornecedor de serviços não responde quando provar que o defeito inexiste ou a culpa exclusiva do consumidor ou de terceiro.

Especificamente na LGPD, os agentes de tratamento não são responsabilizáveis quando provarem que: não realizaram o tratamento de dados pessoais que lhes é atribuído; não houve violação à legislação de proteção de dados; ou o dano é decorrente de culpa exclusiva do titular dos dados ou de terceiro (art. 43). Essas são hipóteses de excludentes de responsabilidade.

De forma geral, as excludentes de responsabilidades são possibilidades previstas pelo Direito (legislação, doutrina e jurisprudência) que extinguem a responsabilidade da pessoa. As excludentes afastam a responsabilidade, pois eliminam o nexo causal entre o dano e a conduta do agente.

Frise-se que se houver culpa "concorrente" da vítima ou de terceiro ainda assim o controlador ou operador será responsável pelo dano. Nesse caso, havendo culpa concorrente da vítima, é aplicável a regra do art. 945 do CC ao estabelecer que a indenização deve ser fixada considerando a gravidade da culpa da vítima em confronto com a do autor do dano. Ou seja, a culpa concorrente não afasta a responsabilidade do controlador ou do operador, apenas pode atenuar o valor da indenização.

A culpa "exclusiva" da vítima pode dar-se por ação ou por omissão, ou seja, o seu ato é a única causa do dano; ou quando ele tem acesso a meios para afastar seu próprio prejuízo e não o faz, mesmo que por simples descuido omissivo.

No âmbito da proteção de dados, pode-se citar a culpa exclusiva da vítima quando, por exemplo, o titular dos dados pessoais os divulga publicamente em plataformas digitais; ou armazena seus dados de forma insegura em um *pen drive*, o qual é esquecido negligentemente em local público.

No que se refere à hipótese de exclusão da responsabilidade por culpa "exclusiva de terceiro", para a sua aplicação esse terceiro não pode ser alguém que mantenha qualquer tipo de relação com o fornecedor (como comerciantes-intermediários, agentes, funcionários, prepostos em geral etc.). Em sede de tratamento de dados, terceiro é uma pessoa que não se identifique com o controlador ou o operador (que não deixar de ser um fornecedor), nem com o titular dos dados (que não deixa de ser um consumidor).

Por isso, o terceiro deve ser uma pessoa que não mantenha vínculo com o fornecedor [controlador ou operador], isto é, completamente estranho à cadeia de consumo [ou de tratamento de dados]. Por hipótese, o comerciante que distribui os produtos não pode ser tido como terceiro. O mesmo vale para prepostos, empregados e representantes, porque os riscos da atividade econômica são do fornecedor. É por essa assunção de riscos que o CDC, art. 34, estabelece que o fornecedor é solidariamente responsável pelos atos de seus prepostos ou representantes.

Ressalte-se que, quando se pensa na excludente da culpa exclusiva de terceiros, em tratamento ilícito de dados, não é possível alegar a hipótese de corrompimento de sistema (invasão de *hackers*, por exemplo) se ficar comprovado que as medidas de segurança adotadas pelo agente de tratamento não seguiam os padrões estabelecidos no art. 44 da LGPD, cujo dispositivo trata dos defeitos no tratamento de dados pessoais[4].

Sergio Cavalieri Filho pondera que, mesmo nos casos de responsabilidade objetiva, como do CDC, é indispensável o nexo causal, por se tratar de uma regra universal de responsabilidade civil, sendo excepcionada nos raríssimos casos em que a responsabilidade é fundamentada no risco integral, não sendo esse o caso do CDC. Por isso, não havendo relação de causa e efeito, aplicam-se as hipóteses exonerantes de responsabilidade previstas nos art. 12, § 3º, e 14, § 3º, do referido diploma consumerista[5]. Compreendemos que tal raciocínio se aplica à tutela da proteção de dados, isto é, não havendo nexo de causalidade, serão cabíveis as hipóteses de excludentes de responsabilidade previstas no art. 43 da LGPD.

Existem outras excludentes de responsabilidade não estabelecidas previstas pela LGPD, nem pelo CDC, as quais são importantes analisarmos sobre sua admissão ou não, sobretudo ao pensarmos em responsabilidade civil objetiva. Seriam elas: o caso fortuito e a força maior, o risco do desenvolvimento e o fato príncipe (ou fato do príncipe). Mais uma vez, nos apoiar nos ensinamentos consumeristas (mas também dos civilistas) para assim buscar bons fundamentos à tutela da proteção de dados.

Embora não haja consenso sobre os conceitos, de forma apertada, compreendemos que a força maior consiste em evento da natureza (por exemplo, um furacão) e o caso fortuito, em evento humano ou social (como uma greve). Em ambos os casos, são inevitáveis e alheios à vontade das partes envolvidas.

---

[4] Art. 44. O tratamento de dados pessoais será irregular quando deixar de observar a legislação ou quando não fornecer a segurança que o titular dele pode esperar, consideradas as circunstâncias relevantes, entre as quais:

I – o modo pelo qual é realizado;

II – o resultado e os riscos que razoavelmente dele se esperam;

III – as técnicas de tratamento de dados pessoais disponíveis à época em que foi realizado.

Parágrafo único. Responde pelos danos decorrentes da violação da segurança dos dados o controlador ou o operador que, ao deixar de adotar as medidas de segurança previstas no art. 46 desta Lei, der causa ao dano.

[5] CAVALIERI FILHO, Sergio. *Programa de responsabilidade civil*, cit., p. 508.

Roberto Senise Lisboa pondera que, pelo fato de o CDC não ter fixado expressamente como excludentes de responsabilidade o caso fortuito e a força maior, não se pode admiti-las nas relações de consumo, nem mesmo sob o argumento da aplicação subsidiária do CC, por considerar que o microssistema consumerista é incompatível com as normas do sistema civil, que exoneram a responsabilidade por caso fortuito e força maior[6].

Diferentemente, Sílvio de Salvo Venosa explica que a questão de o CDC deixar de prever expressamente o caso fortuito e a força maior não significa que não possam ser exonerantes de responsabilidade, pois do contrário estaríamos diante da responsabilidade pelo risco integral do fornecedor, o que não é o caso do CDC[7].

Antônio Herman V. Benjamin explica que o caso fortuito e a força maior excluem a responsabilidade civil, sendo que o CDC não as elencou entre suas causas excludentes, mas não as nega. Logo, não sendo afastadas pelo CDC, aplica-se o direito tradicional e suas excludentes a fim de impedir o dever indenizatório[8].

Compreendemos que o caso fortuito e a força maior são princípios do Direito, independentemente de previsão no CC, art. 393, ou em outras normas jurídicas, por isso são aplicáveis a todos os tipos de relações jurídicas, incluindo as de consumo. Não seriam aplicáveis somente em situações excepcionadas por lei de forma clara e expressa. Assim, aplicando-se o diálogo das fontes entre o CDC e o CC, o caso fortuito e a força maior são cabíveis como excludente de responsabilidade para as relações de consumo. Ambos os institutos são excludentes por afetarem o nexo de causalidade entre conduta e dano ocasionado à vítima[9].

---

[6] LISBOA, Roberto Senise. *Responsabilidade civil nas relações de consumo*. São Paulo: RT, 2001. p. 270-271.

[7] VENOSA, Sílvio de Salvo. *Direito civil*: responsabilidade civil. 13. ed., cit., p. 167.

[8] BENJAMIN, Antônio Herman V. "Fato do produto e do serviço". In: BENJAMIN, Antônio Herman V.; MARQUES, Cláudia Lima; BESSA, Leonardo Roscoe. *Manual de direito do consumidor*, cit., p. 130.

[9] Agostinho Alvim classifica essas excludentes de responsabilidade em fortuito interno e fortuito externo. Enquanto o fortuito interno estaria ligado à ação da pessoa, da coisa ou da empresa do agente, o fortuito externo estaria

Exatamente nos mesmos termos, entendemos que o caso fortuito e a força maior são hipóteses de exclusão de responsabilidade no âmbito da tutela dos dados pessoais, sendo plenamente possível a aplicação do CC como fonte complementar à LGPD. Ainda que assim não fosse, o caso fortuito e a força maior são princípios gerais do Direito que não são foram afastados expressamente pela LGPD.

Quanto ao risco do desenvolvimento, Antônio Herman V. Benjamin explica que se trata de defeitos que eram desconhecidos em face do estado da ciência e da técnica ao tempo da colocação do produto ou serviço no mercado [ou quando foi realizado o tratamento de dados], ou seja, não eram conhecidos nem previsíveis, sendo revelados ("descobertos") posteriormente. O CDC, ao adotar a responsabilidade objetiva fundada na teoria do risco, não exonera o fabricante, o produtor, o construtor e o importador pelo risco do desenvolvimento [nem o prestador de serviço]. O autor esclarece que os sistemas que aceitam o risco do desenvolvimento como excludente de responsabilidade adotam como critério não a informação apenas do fornecedor isoladamente, mas as informações de toda a comunidade científica. Os defeitos decorrentes do risco do desenvolvimento são do gênero defeito de concepção, mas neste caso uma consequência da falta de conhecimento científico. Mesmo que o fabri-

---

ligado à força maior (como os fenômenos da natureza). Para o autor, no regime da responsabilidade objetiva, somente o fortuito externo, como causa ligada a fenômenos naturais (bem como a culpa da vítima, o fato do príncipe e outras situações invencíveis que não possam ser evitadas, por exemplo, guerra e revolução), excluiria a responsabilidade. In: ALVIM, Agostinho. *Da inexecução das obrigações e suas consequências.* 5. ed. São Paulo: Saraiva, 1980. p. 329-330.

O fortuito interno não rompe o nexo de causalidade por ser um fato que se liga à organização da empresa, relacionando-se com os riscos da própria atividade desenvolvida, por isso não afasta a responsabilidade. Não basta que o fato de terceiro seja inevitável para a exclusão de responsabilidade do fornecedor, é preciso que seja indispensavelmente imprevisível. Assim, entendemos que o fortuito interno está relacionado a algo que integra o processo produtivo ou de prestação de serviço, não excluindo a responsabilidade do agente; já o fortuito externo é derivado de um fato alheio ou extrínseco à produção do bem ou à execução do serviço, por isso é uma excludente de responsabilidade.

cante prove que desconhecia o defeito ao tempo da produção, ainda assim terá responsabilidade pelo risco assumido. Mais grave é a situação do fabricante que, após a inserção do produto no mercado, descobre o defeito e se omite. Nesse caso, ao defeito de concepção soma-se um defeito de informação[10].

Sergio Cavalieri Filho relata o fato de haver defensores de que o risco do desenvolvimento deveria ser suportado pelo consumidor, pois, se o fornecedor tiver que responder por isso, o desenvolvimento do setor produtivo poderia se tornar insuportável, a ponto de inviabilizar a pesquisa e o progresso tecnológico, diminuindo o lançamento de novos produtos, pois, não conhecendo os defeitos, não teriam como incluir isso no preço. Em sentido contrário, outros defendem que o progresso não pode ser suportado pelos consumidores, o que seria um retrocesso à responsabilidade objetiva, cujo fundamento é a socialização do risco, sendo que o setor produtivo pode utilizar-se de mecanismo de aumento de preço e de seguros, mesmo vindo a refletir no valor final do bem.

O referido autor entende que os riscos do desenvolvimento devem ser enquadrados como fortuito interno, ou seja, um risco que integra a atividade do fornecedor, que não exonera sua responsabilidade,[11] cuja tese estamos de acordo.

Trazendo para a tutela dos dados pessoais, entendemos que o risco do desenvolvimento não deve ser transferido ao titular dos dados, devendo ser suportado pelo agente de tratamento (controlador ou operador) do desenvolvimento de sua atividade. Logo, o risco do desenvolvimento não é uma excludente de responsabilidade na relação jurídica entre titular de dados e agente de tratamento.

No que tange à excludente pelo fato príncipe (ou fato do príncipe), esse fenômeno trata-se de um ato derivado do poder público, sem qualquer interferência do afetado, que obriga alguém a fazer ou deixar de fazer algo. Esse conceito genérico aplicado à atividade empresarial poder ser,

---

[10] BENJAMIN, Antônio Herman V. "Fato do produto e do serviço". In: BENJAMIN, Antônio Herman V.; MARQUES, Cláudia Lima; BESSA, Leonardo Roscoe. *Manual de direito do consumidor*, cit., p. 131-132.
[11] CAVALIERI FILHO, Sergio. *Programa de responsabilidade civil*, cit., p. 186-187.

por exemplo, uma norma jurídica que determina detalhadamente como se deve fabricar certo produto ou prestar determinado serviço. Se a norma estabelece de forma estrita como se deve industrializar determinado bem, indicando com precisão os componentes, as quantidades, os métodos do processo fabril etc. sem deixar espaço para a liberdade criativa do empresário; e se por conta disso o produto apresentar algum defeito, nos parece razoável que o fabricante [ou prestador de serviço] possa ter esse fato como uma excludente de responsabilidade. Ou seja, o fornecedor poderia se esquivar de responsabilização se comprovar que foi o cumprimento fiel da norma que originou o defeito[12]. O mesmo raciocínio vale para excluir a responsabilidade dos agentes de tratamento de dados pessoais.

Diversamente, há muitos produtos que são fabricados mediante o cumprimento de certos padrões de conformidade e qualidade, com a aplicação de técnicas e/ou de insumos estabelecidos pelo poder público, que, entretanto, não restringem a liberdade empresarial completamente quanto à maneira de produzir o bem [ou prestar o serviço], pois apenas fixam regras mínimas para garantir maior segurança. O cumprimento dessas normas de conformidade ou qualidade não exclui a responsabilidade do fornecedor, pois há liberdade de empreender na maneira de fabricar e de organizar a atividade empresarial. Isso vale também para os casos de produtos que são testados, aprovados e autorizados pelo poder público, uma vez que isso comprova apenas a conformidade qualitativa dos bens[13], por meio de amostras. Compreendemos que esse cumprimento de normas de qualidade/conformidade não se caracteriza como fato príncipe; logo, não se enquadra como excludente de responsabilidade. O raciocínio dessa hipótese também vale para o tratamento de dados pessoais, em que não haveria excludente de responsabilidade para os agentes de tratamento.

---

[12] Nesse sentido, SILVA, João Calvão da. *Responsabilidade civil do produtor*. Coimbra: Almedina, 1999. (Colecção Teses). p. 725.

[13] Nesse sentido, ROCHA, Silvio Luís Ferreira da. *Responsabilidade civil do fornecedor pelo fato do produto no direito brasileiro*. 2. ed., cit., p. 109-110. O autor prefere utilizar a expressão "controle imperativo administrativo" como causa excludente de responsabilidade.

Diante de tudo até aqui exposto, a LGPD precisa ser compatibilizada com todo o ordenamento jurídico pátrio, sendo que o fato príncipe, o caso fortuito e a força maior (fortuito externo) são excludentes de responsabilidade aplicáveis às relações jurídicas sujeitas à LGPD, bem como à sua fonte subsidiária, o CDC.

11.3.3. Inversão do ônus da prova e dano coletivo

O § 2º do art. 42 da LGPD prevê a possibilidade de inversão do ônus da prova – em favor do titular contra os agentes de dados – no processo civil, assemelhando-se ao previsto no inciso VIII do art. 6º do CDC, quanto à inversão do ônus da prova em benefício do consumidor. Isso porque, em geral, os agentes de tratamento de dados estarão em posse das provas necessárias à instrução do processo.

Isso deve ser visto à luz das hipóteses de excludentes de responsabilidade do art. 43 da LGPD, uma vez que caberá o ônus da prova ao agente de tratamento de dados (controlador ou operador), que precisará demonstrar que a hipótese concreta enquadra-se em uma daquelas excludentes previstas na lei.

Assim, em favor do titular de dados, no âmbito do processo civil, existe a possibilidade de inversão do ônus da prova em caso de hipossuficiência quanto à produção de provas ou se essa prova lhe for excessivamente onerosa; ou alegação verossímil (que parece verdadeira) pelo titular (LGPD, art. 42, § 2º).

A hipossuficiência do titular de dados se torna facilmente constatável quando se tem uma sociedade permeada pela cultura do *Big Data*[14], em que há uma coleta massiva de dados, muitas vezes até desnecessária. Diante dessa realidade, o titular de dados se encontra em uma posição claramente desfavorável, em que beira o impossível saber quais de seus dados estão sendo tratados, de que forma isso tem sido feito e até quem seriam os agentes de tratamento.

Quanto ao dano coletivo, sem prejuízo de outras normas jurídicas tal qual o CDC, a LGPD prevê a possibilidade de ocorrer dano coletivo. Diferenciando-se do dano que provoca lesão pessoal e individual, o dano

---

[14] *Big Data*: em português literal, Grandes Dados; ou, em sede de tecnologia da informação, grandes conjuntos de dados que são processados e armazenados.

coletivo consiste em prejuízo a valores essenciais da sociedade, por exemplo, a publicidade abusiva que incita a violência nas crianças.

O CDC, art. 81, II, traz um conceito que contribui para nossa análise: "[são] interesses ou direitos coletivos, assim entendidos, para efeitos deste código, os transindividuais, de natureza indivisível de que seja titular grupo, categoria ou classe de pessoas ligadas entre si ou com a parte contrária por uma relação jurídica base."

No âmbito da proteção de dados, a LGPD prevê que o dano pode ser de ordem coletiva (art. 42, *caput*) e que o pleito para a reparação dele pode ser exercido judicialmente de forma coletiva, atendido ao que prevê a legislação aplicável (arts. 22 e 42, § 3º). Ou seja, pode haver apenas uma demanda para atender um grande número de interessados na tutela de dados pessoais.

As associações de classe, a Defensoria Pública e – sobretudo – o Ministério Público têm legitimidade para propor as medidas judiciais em face do controlador e/ou operador em busca da reparação de danos coletivos pela violação de dados. Assim, a depender do caso, são também aplicáveis as normas que tratam de ações coletivas, como o CDC, art. 81, e a Lei 7.347/1985 (Lei da Ação Civil Pública), art. 1º, IV[15].

A inclusão da possibilidade de exercer coletivamente os direitos previstos no *caput* do art. 42 confere aos titulares de dados um poder maior do que se considerar uma tutela individual para frear abusos cometidos pelos agentes de tratamento.

É de se destacar, novamente, a relevância da tutela coletiva para forçar mudanças, uma vez que somente com reiteradas decisões individuais conseguir-se-ia a diminuição e/ou a erradicação de práticas abusivas pelos provedores de serviço. Uma efetiva mudança em toda configuração dos serviços só será possível por meio de mecanismos de tutela coletiva visando aos interesses das vítimas[16].

---

[15] Há outras normas que preveem questões envolvendo tutelas jurídicas, interesses e danos coletivos, como: o Código de Processo Civil; a Lei n. 8.069/1990 (ECA – Estatuto da Criança e do Adolescente), arts. 148, IV, 201, V, 208, § 1º, e 210, *caput*; e a Lei n. 12.965/2014 (Marco Civil da Internet), art. 30.

[16] LEONARDI, Marcel. *Tutela e privacidade na internet*. São Paulo: Saraiva, 2011. p. 245.

12
Autoridade Nacional de Proteção de Dados (ANPD)

A Autoridade Nacional de Proteção de Dados (ANPD), após muito debate, foi criada como uma autoridade de natureza jurídica transitória, ou seja, em um primeiro momento, ela será um órgão da administração pública federal, vinculada à Presidência da República (art. 55-A).

Sua criação se deu, especificamente, a partir da edição da Lei n. 13.853/2019, a qual promoveu alterações e inclusões substanciais de vários dispositivos à Lei Geral de Proteção de Dados Pessoais (LGPD).

Em até dois anos da data de entrada em vigor da LGPD a autoridade poderá ser transformada em entidade da administração pública federal, submetida a um regime autárquico especial e vinculada à Presidência da República.

O principal questionamento sobre a ANPD se dá acerca da sua indispensável autonomia, sendo necessária sua desvinculação com outros órgãos a fim de garantir a adequada segurança jurídica de suas decisões[1].

A expectativa que se tem com relação à autoridade é que ela atue de maneira diferenciada de outros órgãos semelhantes. Espera-se que ela seja moderna e dinâmica e que não paute suas ações exclusivamente em aplicar penalidades, mas em atuar de forma pragmática, principalmente

---

[1] TEIXEIRA, Tarcisio; ARMELIN, Ruth Maria Guerreiro da Fonseca. *Lei Geral de Proteção de Dados Pessoais* – comentada artigo por artigo, cit., p. 141.

junto aos agentes de tratamento, objetivando uma mudança efetiva de cultura quanto à proteção de dados.

A autonomia técnica e decisória da autoridade é fundamental para o fortalecimento de sua atuação, que se pretende seja focada na proteção de dados e não em atender desmandos políticos e/ou interesses exclusivamente econômicos (art. 55-B).

Quanto à **composição** da ANPD, ela é formada por diversos entes, o que a faz assemelhar-se a outros órgãos brasileiros de cunho administrativo (art. 55-C^2).

No mais, as unidades administrativas e unidades especializadas serão essenciais à aplicabilidade da lei, possibilitando-se uma proximidade maior com a população, essencialmente em um país de dimensões continentais como o Brasil.

Na composição do **Conselho Diretor** (com cinco membros), deverá levar em conta principalmente o conhecimento técnico de seus membros sobre a matéria, além da reputação ilibada (art. 55-D).

Os membros do Conselho deverão ainda passar por sabatina no Senado, como ocorre com os integrantes de agências reguladoras. Os conselheiros só poderão ser afastados preventivamente pelo Presidente da República após o devido processo administrativo disciplinar.

O mandato de cada membro será de quatro anos, entretanto o mandato dos primeiros membros poderá ser de duração diferenciada a depender do que ficar estabelecido em sua nomeação nesse período de adaptação.

Vale explicitar que o art. 55-E da LGPD visa dar ampla liberdade e autonomia aos membros do Conselho Diretor, assegurando-lhe a possibilidade de deliberarem quanto às medidas necessárias à efetividade da

---

[2] Art. 55-C. A ANPD é composta de:
I – Conselho Diretor, órgão máximo de direção;
II – Conselho Nacional de Proteção de Dados Pessoais e da Privacidade;
III – Corregedoria;
IV – Ouvidoria;
V – órgão de assessoramento jurídico próprio; e
VI – unidades administrativas e unidades especializadas necessárias à aplicação do disposto nesta Lei.

lei, sem estarem atrelados a decisões não técnicas, ou seja, que não guardem relação com a proteção de dados.

Por sua vez, o art. 55-F prevê a submissão dos membros do Conselho Diretor às regras do disposto no art. 6º da lei, que dispõe sobre os conflitos de interesses no exercício de cargo ou emprego do Poder Executivo Federal e impedimentos posteriores ao exercício do cargo ou emprego.

O art. 6º da citada lei especifica as situações que configuram conflitos de interesse após o exercício do cargo no âmbito do Poder Executivo, que serão aplicáveis aos membros do Conselho Diretor.

A estrutura regimental da ANPD ainda pende de ato do presidente da República, sendo que, até sua definição, receberá apoio técnico e administrativo da Casa Civil para exercer suas atividades (art. 55-G).

Frise-se que as normas disciplinadoras de cunho interno da ANPD serão fixadas por meio de regimento interno do Conselho Diretor.

O art. 55-H, alinhando com o disposto no art. 55-A, prevê que todos os cargos em comissão e de confiança serão redirecionados de outros órgãos, o que significa não gerar novas despesas para o Poder Executivo, já que suas remunerações já têm previsão orçamentária.

Tendo em vista a questão de limites orçamentários, os cargos em comissão e as funções de confiança, mesmo sendo remanejados de outros órgãos e entidades do Poder Executivo Federal, deverão ser indicados pelo Conselho Diretor e nomeados ou designados pelo Diretor-Presidente (art. 55-I).

Já o art. 55-J[3] detalha as **competências** da ANPD, que terá um papel significativo na eficácia da lei.

---

[3] Art. 55-J. Compete à ANPD:

I – zelar pela proteção dos dados pessoais, nos termos da legislação;

II – zelar pela observância dos segredos comercial e industrial, observada a proteção de dados pessoais e do sigilo das informações quando protegido por lei ou quando a quebra do sigilo violar os fundamentos do art. 2º desta Lei;

III – elaborar diretrizes para a Política Nacional de Proteção de Dados Pessoais e da Privacidade;

IV – fiscalizar e aplicar sanções em caso de tratamento de dados realizado em descumprimento à legislação, mediante processo administrativo que assegure o contraditório, a ampla defesa e o direito de recurso;

V – apreciar petições de titular contra controlador após comprovada pelo titular a apresentação de reclamação ao controlador não solucionada no prazo estabelecido em regulamentação;

VI – promover na população o conhecimento das normas e das políticas públicas sobre proteção de dados pessoais e das medidas de segurança;

VII – promover e elaborar estudos sobre as práticas nacionais e internacionais de proteção de dados pessoais e privacidade;

VIII – estimular a adoção de padrões para serviços e produtos que facilitem o exercício de controle dos titulares sobre seus dados pessoais, os quais deverão levar em consideração as especificidades das atividades e o porte dos responsáveis;

IX – promover ações de cooperação com autoridades de proteção de dados pessoais de outros países, de natureza internacional ou transnacional;

X – dispor sobre as formas de publicidade das operações de tratamento de dados pessoais, respeitados os segredos comercial e industrial;

XI – solicitar, a qualquer momento, às entidades do poder público que realizem operações de tratamento de dados pessoais informe específico sobre o âmbito, a natureza dos dados e os demais detalhes do tratamento realizado, com a possibilidade de emitir parecer técnico complementar para garantir o cumprimento desta Lei;

XII – elaborar relatórios de gestão anuais acerca de suas atividades;

XIII – editar regulamentos e procedimentos sobre proteção de dados pessoais e privacidade, bem como sobre relatórios de impacto à proteção de dados pessoais para os casos em que o tratamento representar alto risco à garantia dos princípios gerais de proteção de dados pessoais previstos nesta Lei;

XIV – ouvir os agentes de tratamento e a sociedade em matérias de interesse relevante e prestar contas sobre suas atividades e planejamento;

XV – arrecadar e aplicar suas receitas e publicar, no relatório de gestão a que se refere o inciso XII do *caput* deste artigo, o detalhamento de suas receitas e despesas;

XVI – realizar auditorias, ou determinar sua realização, no âmbito da atividade de fiscalização de que trata o inciso IV e com a devida observância do disposto no inciso II do *caput* deste artigo, sobre o tratamento de dados pessoais efetuado pelos agentes de tratamento, incluído o poder público;

XVII – celebrar, a qualquer momento, compromisso com agentes de tratamento para eliminar irregularidade, incerteza jurídica ou situação contenciosa no âmbito de processos administrativos, de acordo com o previsto no Decreto-Lei n. 4.657, de 4 de setembro de 1942;

XVIII – editar normas, orientações e procedimentos simplificados e diferenciados, inclusive quanto aos prazos, para que microempresas e empresas de pequeno porte, bem como iniciativas empresariais de caráter incremen-

Em diversas passagens da lei, vincula-se o papel da ANPD à preservação do segredo empresarial e do sigilo das informações, isso pois, muitas vezes, o exercício dos direitos dos titulares de dados poderá ir de encontro (esbarrar) ao segredo empresarial e ao sigilo de informações.

Também o legislador se preocupou em estabelecer diferenciações quanto ao tratamento de dados pessoais de idosos de maneira a facilitar seu entendimento, em consonância com o disposto no Estatuto do Idoso (Lei n. 10.741/2003).

A LGPD prevê um canal de comunicação direto com a sociedade, com os agentes de tratamento, assim como com outros órgãos, a fim de se apurar irregularidades quanto ao tratamento de dados. Da mesma forma, a Autoridade será o elo de comunicação com autoridades internacionais para promoção de ações de cooperação com enfoque na proteção de dados.

A autoridade será, ainda, essencial à modulação da aplicabilidade da lei perante empresas, levando-se em consideração seu porte e suas características, editando normas, procedimentos e regulamentos simplificados e diferenciados a depender da empresa.

Vislumbra-se por meio da análise das competências da ANPD o seu papel central e amplo para atuar em favor da proteção de dados pessoais,

---

tal ou disruptivo que se autodeclarem *startups* ou empresas de inovação, possam adequar-se a esta Lei;

XIX – garantir que o tratamento de dados de idosos seja efetuado de maneira simples, clara, acessível e adequada ao seu entendimento, nos termos desta Lei e da Lei n. 10.741, de 1º de outubro de 2003 (Estatuto do Idoso);

XX – deliberar, na esfera administrativa, em caráter terminativo, sobre a interpretação desta Lei, as suas competências e os casos omissos;

XXI – comunicar às autoridades competentes as infrações penais das quais tiver conhecimento;

XXII – comunicar aos órgãos de controle interno o descumprimento do disposto nesta Lei por órgãos e entidades da administração pública federal;

XXIII – articular-se com as autoridades reguladoras públicas para exercer suas competências em setores específicos de atividades econômicas e governamentais sujeitas à regulação; e

XXIV – implementar mecanismos simplificados, inclusive por meio eletrônico, para o registro de reclamações sobre o tratamento de dados pessoais em desconformidade com esta Lei.

seja fiscalizando, editando normas, sancionando e, principalmente, conscientizando a sociedade da relevância de se proteger dados pessoais.

Por certo, para que a autoridade se estabeleça de maneira sólida, indispensável será não só o esforço de seus membros, mas o inevitável transcurso de tempo até que suas funções estejam bem delineadas e adequadas ao fim que se propõe.

Reafirmamos a ânsia para que a ANPD se comporte de maneira disruptiva (quebrando paradigma) por meio uma atuação que vá além do propósito meramente sancionador, desvinculando-se da visão obsoleta da primazia da punição como propulsor de uma mudança de paradigma, para enfim exercer efetivamente o seu papel de agente propagador de lei.

É de suma importância que a ANPD tenha a prevalência sobre outras entidades e órgãos da administração pública com competências correlatas, uma vez que, por ter um caráter transversal à proteção de dados pessoais, deverá ser harmonizada com diversas outras disciplinas jurídicas já existentes, como é o caso do direito do consumidor, direito do trabalho, dentre outras (art. 55-K).

12.1. PENALIDADES ADMINISTRATIVAS

O art. 52 da LGPD[4] prevê quais são as sanções de **cunho administrativo** a serem aplicadas pela ANPD.

---

[4] Art. 52. Os agentes de tratamento de dados, em razão das infrações cometidas às normas previstas nesta Lei, ficam sujeitos às seguintes sanções administrativas aplicáveis pela autoridade nacional:

I – advertência, com indicação de prazo para adoção de medidas corretivas;

II – multa simples, de até 2% (dois por cento) do faturamento da pessoa jurídica de direito privado, grupo ou conglomerado no Brasil no seu último exercício, excluídos os tributos, limitada, no total, a R$ 50.000.000,00 (cinquenta milhões de reais) por infração;

III – multa diária, observado o limite total a que se refere o inciso II;

IV – publicização da infração após devidamente apurada e confirmada a sua ocorrência;

V – bloqueio dos dados pessoais a que se refere a infração até a sua regularização;

VI – eliminação dos dados pessoais a que se refere a infração;

Como reforçado pelo § 2º, as penas esculpidas neste art. 52 são de caráter administrativo, não impedindo a aplicação de sanções de caráter civil, penal e outras de cunho administrativo.

---

§ 1º As sanções serão aplicadas após procedimento administrativo que possibilite a oportunidade da ampla defesa, de forma gradativa, isolada ou cumulativa, de acordo com as peculiaridades do caso concreto e considerados os seguintes parâmetros e critérios:

I – a gravidade e a natureza das infrações e dos direitos pessoais afetados;

II – a boa-fé do infrator;

III – a vantagem auferida ou pretendida pelo infrator;

IV – a condição econômica do infrator;

V – a reincidência;

VI – o grau do dano;

VII – a cooperação do infrator;

VIII – a adoção reiterada e demonstrada de mecanismos e procedimentos internos capazes de minimizar o dano, voltados ao tratamento seguro e adequado de dados, em consonância com o disposto no inciso II do § 2º do art. 48 desta Lei;

IX – a adoção de política de boas práticas e governança;

X – a pronta adoção de medidas corretivas; e

XI – a proporcionalidade entre a gravidade da falta e a intensidade da sanção.

§ 2º O disposto neste artigo não substitui a aplicação de sanções administrativas, civis ou penais definidas na Lei n. 8.078, de 11 de setembro de 1990, e em legislação específica. § 3º (VETADO).

§ 4º No cálculo do valor da multa de que trata o inciso II do *caput* deste artigo, a autoridade nacional poderá considerar o faturamento total da empresa ou grupo de empresas, quando não dispuser do valor do faturamento no ramo de atividade empresarial em que ocorreu a infração, definido pela autoridade nacional, ou quando o valor for apresentado de forma incompleta ou não for demonstrado de forma inequívoca e idônea.

§ 5º O produto da arrecadação das multas aplicadas pela ANPD, inscritas ou não em dívida ativa, será destinado ao Fundo de Defesa de Direitos Difusos de que tratam o art. 13 da Lei n. 7.347, de 24 de julho de 1985, e a Lei n. 9.008, de 21 de março de 1995. § 6º (VETADO).

§ 7º Os vazamentos individuais ou os acessos não autorizados de que trata o *caput* do art. 46 desta Lei poderão ser objeto de conciliação direta entre controlador e titular e, caso não haja acordo, o controlador estará sujeito à aplicação das penalidades de que trata este artigo.

É fato que se chegou a criar certo alarde a respeito da lei devido à multa que poderá ser aplicada em caso de seu descumprimento, o que de fato pode ser considerável, pois seu valor máximo poderá ser aplicado por infração. Dito de outra forma, se em um mesmo incidente o agente de tratamento cometer duas ou mais infrações, poderá sofrer a multa por cada uma delas.

Também poderá ser imposto ao controlador o bloqueio ou até mesmo a eliminação do banco de dados do infrator dos dados pessoais relativos à infração, o que, a depender do tipo de atividade da empresa, poderá levá-la ao encerramento de suas atividades.

É preciso destacar que a autoridade nacional analisará o caso concreto e tomará as medidas conforme o tipo de vazamento e levará em conta quais medidas foram tomadas para reverter ou mitigar os efeitos dos incidentes, o que remete à importância da elaboração do relatório de impacto de proteção de dados pessoais previsto no art. 38, podendo facilitar a adoção de medidas em menor tempo possível, contando inclusive para minimização da pena[5].

Outros aspectos serão considerados e todos eles serão levados em conta para a fixação da pena, logicamente após procedimento administrativo.

Frise-se que o legislador, ao se inspirar no art. 83 do GDPR, pretende não apenas punir o infrator, mas também evitar que os danos decorrentes do incidente possam se agravar. Isso porque, sendo o titular de dados o maior prejudicado, mesmo obtendo reparação pecuniária, a situação não voltará à situação anterior (*status quo ante*).

As boas práticas e a governança previstas também integram os critérios para dosimetria da pena, tendo a lei um capítulo inteiro dedicado a elas; portanto, imprescindível sua adoção.

Os órgãos públicos não estarão sujeitos às multas estipuladas nesse artigo, entretanto, sujeitar-se-ão às demais penalidades, sem prejuízo das demais leis pertinentes (servidor público, acesso à informação e improbidade administrativa).

O § 7º do art. 52 incentiva a conciliação direta entre controlador e titular em casos de vazamentos individuais e acessos não autorizados, o

---

[5] TEIXEIRA, Tarcisio; ARMELIN, Ruth Maria Guerreiro da Fonseca. *Lei Geral de Proteção de Dados Pessoais* – comentada artigo por artigo, cit., p. 137.

que poderá ser operacionalizado por meio de canais de comunicação disponibilizados ao titular especificamente para tratar da proteção de dados.

Contudo, a LGPD não disciplina com tipos penais a proteção de dados; o que não impede, por exemplo, que se punam condutas envolvendo dados pessoais tipificadas como crimes a partir de outras normas de cunho penal.

12.2. INTEROPERABILIDADE

São muitas as disposições da LGPD que prevê regulamentação pela ANPD, sendo que o art. 40 assim o expressa: "A autoridade nacional poderá dispor sobre padrões de interoperabilidade para fins de portabilidade, livre acesso aos dados e segurança, assim como sobre o tempo de guarda dos registros, tendo em vista especialmente a necessidade e a transparência".

Vale lembrar que interoperabilidade é a capacidade de um sistema se comunicar com outro sistema, que pode ser semelhante ou não ao primeiro.

Desse modo, a questão da interoperabilidade é essencial quando se pensa no direito à portabilidade dado ao titular, por isso alguns padrões deverão ser estabelecidos, o que será feito pela autoridade nacional.

O legislador optou por atribuir à autoridade nacional os padrões que deverão ser adotados tanto por controlador como pelo operador para garantir a portabilidade dos dados pessoais, o livre acesso aos titulares de dados e a guarda dos registros.

Essa questão operacional pode variar muito a depender dos tipos de dados, se são sensíveis ou dados de menores, por exemplo; qual o volume de tratamento de dados; o tamanho da empresa e outros fatores que podem influenciar nas medidas mais eficazes para que o responsável pelo tratamento atenda aos princípios da necessidade e da transparência.

O tempo de guarda dos registros é assunto imprescindível a ser definido pela futura autoridade nacional, considerando-se as obrigações de eliminação de dados prevista no art. 16 atribuída aos agentes de tratamento, para que o agente possa manter ou eliminar dados pessoais após o término de seu tratamento de forma segura, garantindo-se assim o cumprimento da lei[6].

---

[6] TEIXEIRA, Tarcisio; ARMELIN, Ruth Maria Guerreiro da Fonseca. *Lei Geral de Proteção de Dados Pessoais* – comentada artigo por artigo, cit., p. 114.

13
Segurança, governança e *compliance* em proteção de dados

13.1. SEGURANÇA E SIGILO DE DADOS

Visando o sigilo dos dados pessoais, o *caput* do art. 46 da Lei Geral de Proteção de Dados Pessoais (LGPD) expressa a necessidade de os agentes de tratamento adotarem medidas de segurança, técnicas e administrativas adequadas para a proteção de dados pessoais quanto a acessos não autorizados (por exemplo, invasão de servidor) e a situações acidentais ou ilícitas de destruição, perda, alteração, comunicação ou qualquer forma de tratamento inadequado ou ilícito.

A disseminação da cultura de segurança da informação será tão valiosa e indispensável como outras práticas corriqueiras de uma empresa, já que qualquer pessoa, funcionário ou terceiro que trate dados poderá cometer irregularidades, sujeitando-se ou sujeitando a empresa que trabalha ou presta serviços a ser responsabilizada pelo descumprimento da lei.

É de se considerar que o investimento em segurança da informação deve ser proporcional à quantidade de dados tratados pela empresa, não necessariamente em relação ao seu tamanho (patrimônio, faturamento, rede de estabelecimentos etc.). Isso pois, ilustrativamente, há pequenas empresas (startups) cuja atividade principal é o "trabalho" com grandes bancos de dados.

As boas práticas deverão fazer parte da rotina dos empregados, dos prestadores de serviço e de quaisquer outras pessoas que tratem dados, a fim de evitar o acesso não autorizado de dados, situações acidentais ou ilícitos de destruição. Percebe-se que a lei não exclui a responsabilidade do agente nesses casos; pelo contrário, o coloca como ator na prevenção de tais incidentes, sendo sua obrigação adotar as medidas previstas no caput do art. 46.

Observe-se que o legislador (art. 46, § 2º) expressa a necessidade de medidas de segurança desde a concepção do produto ou do serviço. São os chamados *privacy by design* (privacidade desde a concepção) e o *privacy by default* (privacidade por padrão), os quais já existem há muito tempo, mas que são trazidos pela lei para direcionar o agente de tratamento quando for criar um produto ou oferecer o serviço[1].

Destaque-se que a garantia da segurança dos dados deve ser promovida pelos agentes, bem como para outras pessoas que intervenham em quaisquer fases do tratamento de dados (art. 47).

A segurança da informação está intimamente ligada à proteção de dados pessoais, na medida em que (garantir que os dados pessoais do usuário não sejam destruídos, alterados, divulgados ou indevidamente acessados, em um mundo aberto como a internet) demanda uma razoável organização e medidas técnicas suficientes para o atendimento dessa finalidade[2].

O dado, desde a sua coleta, poderá percorrer diversas fases de tratamento, sendo que, de acordo com o Princípio da Segurança, em quaisquer delas, tanto o agente de tratamento como também qualquer pessoa que possa vir a intervir em uma dessas fases estão obrigados a garantir a segurança em relação aos dados pessoais, mesmo após o término do seu tratamento.

A segurança da informação é tema de extrema relevância e passou a ser de interesse da população em geral quando Edward Snowden (ex-

---

[1] TEIXEIRA, Tarcisio; ARMELIN, Ruth Maria Guerreiro da Fonseca. *Lei Geral de Proteção de Dados Pessoais* – comentada artigo por artigo, cit., p. 125-126.

[2] Nesse sentido, MENDES, Laura Schertel. "A tutela da privacidade do consumidor na internet: uma análise à luz do Marco Civil da Internet e do Código de Defesa do Consumidor". In: DE LUCCA, Newton; SIMÃO FILHO, Adalberto; LIMA, Cíntia Rosa Pereira de (Coords.). *Direito & Internet III – Tomo I: Marco Civil da Internet (Lei n. 12.965/2014)*. São Paulo: Quartier Latin, 2015. p. 488.

-analista de sistemas da CIA e da NSA) escancarou como eram os programas de vigilância da NSA e como empresas privadas, como Google e Apple, além de entidades governamentais, estavam envolvidas, gerando um clima de desconfiança geral. Diante desse fator, as empresas, preocupadas com o descrédito perante seus clientes, começaram a investir fortemente em segurança da informação como medida de marketing para, assim, demonstrarem que nem mesmo elas pudessem violar os dados que possuíam de seus clientes[3].

Assim, por uma questão mercadológica, muitas empresas globais já adotaram tecnologias de segurança para as informações coletadas de seus usuários, sendo que, com a vigência da LGPD, deverão providenciar para que essa segurança seja capaz de proteger os dados pessoais de qualquer pessoa, mesmo após o término de seu tratamento.

Caso ocorra algum incidente, será avaliada eventual comprovação de que foram adotadas medidas técnicas adequadas que tornem os dados pessoais afetados ininteligíveis, no âmbito e nos limites técnicos de seus serviços, para terceiro não autorizado a acessá-los.

Sem prejuízo da aplicação de outras normas, é de se rememorar que o Decreto n. 8.771/2016, que regulamentou o Marco Civil da Internet, trouxe, em seu art. 13, quais diretrizes sobre padrões de segurança os provedores de conexão e de aplicações devem adotar na guarda, no armazenamento e no tratamento de dados pessoais. Ou seja, antes mesmo da existência de uma lei de proteção de dados já existia a obrigação de agentes de tratamento de dados, como os provedores, de se atentarem com a segurança da informação[4].

---

[3] SANTOS, Coriolano Aurélio de Almeida Camargo; CRESPO, Marcelo. *Segurança pública e dados pessoais: algumas palavras sobre os casos FBI x Apple e Justiça x Facebook*. Disponível em: <https://www.migalhas.com.br/DireitoDigital/105,MI235602,91041-Seguranca+publica+e+dados+pessoais+algumas+palavras+sobre+os+casos>. Acesso em: 15 jan. 2021.

[4] Decreto n. 8.771/2016. Art. 13. Os provedores de conexão e de aplicações devem, na guarda, armazenamento e tratamento de dados pessoais e comunicações privadas, observar as seguintes diretrizes sobre padrões de segurança:
I – o estabelecimento de controle estrito sobre o acesso aos dados mediante a definição de responsabilidades das pessoas que terão possibilidade de acesso e de privilégios de acesso exclusivo para determinados usuários;

Caso ocorra algum incidente de segurança quanto a dados pessoais, é obrigação do controlador comunicar à Autoridade Nacional de Proteção de Dados (ANPD) e aos titulares dos dados tal ocorrência. O legislador expressa que tal comunicação deve ser feita em prazo razoável, conforme definido pela ANPD, devendo conter uma série de requisitos previstos incisos do § 1º do art. 48[5].

A comunicação do incidente de segurança é medida indispensável para que a autoridade nacional possa agir de forma célere, de modo a analisar a gravidade e recomendar as medidas que entender cabíveis,

---

[5]
II – a previsão de mecanismos de autenticação de acesso aos registros, usando, por exemplo, sistemas de autenticação dupla para assegurar a individualização do responsável pelo tratamento dos registros;

III – a criação de inventário detalhado dos acessos aos registros de conexão e de acesso a aplicações, contendo o momento, a duração, a identidade do funcionário ou do responsável pelo acesso designado pela empresa e o arquivo acessado, inclusive para cumprimento do disposto no art. 11, § 3º, da Lei n. 12.965, de 2014; e

IV – o uso de soluções de gestão dos registros por meio de técnicas que garantam a inviolabilidade dos dados, como encriptação ou medidas de proteção equivalentes.

§ 1º Cabe ao CGIbr promover estudos e recomendar procedimentos, normas e padrões técnicos e operacionais para o disposto nesse artigo, de acordo com as especificidades e o porte dos provedores de conexão e de aplicação.

§ 2º Tendo em vista o disposto nos incisos VII a X do *caput* do art. 7º da Lei n. 12.965, de 2014, os provedores de conexão e aplicações devem reter a menor quantidade possível de dados pessoais, comunicações privadas e registros de conexão e acesso a aplicações, os quais deverão ser excluídos:

I – tão logo atingida a finalidade de seu uso; ou

II – se encerrado o prazo determinado por obrigação legal.

I – a descrição da natureza dos dados pessoais afetados;

II – as informações sobre os titulares envolvidos;

III – a indicação das medidas técnicas e de segurança utilizadas para a proteção dos dados, observados os segredos comercial e industrial;

IV – os riscos relacionados ao incidente;

V – os motivos da demora, no caso de a comunicação não ter sido imediata; e

VI – as medidas que foram ou que serão adotadas para reverter ou mitigar os efeitos do prejuízo.

dentre elas, a determinação para o controlador divulgar amplamente o fato nos meios de comunicação (o que pode abalar, de alguma forma, a reputação dele perante seus clientes).

Frise-se que a lei não estabelece um prazo fixo para a comunicação do incidente, mencionando apenas que ele seja razoável e que será definido pela ANPD (o GDPR fixou o prazo de 72 horas). De qualquer forma, é de se considerar que quanto antes for divulgado o incidente, por mais que possa macular a reputação do controlador, maior confiança gerará aos seus consumidores e investidores, o que deverá ser feito quando o incidente de segurança possa acarretar risco ou dano relevante aos titulares [como nos casos de *recall*].

Percebe-se que a lei não menciona o dever do operador nem do encarregado de efetuar a comunicação, sendo omissa nesse aspecto, expressando apenas o dever do controlador.

Avaliando a gravidade do caso, a ANPD poderá, se entender necessário para garantir os direitos dos titulares, determinar ao controlador a adoção das seguintes providências (§ 2º do art. 48): (i) ampla divulgação do fato em meios de comunicação; e (ii) medidas para reverter ou mitigar os efeitos do incidente.

Como dito anteriormente, o *privacy by design* (privacidade desde a concepção) e o *privacy by default* (privacidade por padrão) serão indispensáveis aos sistemas de tratamento de dados, já que os mesmos deverão ser estruturados visando proporcionar a segurança adequada desde a sua estruturação, chamada de *security by design* (em português, segurança a começar do desenho; ou melhor: ponderar sobre a segurança desde o planejamento do projeto).

Por isso, os sistemas implementados no tratamento de dados devem ser estruturados de modo a atender requisitos de segurança, padrões de boas práticas e de governança, bem como aos princípios previstos na LGPD e demais normas regulamentares (art. 49).

13.2. BOAS PRÁTICAS E GOVERNANÇA

Governança significa o conjunto de práticas, processos, legislação e regulamentos internos para administrar uma instituição; quando aplicável às empresas, denomina-se governança corporativa[6]. Por sua vez, boas práticas têm o sentido de ser as melhores técnicas para que realizar algo.

A LGPD prevê que os agentes de dados (controladores e operadores) poderão elaborar regras de boas práticas e de governança quanto ao tratamento de dados. Entre outros aspectos relacionados ao tratamento de dados pessoais, tais regras estabelecerão (caput do art. 50):

a) as condições de organização;
b) o regime de funcionamento;
c) os procedimentos, incluindo reclamações e petições de titulares;
d) as normas de segurança;
e) os padrões técnicos;
f) as obrigações específicas para os diversos envolvidos no tratamento;
g) as ações educativas;
h) os mecanismos internos de supervisão e de mitigação de riscos.

A instituição dessas regras via boas práticas e governança poderão ser elaboradas individualmente pelos controladores e operadores ou coletivamente por meio de associações de classe, que, por sua vez, podem obter resultados bons e uniformizados.

Em relação ao tratamento dos dados pessoais, será preciso estabelecer regras levando em conta a natureza, o escopo, a finalidade, bem como a probabilidade e a gravidade dos riscos e os benefícios decorrentes de tratamento de dados (§ 1º do art. 50).

Assim, a legislação sobre proteção de dados visa não somente proteger o titular de dados, mas conscientizar os agentes de tratamento, controlador e operador, que o tratamento de dados pessoais envolve direitos fundamentais do cidadão[7].

Como exemplo de boas práticas, os agentes poderão adotar política de privacidade interna, instituir canais de denúncia para a proteção de

---

[6] No que diz respeito à governança sob os aspectos societário e anticorrupção, respectivamente: TEIXEIRA, Tarcisio. *Direito empresarial sistematizado: doutrina, jurisprudência e prática*. 9. ed., cit., p. 195-198; 579-586.

[7] TEIXEIRA, Tarcisio; ARMELIN, Ruth Maria Guerreiro da Fonseca. *Lei Geral de Proteção de Dados Pessoais* – comentada artigo por artigo, cit., p. 133.

dados, promover ações educativas e treinamentos, criar manuais e planos para o caso de vazamento de dados, de forma a engajar todas as pessoas e setores de uma empresa para a política de proteção aos dados pessoais. Será substancialmente vital aos agentes de tratamento que adaptem seus processos internos de tratamento de dados, adaptem suas políticas internas e externas de privacidade, bem como constantemente revisem o seu programa de governança para que estejam adequados e em conformidade com a lei.

Dispositivos do art. 50[8] detalham de que forma poderão ser estabelecidas as regras de boa prática e de governança, visando a adequação de rotinas e procedimentos envolvendo o tratamento de dados, objetivando-

---

[8] Art. 50, § 2º Na aplicação dos princípios indicados nos incisos VII e VIII do *caput* do art. 6º desta Lei, o controlador, observados a estrutura, a escala e o volume de suas operações, bem como a sensibilidade dos dados tratados e a probabilidade e a gravidade dos danos para os titulares dos dados, poderá:

I – implementar programa de governança em privacidade que, no mínimo:

a) demonstre o comprometimento do controlador em adotar processos e políticas internas que assegurem o cumprimento, de forma abrangente, de normas e boas práticas relativas à proteção de dados pessoais;

b) seja aplicável a todo o conjunto de dados pessoais que estejam sob seu controle, independentemente do modo como se realizou sua coleta;

c) seja adaptado à estrutura, à escala e ao volume de suas operações, bem como à sensibilidade dos dados tratados;

d) estabeleça políticas e salvaguardas adequadas com base em processo de avaliação sistemática de impactos e riscos à privacidade;

e) tenha o objetivo de estabelecer relação de confiança com o titular, por meio de atuação transparente e que assegure mecanismos de participação do titular;

f) esteja integrado a sua estrutura geral de governança e estabeleça e aplique mecanismos de supervisão internos e externos;

g) conte com planos de resposta a incidentes e remediação; e

h) seja atualizado constantemente com base em informações obtidas a partir de monitoramento contínuo e avaliações periódicas;

II – demonstrar a efetividade de seu programa de governança em privacidade quando apropriado e, em especial, a pedido da autoridade nacional ou de outra entidade responsável por promover o cumprimento de boas práticas ou códigos de conduta, os quais, de forma independente, promovam o cumprimento desta Lei.

-se assim a promoção do cumprimento da lei, que poderão inclusive ser reconhecidas e divulgadas pela autoridade nacional.

Visando facilitar o controle pelos titulares dos dados pessoais, a ANPD estimulará a adoção de certos padrões técnicos (art. 51).

O "empoderamento" do titular de dados é escopo da lei, o que pode ser constatado expressamente em vários dispositivos da LGPD em que o próprio titular, por meio de medidas técnicas, possa controlar seus dados pessoais. Para que isso aconteça, será necessária a adoção de padrões técnicos.

13.3. RISCOS, PREVENÇÃO, RECOMENDAÇÕES E *COMPLIANCE*

Sem sombra de dúvidas, realizar tratamento de dados implica algum tipo de risco, por exemplo, um vazamento por invasão de *cracker/hacker* ao servidor da empresa ou um ato deliberado de um colaborador.

Além disso, a lei "empodera" o titular de dados em muitos direitos e impõe muitas responsabilidades às instituições.

Então, surge a questão: sua instituição capta ou registra algum tipo de dado, seja de clientes ou colaboradores? Em caso afirmativo, ela precisará se adaptar à LGPD.

Será preciso implementar ferramentas que gerem segurança jurídica, informática e administrativa, que, uma vez adotadas, poderão resultar no aumento da credibilidade e boa imagem da sua empresa, resultando mais tarde no volume de clientes e negócios.

Desse modo, será preciso compreender em cada caso o risco e a necessidade da instituição e as soluções cabíveis, tais como:
- avaliar os seus riscos conforme as suas operações, o fluxo de dados e as exigências legais;
- adequar-se às ferramentas jurídicas, administrativas e informáticas com eficiência e sem burocratizar o negócio;

---

§ 3º As regras de boas práticas e de governança deverão ser publicadas e atualizadas periodicamente e poderão ser reconhecidas e divulgadas pela autoridade nacional.

- treinar e sensibilizar os colaboradores;
- indicar o operador e o encarregado de dados;
- minimizar a instituição de riscos, responsabilidades e penalidades desnecessárias; e
- implantar o *compliance* (conformidade) em proteção de dados na instituição, ou seja, adequando-a à LGPD.

O trabalho deverá levar em conta a aplicabilidade e a regulamentação da lei, os riscos na forma como os dados são e serão tratados, bem como as eventuais penalidades que poderão ser impostas em caso de problemas no tratamento.

Assim, utilizando-se de estratégias e instrumentos de prevenção, as penalidades poderão ser evitadas, bem como o demérito da instituição quanto ao tratamento de dados pessoais. Esse demérito poderia ser denominado "dano reputacional", em razão das reclamações em redes sociais, sem prejuízo de reclamações nos Procons, no Poder Judiciário e na ANPD.

Referências

ABRÃO, Carlos Henrique. *Cartões de crédito e débito.* 2. ed. São Paulo: Atlas, 2011.

ABRÃO, Nelson. *Direito bancário.* 14. ed. rev. atual. e ampl. por Carlos Henrique Abrão. São Paulo: Saraiva, 2011.

AGUIAR, Roger Silva. *Responsabilidade civil objetiva: do risco à solidariedade.* São Paulo: Atlas, 2007.

ALMEIDA, D. Freire e. "Desafios da prestação jurisdicional aos contratos eletrônicos como pressuposto de reparação do dano". In: HIRONAKA, Giselda Maria Fernandes Novaes (Coord.). *Direito e responsabilidade.* Belo Horizonte: Del Rey, 2002.

ALPA, Guido; BESSONE, Mario. *La responsabilità del produttore.* Terza edizione. Milano: Giuffrè, 1987.

ALSINA, Jorge Bustamante. *Teoria general de la responsabilidad civil.* Octava edición. Buenos Aires: Abeledo-Perrot, 1993.

ALVES, Jones Figueiredo. "Comentários aos arts. 421 a 729". In: SILVA, Regina Beatriz Tavares da. *Código Civil comentado.* 7. ed. São Paulo: Saraiva, 2010.

ALVIM, Agostinho. *Da inexecução das obrigações e suas consequências.* 5. ed. São Paulo: Saraiva, 1980.

ALVIM, Arruda [et. al.]. *Código do consumidor comentado e legislação correlata.* São Paulo: RT, 1991.

AMARAL JÚNIOR, Alberto do. *A proteção do consumidor no contrato de venda (reflexões sobre a transformação do direito privado moderno)*. Tese (Doutorado em Direito) – Faculdade de Direito da Universidade de São Paulo, São Paulo, 1991.

ANDRADE, André Rennó Lima Guimarães de. *UCP 600 – A nova publicação da Câmara de Comércio Internacional sobre créditos documentários*. Disponível em: <http://pt.scribd.com/doc/44895763/UCP-600-artigo>. Acesso em: 11 jan. 2021.

ANDRADE, Ronaldo Alves de. *Curso de direito do consumidor*. Barueri: Manole, 2006.

ANDRIGHI, Fátima Nancy. "O Código de Defesa do Consumidor 20 anos depois – uma perspectiva da Justiça". *Revista do Advogado*, n. 114. São Paulo: AASP, dez. 2011.

AZEVEDO, Álvaro Villaça. "Jurisprudência não pode criar responsabilidade objetiva, só a lei. Análise das Súmulas 341, 489 e 492, do Supremo Tribunal Federal, e 132 do Superior Tribunal de Justiça". *Revista dos Tribunais*. v. 743. São Paulo: RT, set. 1997.

_____. "Proposta de classificação da responsabilidade civil objetiva: pura e impura". *Revista dos Tribunais*. v. 698. São Paulo: RT, dez. 1993.

BARBAGALO, Erica Brandini. "Aspectos da responsabilidade civil dos provedores de serviços na internet". In: LEMOS, Ronaldo; WAISBERG, Ivo (Org.). *Conflitos sobre nomes de domínio*. São Paulo: RT/Fundação Getúlio Vargas, 2003.

_____. *Contratos eletrônicos*. São Paulo: Saraiva, 2001.

BARRETO FILHO, Oscar. *Teoria do estabelecimento comercial – fundo de comércio ou fazenda mercantil*. São Paulo: Max Limonad, 1969.

BASTOS, Celso Ribeiro; MARTINS, Ives Gandra da Silva. *Comentários à Constituição do Brasil*: promulgada em 5 de outubro de 1988. São Paulo: Saraiva, 1990. v. 7.

BELCHIOR, Elysio O. *Vocabulário de termos econômicos e financeiros*. Rio de Janeiro: Civilização Brasileira, 1987.

BENJAMIN, Antônio Herman V. "Capítulo V – Das práticas comerciais". In: GRINOVER, Ada Pellegrini [et. al.]. *Código Brasileiro de Defesa do*

Consumidor: comentados pelos autores do anteprojeto. 6. ed. Rio de Janeiro: Forense Universitária, 2000.

_____. "Comentários aos arts. 12 a 27". In: OLIVEIRA, Juarez de. *Comentários ao Código de Proteção do Consumidor*. São Paulo: Saraiva, 1991.

_____. "Fato do produto e do serviço". In: BENJAMIN, Antônio Herman V.; MARQUES, Cláudia Lima; BESSA, Leonardo Roscoe. *Manual de direito do consumidor*. 2. ed. São Paulo: RT, 2009.

_____. "O direito do consumidor". *Revista dos Tribunais*. v. 670. São Paulo: RT, ago. 1991.

BESSA, Leonardo Roscoe. "Vício do produto e do serviço". In: BENJAMIN, Antônio Herman V.; MARQUES, Cláudia Lima; BESSA, Leonardo Roscoe. *Manual de direito do consumidor*. 2. ed. São Paulo: RT, 2009.

BETTI, Emílio. *Teoria geral do negócio jurídico*. Trad. de Fernando de Miranda. Coimbra: Ed. Coimbra, 1970. T. III.

BETTI, Renata. "Agora a liquidação é em casa". *Revista Veja*, n. 2.204. São Paulo: Abril, 16 fev. 2011.

BINICHESKI, Paulo Roberto. *Responsabilidade civil dos provedores de internet: direito comparado e perspectivas de regulamentação no direito brasileiro*. Curitiba: Juruá, 2011.

BITTAR, Carlos Alberto. *Contratos comerciais*. 4. ed. atualizada e ampliada com o novo Código Civil por Carlos Alberto Bittar Filho. Rio de Janeiro: Forense Universitária, 2005.

BRUNO, Gilberto Marques. "As relações do 'business to consumer' (B2C) no âmbito do 'e-commerce'". *Jus Navigandi*, Teresina, ano 6, n. 52, 1nov. 2001. Disponível em: <http://jus.com.br/revista/texto/2319>. Acesso em: 11 jan. 2021.

BULGARELLI, Waldirio. *Contratos Mercantis*. 7. ed. São Paulo: Atlas, 1993.

CALAIS-AULOY, Jean. *Droit de la consommation*. Paris: Dalloz, 1992.

CARNEVALI, Ugo. *La responsabilità del produtore*. Milano: Giuffrè, 1979.

CARVALHO, Ana Paula Gambogi. *Contratos via internet segundo os ordenamentos jurídicos alemão e brasileiro*. Belo Horizonte: Del Rey, 2001.

CARVALHO DE MENDONÇA, José Xavier. *Tratado de direito comercial brasileiro*. 7. ed. Rio de Janeiro: Freitas Bastos, 1963. v. I.

_____. *Tratado de direito comercial brasileiro*. 6. ed. Rio de Janeiro: Freitas Bastos, 1953. v. II.

_____. *Tratado de direito comercial brasileiro*. 4. ed. Rio de Janeiro: Freitas Bastos, 1957. v. VI.

CARVALHO DE MENDONÇA, Manuel Inácio. *Doutrina e prática das obrigações*. 4. ed. aumentada e atualizada por José de Aguiar Dias. Rio de Janeiro: Forense, 1956. T. II.

CASTRO, Aldemário Araújo. "Os meios eletrônicos e a tributação". In: REINALDO FILHO, Demócrito Ramos (Coord.). *Direito da informática – temas polêmicos*. Bauru: Edipro, 2002.

CAVALIERI FILHO, Sergio. *Programa de responsabilidade civil*. 9. ed. São Paulo: Atlas, 2010.

CHAVES, Antonio. *Lições e direito civil – obrigações – contratos em espécie*. São Paulo: RT, 1977. v. IV.

COAGUILA, Carlos Alberto Soto. "O comércio eletrônico no direito peruano". In: DE LUCCA, Newton; SIMÃO FILHO, Adalberto (Coords.). *Direito e internet* – aspectos jurídicos relevantes. São Paulo: Quartier Latin, 2008. v. 2.

COELHO, Fábio Ulhoa. *Curso de direito comercial: direito de empresa*. 13. ed. São Paulo: Saraiva, 2012. v. 3.

COMPARATO, Fábio Konder. *Essai d'analyse dualiste de l'obligation em droit prive*. Paris: Dalloz, 1964.

_____. "A proteção do consumidor: importante capítulo do direito econômico". *Revista de Direito Mercantil, Industrial, Econômico e Financeiro*, n. 15-16. São Paulo: RT, 1974 (Nova série).

CORRÊA, Gustavo Testa. *Aspectos jurídicos da internet*. 2. ed. São Paulo: Saraiva, 2002.

COSTA, Wille Duarte. *Títulos de crédito*. 2. ed. Belo Horizonte: Del Rey, 2006.

CRUZ, Gisele Sampaio da. *O problema do nexo causal na responsabilidade civil*. Rio de Janeiro: Renovar, 2005.

DE LUCCA, Newton. "Alguns aspectos da responsabilidade civil no âmbito da internet". In: DINIZ, Maria Helena; LISBOA, Roberto Senise (Coords.). *O direito civil no século XXI*. São Paulo: Saraiva, 2003.

_____. "Aspectos atuais da proteção aos consumidores no âmbito dos contratos informáticos e telemáticos". In: DE LUCCA, Newton; SIMÃO FILHO, Adalberto (Coords.). *Direito e internet* – aspectos jurídicos relevantes. São Paulo: Quartier Latin, 2008. v. 2.

_____. "Aspectos da responsabilidade civil no âmbito da internet". In: SILVA, Regina Beatriz Tavares da (Coord.). *Responsabilidade civil nas relações de consumo*. São Paulo: Saraiva, 2009. (Série GVlaw).

_____. *Aspectos jurídicos da contratação informática e telemática*. São Paulo: Saraiva, 2003.

_____. *Direito do consumidor*: aspectos práticos – perguntas e respostas. 2. ed. Bauru: Edipro, 2000.

_____. *Direito do consumidor* – teoria geral da relação jurídica de consumo. 2. ed. São Paulo: Quartier Latin, 2008.

_____. "Títulos e contratos eletrônicos – o advento da informática e seu impacto no mundo jurídico. In: DE LUCCA, Newton; SIMÃO FILHO, Adalberto (Coords.). *Direito e internet* – aspectos jurídicos relevantes. Bauru: Edipro, 2001.

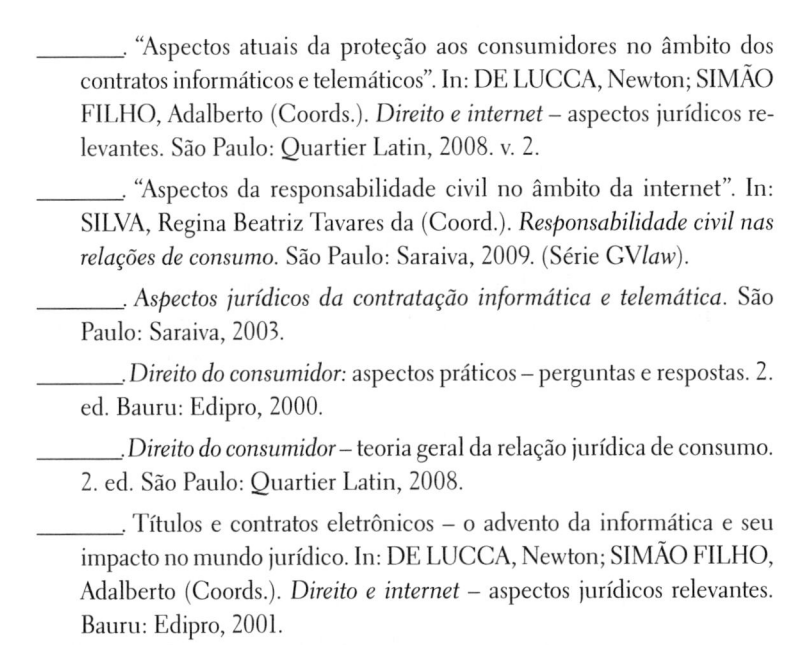

DENARI, Zelmo. "Capítulo IV – Da qualidade de produtos e serviços, da prevenção e da reparação dos danos". In: GRINOVER, Ada Pellegrini [et. al.]. *Código Brasileiro de Defesa do Consumidor*: comentados pelos autores do anteprojeto. 6. ed. Rio de Janeiro: Forense Universitária, 2000.

DIAS, José de Aguiar. *Da responsabilidade civil*. 10. ed. Rio de Janeiro: Forense, 1995. v. I.

DINIZ, Maria Helena. *Curso de direito civil brasileiro. Responsabilidade civil*. 26. ed. São Paulo: Saraiva, 2012. v. 7.

DONATO, Maria Antonieta Zanardo. *Proteção do consumidor* – conceito e extensão. São Paulo: RT, 1994.

EFING, Antônio Carlos. "Capítulo IV – O Código de Defesa do Consumidor e os problemas causados pelo *bug* do ano 2000". In: FIGUEIRA JÚNIOR, Joel Dias; STOCO, Rui (Coords.). *Responsabilidade civil do fabricante e intermediários por defeitos de equipamentos e programas de informática*: direito e processo. São Paulo: RT, 2000.

FERREIRA, Waldemar Martins. *Instituições de direito comercial* – os contratos mercantis e os títulos de crédito. Rio de Janeiro: Freitas Bastos, 1953. v. 3.

_____. *Tratado de direito comercial* – o estatuto do comerciante. São Paulo: Saraiva, 1960. v. 2.

_____. *Tratado de direito comercial* – o estatuto obrigacional do comércio e os títulos de crédito. São Paulo: Saraiva, 1962. v. 8.

_____. *Tratado de direito comercial* – o estatuto obrigacional do comércio e os títulos de crédito. São Paulo: Saraiva, 1963. v. 11.

FILOMENO, José Geraldo Brito. "Capítulo I – Disposições Gerais". In: GRINOVER, Ada Pellegrini [et. al.]. *Código Brasileiro de Defesa do Consumidor*: comentados pelos autores do anteprojeto. 6. ed. Rio de Janeiro: Forense Universitária, 2000.

_____. *Curso fundamental de direito do consumidor*. São Paulo: Atlas, 2007.

_____. *Manual de direitos do consumidor*. 9. ed. São Paulo: Atlas, 2007.

FINKELSTEIN, Maria Eugênia Reis. *Aspectos jurídicos do comércio eletrônico*. Porto Alegre: Síntese, 2004.

FRADA, Manuel A. Carneiro da. Vinho novo em odres velhos? A responsabilidade civil das "operadoras de internet" e a doutrina comum da imputação de danos. *Revista da Ordem dos Advogados*, n. 59. Lisboa, abr. 1999.

GARCIA, Enéas Costa. *Responsabilidade civil dos meios de comunicação*. São Paulo: Juarez de Oliveira, 2002.

GONÇALVES, Carlos Roberto. *Direito civil brasileiro*. Responsabilidade civil. 5. ed. São Paulo: Saraiva, 2010. v. 4.

GONÇALVES, Luiz da Cunha. *Da compra e venda no direito comercial brasileiro*. 2. ed. São Paulo: Max Limonad, 1950.

GOLDSCHMIDT, Levin. *Storia universale del diritto commerciale*. Prima traduzione italiana a cura di Vittorio Pouchain e Antonio Scialoja. Torino: Unione Tipografico-Editrice Torinense, 1913.

HOUAISS, Antonio. *Dicionário Houaiss da língua portuguesa*. Rio de Janeiro: Objetiva, 2009.

IGLÉSIAS, Francisco. *A Revolução Industrial*. 8. ed. São Paulo: Brasiliense, 1986.

JESUS, Damásio de; José Antonio Milagre. *Marco civil da internet*: comentários à Lei n. 12.965, de 23 de abril de 2014. São Paulo: Saraiva, 2014.

JORGE, Fernando de Sandy Lopes Pessoa. *Ensaio sobre os pressupostos da responsabilidade civil*. Lisboa: Cadernos de Ciência e Técnica Fiscal – Ministério das Finanças, 1972.

LEÃES, Luiz Gastão Paes de Barros. *Responsabilidade do fabricante pelo fato do produto*. São Paulo: Saraiva, 1987.

LACERDA, Paulo M. de. *Do contrato de abertura de crédito*. Rio de Janeiro: Jacintho Ribeiro dos Santos – Editor, 1929.

LEONARDI, Marcel. "Internet: elementos fundamentais". In: SILVA, Regina Beatriz Tavares da; SANTOS, Manoel J. Pereira dos (Coords.). *Responsabilidade civil na internet e nos demais meios de comunicação*. São Paulo: Saraiva, 2012 (Série GVlaw).

_____. *Responsabilidade civil dos provedores de serviços de internet*. São Paulo: Juarez de Oliveira, 2005.

_____ "Responsabilidade dos provedores de serviços de internet por seus próprios atos". In: SILVA, Regina Beatriz Tavares da; SANTOS, Manoel J. Pereira dos (Coords.). *Responsabilidade civil na internet e nos demais meios de comunicação*. São Paulo: Saraiva, 2012 (Série GV*law*).

_____. *Tutela e privacidade na internet*. São Paulo: Saraiva, 2012.

LIMA, Alvino. *Culpa e risco*. São Paulo: RT, 1960.

LISBOA, Roberto Senise. *Responsabilidade civil nas relações de consumo*. São Paulo: RT, 2001.

LOPES, José Reinaldo de Lima. *A responsabilidade civil do fabricante por fato do produto*. Dissertação (Mestrado em Direito) – Faculdade de Direito da Universidade de São Paulo, São Paulo, 1985.

_____. *Responsabilidade civil do fabricante e a defesa do consumidor*. São Paulo: RT, 1992 (Biblioteca de direito do consumidor). v. 3.

LORENZETTI, Ricardo Luis. *Comércio Eletrônico*. São Paulo: RT, 2004.

_____. "Informática, *cyberlaw, e-commerce*". In: DE LUCCA, Newton; SIMÃO FILHO, Adalberto (Coords.). *Direito e internet* – aspectos jurídicos relevantes. 2. ed. São Paulo: Quartier Latin, 2005.

MARINS, James. *Responsabilidade da empresa pelo fato do produto*: os acidentes de consumo no Código de Proteção e Defesa do Consumidor. São Paulo: RT, 1993 (Biblioteca de direito do consumidor). v. 5.

MARQUES, Cláudia Lima. "Campo de aplicação do CDC". In: BENJAMIN, Antônio Herman V.; MARQUES, Cláudia Lima; BESSA, Leonardo Roscoe. *Manual de direito do consumidor*. 2. ed. São Paulo: RT, 2009.

_____. "Comércio eletrônico de consumo internacional: modelos de aplicação da lei mais favorável ao consumidor e do privilégio de foro". *Revista do Advogado*, n. 114. São Paulo: AASP, dez. 2011.

_____. *Confiança no comércio eletrônico e a proteção do consumidor* (um estudo dos negócios jurídicos de consumo no comércio eletrônico). São Paulo: RT, 2004.

_____. *Contratos no Código de Defesa do Consumidor*: o novo regime das relações contratuais. 5. ed. São Paulo: RT, 2005. (Biblioteca de direito do consumidor). v. 1.

_____. "Da responsabilidade pelo fato do produto e do serviço". In: MARQUES, Cláudia Lima; BENJAMIN, Antônio Herman V.; MIRAGEM, Bruno. *Comentários ao Código de Defesa do Consumidor*. 2. ed. São Paulo: RT, 2006.

_____. "Diálogo das fontes". In: BENJAMIN, Antônio Herman V.; MARQUES, Cláudia Lima; BESSA, Leonardo Roscoe. *Manual de direito do consumidor*. 2. ed. São Paulo: RT, 2009.

_____. Sociedade de informação e serviços bancários: primeiras observações. *Revista de direito do consumidor*, n. 39. São Paulo: RT/Instituto Brasileiro de Política e Direito do Consumidor, jul./set. 2001.

MARTINS, Fran. *Contratos e obrigações comerciais*. Rio de Janeiro: Forense, 1961. v. II.

MARTON, G. *Fondements de la responsabilité civile*: revision de la doctrine, essai d'un systeme unitaire. Paris: Recueil Sirey, 1938.

MATIELLO, Fabrício Zamprogna. *Código Civil comentado*. 2. ed. São Paulo: LTr, 2005.

MAZEAUD, Henri y Léon; TUNC, André. *Tratado teórico y práctico de la responsabilidad civil delictual y contractual*. Traducción de la quinta edición por Luis Alcalá-Zamora y Castillo. Buenos Aires, Ediciones Jurídicas Europa-América. 1977. v. 1. T. 1.

MENDES, Laura Schertel. "A tutela da privacidade do consumidor na internet: uma análise à luz do Marco Civil da Internet e do Código de

Defesa do Consumidor". In: DE LUCCA, Newton; SIMÃO FILHO, Adalberto; LIMA, Cíntia Rosa Pereira de (Coords.). *Direito & Internet III* – Tomo I: Marco Civil da Internet (Lei n. 12.965/2014). São Paulo: Quartier Latin, 2015.

MESSINEO, Francesco. *Dottrina generale del contratto*. Terza edizione ampliata. Milano: Giuffrè, 1948.

MOLLE, Giacomo. *I contratti bancari*. 2. ed. aggiornata alle norme bancarie uniformi e alla dottrina e giurisprudenza più recenti. Milano: Giuffrè, 1973.

NEGRÃO, Ricardo. *Manual de direito comercial e de empresa*. São Paulo: Saraiva, 2010. v. II.

NUNES, Rizzatto. *Comentários ao Código de Defesa do Consumidor*. 4. ed. São Paulo: Saraiva, 2009.

PASQUALOTTO, Adalberto. *Os efeitos obrigacionais da publicidade no Código de Defesa do Consumidor*. São Paulo: RT, 1997 (Biblioteca de direito do consumidor). v. 10.

PEREIRA, Caio Mário da Silva. *Instituições de direito civil*. 12. ed. Rio de Janeiro: Forense, 2006. v. III (Fontes das obrigações).

_____. *Responsabilidade civil*. 2. ed. Rio de Janeiro: Forense, 1991.

PETITPIERRE, Gilles. *La responsabilitè du fait des produits. Les bases d'une responsabilitè spéciale en droit suisse, a la lumière de l'expérience des États-Unis*. Genève: Librairie de L'Universitè Georg et Cie S.A., 1974.

PINHEIRO, Patricia Peck. *Direito digital*. 2. ed. São Paulo: Saraiva, 2007.

POCH, Miquel Peguera. *La exclusión de responsabilidad de los intermediarios en Internet*. Granada: Comares, 2007.

PONTES DE MIRANDA, Francisco Cavalcanti. *Tratado de direito privado*. Parte geral. Rio de Janeiro: Borsoi, 1954. T. II.

QUEIROZ, Odete Novais Carneiro. *Da responsabilidade por vício do produto e do serviço*: Código de Defesa do Consumidor Lei 8.078, de 11.09.1990. São Paulo: RT, 1998. (Biblioteca de direito do consumidor). v. 11.

REINALDO FILHO, Demócrito Ramos. *Responsabilidade por publicações na internet*. Rio de Janeiro: Forense, 2005.

REQUIÃO, Rubens. *Curso de direito comercial*. 22. ed. São Paulo: Saraiva, 1995. v. 1.

RESTIFFE, Paulo Sérgio. *Manual do novo direito comercial*. São Paulo: Dialética, 2006.

RICHTER, Karina. *Consumidor & Mercosul*. Curitiba: Juruá, 2002.

RIDOLFO, José Olinto de Toledo. "Aspectos da valoração do estabelecimento comercial de empresas da nova economia". In: DE LUCCA, Newton; SIMÃO FILHO, Adalberto (Coords.). *Direito e internet* – aspectos jurídicos relevantes. 2. ed. São Paulo: Quartier Latin, 2005.

ROCCO, Alfredo. *Princípios de direito comercial*. São Paulo: Saraiva, 1931.

ROCHA, Silvio Luís Ferreira da. *Responsabilidade civil do fornecedor pelo fato do produto no direito brasileiro*. 2. ed. São Paulo: RT, 2000 (Biblioteca de direito do consumidor). v. 4.

SAAD, Eduardo Gabriel. *Comentários ao Código de Defesa do Consumidor*: Lei n. 8.078, de 11.9.90. 4. ed. São Paulo: LTr, 1999.

SALLES, Marcos Paulo de Almeida. *O consumidor e o sistema financeiro* (um comentário à Lei 8.078/90). São Paulo: Acadêmica, 1991.

SANTOS, Manoel J. Pereira dos. "Responsabilidade civil dos provedores de conteúdo pelas transações comerciais eletrônicas". In: SILVA, Regina Beatriz Tavares da; SANTOS, Manoel J. Pereira dos (Coords.). *Responsabilidade civil na internet e nos demais meios de comunicação*. 2. ed. São Paulo: Saraiva, 2012 (Série GVlaw).

SILVA, João Calvão da. *Responsabilidade civil do produtor*. Coimbra: Almedina, 1999 (Colecção Teses).

SILVEIRA, Newton. *Licença de uso de marca (e outros sinais) no Brasil*. Tese (Doutorado em Direito) – Faculdade de Direito da Universidade de São Paulo, São Paulo, 1982.

SIMÃO, José Fernando. *Estudo crítico dos vícios do produto no direito civil e no direito do consumidor*. Dissertação (Mestrado em Direito) – Faculdade de Direito da Universidade de São Paulo, São Paulo, 2002.

STOCO, Rui. "A responsabilidade por vício de qualidade e quantidade no Código de Defesa do Consumidor é objetiva ou subjetiva?". *Revista dos Tribunais*. v. 774. São Paulo: RT, abr. 2000.

_____. *Tratado de responsabilidade civil*. 6. ed. São Paulo: RT, 2004.

SYDOW, Spencer Toth. *Curso de direito penal informático*. Salvador: JusPodivm, 2020.

TEIXEIRA, Tarcisio. *Direito digital e processo eletrônico*. 5. ed. São Paulo: Saraiva, 2020.

_____; ALICEDA, Rodolfo Ignácio; KASEMIRSKI, André Pedroso. *Empresas e implementação da LGPD – Lei Geral de Proteção de Dados Pessoais*. Salvador: JusPodivm, 2021.

_____; ARMELIN, Ruth Maria Guerreiro da Fonseca. *Lei Geral de Proteção de Dados Pessoais* – comentada artigo por artigo. 3. ed. Salvador: JusPodivm, 2021.

_____; ARMELIN, Ruth Maria Guerreiro da Fonseca. *Lei Geral de Proteção de Dados Pessoais* – comentada artigo por artigo. Salvador: JusPodivm, 2019.

_____; MAGRO, Américo Ribeiro (Coords.). *Proteção de dados* – fundamentos jurídicos. Salvador: JusPodivm, 2020.

_____. *Direito empresarial sistematizado*: doutrina, jurisprudência e prática. 9. ed. São Paulo: Saraiva, 2021.

_____. *Manual da compra e venda*: doutrina, jurisprudência e prática. 3. ed. São Paulo: Saraiva, 2018. p. 28.

THEODORO JÚNIOR, Humberto. *Curso de direito processual civil* – processo de execução e cumprimento da sentença, processo cautelar e tutelas de urgência. 41. ed. Rio de Janeiro: Forense, 2007. v. II.

_____. *Direitos do consumidor*: a busca de um ponto de equilíbrio entre as garantias do Código de Defesa do Consumidor e os princípios gerais do direito civil e do direito processual civil. Rio de Janeiro: Forense, 2008.

TUNC, André. *La responsabilité civile*. 2. ed. Paris: Economica, 1989.

VENOSA, Sílvio de Salvo. *Direito civil*: contratos em espécie. 9. ed. São Paulo: Atlas, 2009. v. 3.

_____. *Direito civil*: responsabilidade civil. 13. ed. São Paulo: Atlas, 2013. v. 4.

VERÇOSA, Haroldo Malheiros Duclerc. *A função social dos contratos empresariais e o Judiciário*. Disponível em: <http://www.migalhas.com.br/

dePeso/16,MI145625,61044-A+funcao+social+dos+contratos+empresa riais+e+o+Judiciario>. Acesso em: 23 maio 2013.

_____. Arranjos e instituições de pagamento (regulamentação e crítica). *Revista de Direito Empresarial*, n. 01. São Paulo: RT, jan./fev. 2014.

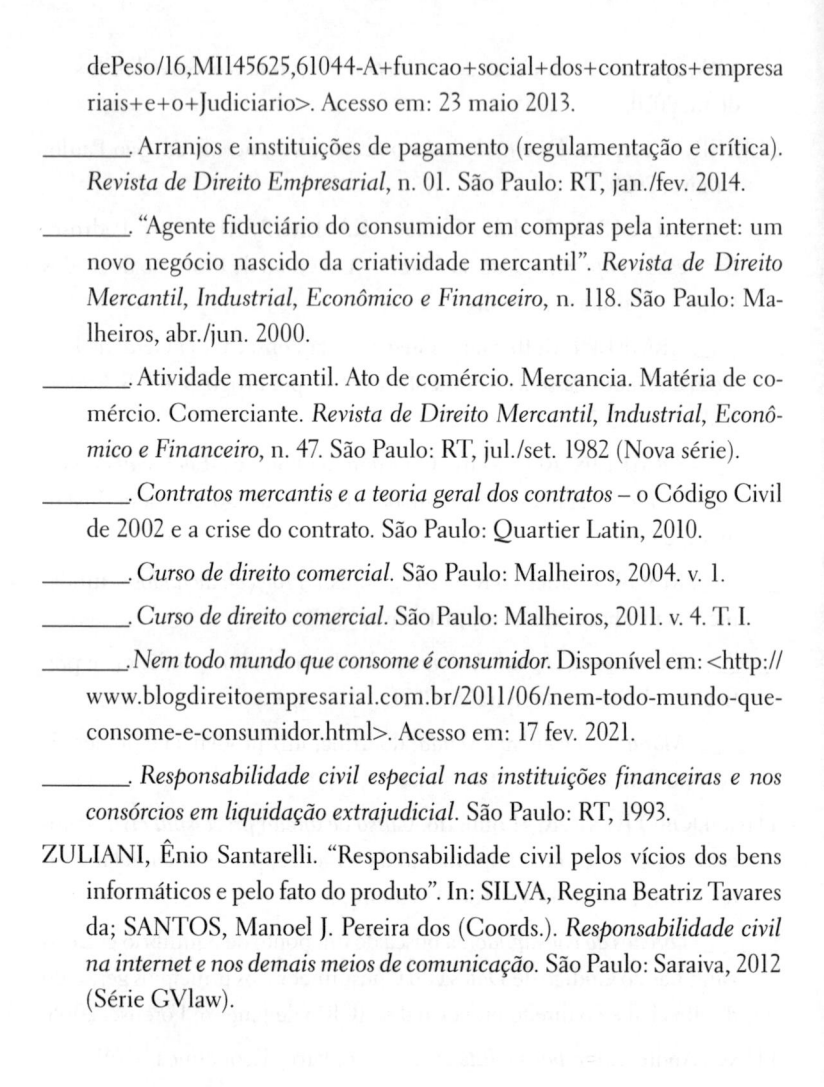

_____. "Agente fiduciário do consumidor em compras pela internet: um novo negócio nascido da criatividade mercantil". *Revista de Direito Mercantil, Industrial, Econômico e Financeiro*, n. 118. São Paulo: Malheiros, abr./jun. 2000.

_____. Atividade mercantil. Ato de comércio. Mercancia. Matéria de comércio. Comerciante. *Revista de Direito Mercantil, Industrial, Econômico e Financeiro*, n. 47. São Paulo: RT, jul./set. 1982 (Nova série).

_____. *Contratos mercantis e a teoria geral dos contratos* – o Código Civil de 2002 e a crise do contrato. São Paulo: Quartier Latin, 2010.

_____. *Curso de direito comercial*. São Paulo: Malheiros, 2004. v. 1.

_____. *Curso de direito comercial*. São Paulo: Malheiros, 2011. v. 4. T. I.

_____. *Nem todo mundo que consome é consumidor*. Disponível em: <http://www.blogdireitoempresarial.com.br/2011/06/nem-todo-mundo-que-consome-e-consumidor.html>. Acesso em: 17 fev. 2021.

_____. *Responsabilidade civil especial nas instituições financeiras e nos consórcios em liquidação extrajudicial*. São Paulo: RT, 1993.

ZULIANI, Ênio Santarelli. "Responsabilidade civil pelos vícios dos bens informáticos e pelo fato do produto". In: SILVA, Regina Beatriz Tavares da; SANTOS, Manoel J. Pereira dos (Coords.). *Responsabilidade civil na internet e nos demais meios de comunicação*. São Paulo: Saraiva, 2012 (Série GVlaw).